折射集
prisma

照亮存在之遮蔽

Friedrich Wilhelm Schulz

Die Bewegung der Production:
Eine geschichtlich-statistische Abhandlung zur Grundlegung einer neuen Wissenschaft des Staates und der Gesellschaft

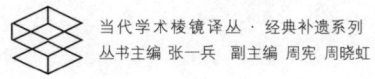

当代学术棱镜译丛·经典补遗系列
丛书主编 张一兵 副主编 周宪 周晓虹

受江苏省社会科学基金资助出版

生产运动：
从历史统计学方面论国家和社会的一种新科学的基础的建立

[德] 弗里德里希·威廉·舒尔茨 著 李乾坤 译

南京大学出版社

弗里德里希·威廉·舒尔茨(1797—1860)

Die
Bewegung der Production.

Eine

geschichtlich-statistische Abhandlung

zur

Grundlegung einer neuen Wissenschaft des Staats
und der Gesellschaft.

Von

Wilhelm Schulz.

Zürich und Winterthur,

Druck und Verlag des literarischen Comptoirs.

1843.

《生产运动》一书扉页

《当代学术棱镜译丛》总序

自晚清曾文正创制造局,开译介西学著作风气以来,西学翻译蔚为大观。百多年前,梁启超奋力呼吁:"国家欲自强,以多译西书为本;学子欲自立,以多读西书为功。"时至今日,此种激进吁求已不再迫切,但他所言西学著述"今之所译,直九牛之一毛耳",却仍是事实。世纪之交,面对现代化的宏业,有选择地译介国外学术著作,更是学界和出版界不可推诿的任务。基于这一认识,我们隆重推出《当代学术棱镜译丛》,在林林总总的国外学术书中遴选有价值篇什翻译出版。

王国维直言:"中西二学,盛则俱盛,衰则俱衰,风气既开,互相推助。"所言极是!今日之中国已迥异于一个世纪以前,文化间交往日趋频繁,"风气既开"无须赘言,中外学术"互相推助"更是不争的事实。当今世界,知识更新愈加迅猛,文化交往愈加深广。全球化和本土化两极互动,构成了这个时代的文化动脉。一方面,经济的全球化加速了文化上的交往互动;另一方面,文化的民族自觉日益高涨。于是,学术的本土化迫在眉睫。虽说"学问之事,本无中西"(王国维语),但"我们"与"他者"的身份及其知识政治却不容回避。但学术的本土化绝非闭关自守,不但知己,亦要知彼。这套丛书的立意正在这里。

"棱镜"本是物理学上的术语,意指复合光透过"棱镜"便分解成光谱。丛书所以取名《当代学术棱镜译丛》,意在透过所选篇什,折射出国外知识界的历史面貌和当代进展,并反映出选编者的理解和匠心,进而实现"他山之石,可以攻玉"的目标。

本丛书所选书目大抵有两个中心:其一,选目集中在国外学术界新近的发展,尽力揭橥域外学术20世纪90年代以来的最新趋向和热点问题;其二,不忘拾遗补阙,将一些重要的尚未译成中文的国外学术著述囊括其内。

众人拾柴火焰高。译介学术是一项崇高而又艰苦的事业,我们真诚地希望更多有识之士参与这项事业,使之为中国的现代化和学术本土化做出贡献。

丛书编委会
2000 年秋于南京大学

中译序

熟谙马克思著作的人,或许会记得弗里德里希·威廉·舒尔茨这个名字和他的《生产运动》这本书。马克思曾在《1844 年经济学哲学手稿》第一笔记本中大段引用了舒尔茨的《生产运动》,并在他《资本论》的"机器和大工业"一章中再次引用了这本书,且在注释中说:"这是一部在某些方面值得称赞的著作。"①但是,相信对于大多数读者来说,舒尔茨肯定是一个完全陌生的名字。那么,舒尔茨何许人也?我们为何要翻译这本《生产运动》呢?

一

威廉·舒尔茨,1797 年 3 月 13 日出生于德国黑森区达姆施塔特的一个新教公职人员家庭。在封建贵族眼里,他的家族祖孙三代或许都是"头生反骨"的人,舒尔茨的祖父和父亲都曾因多次反对封建贵族的专制统治而受到惩罚。舒尔茨的一生,大致分为四个时期:1834 年之前,是他早年的学习和成长时期;1834—1848 年,是他第一次流亡时期;1848—1849 年,是他返回德国参加政治运动时期;自 1849 年起一直到他在 1860 年逝世,是他的第二次流亡时期。

(一) 早年时期

1811 年,年仅 14 岁的舒尔茨就因反抗一位老师的等级偏见而失

---

① 《马克思恩格斯文集》第 5 卷,北京:人民出版社 2009 年,第 428 页。

去了继续深造的机会。而后，他在父亲的支持之下加入了领主的禁卫军，并参加了拿破仑战争，先后效忠于法国和普奥俄阵营。在战争期间，舒尔茨于吉森大学学习了数学和军事学，可以说，他学习的这两个专业，深深影响了他此后的研究。1814 年，他在吉森大学通过"德意志读书会"①结识了卡尔和阿道夫·路德维希·福伦②兄弟，并加入了当时学生政治运动的核心——"吉森黑衣军"③，自此迈出了政治生涯的第一步。1818 年，舒尔茨匿名发表了宣传单《对德意志祖国所有特别困境的问答》，这份宣传单在 1819 年奥登瓦尔德农民起义期间产生了广泛影响。后来，舒尔茨因这份传单被捕入狱，并以叛逆罪的罪名被拘捕了一年。出狱后，迫于贵族的压力，舒尔茨最终决定离开黑森。

舒尔茨退役之后在吉森大学学习法律，并于 1823 年通过了法律专业考试。然而由于他已经得罪了黑森大公国的贵族，当局拒绝他从事法院的工作，他不得不另谋职业以糊口。1825 年到 1831 年间，舒尔茨为德国著名的出版人约翰·弗里德里希·科塔④的《金星》杂志做编辑和翻译。1828 年舒尔茨同自由主义律师卡尔·布赫纳在达姆施塔特创立了《友谊月报》。之后，他同卡洛琳·萨托修斯结婚。

1831 年末，舒尔茨在埃尔朗根大学以《论当代统计学同政治学的关系》一文获得博士学位。早在其写博士论文前，他就已经注意到经济学的统计测量对政治权力关系的影响。我们可以推断，舒尔茨的博士

---

① "德意志读书会"是 1814 年由吉森的 70 位大学生在阿道夫·路德维希·福伦的领导下建立的进步组织。

② 阿道夫·路德维希·福伦（Adolf Ludwig Follen, 1794—1855），德国自由主义作家和出版家。

③ 与其他激进学生社团不同，"吉森黑衣军"（Giessener Schwarzen）并不寄希望于精英阶层革命所带来的变革，而是转向大众，关注受压迫的市民和农民，试图通过抗税运动来进行积极的抗争。

④ 约翰·弗里德里希·科塔（Johann Friedrich Cotta, 1764—1832），德国 18 世纪末 19 世纪初的著名出版家、工业先驱、政治家。1822 年受封为巴伐利亚男爵。在他的经营下，他的家族企业科塔出版社蓬勃发展，成为歌德、席勒、荷尔德林等当时德国知识界众多名流的出版商。

论文奠定了他后来出版的《生产运动》的理论雏形。在此之后的1832年到1833年间，舒尔茨因为出版自由主义倾向的政治报纸，积极参与政治运动，多次被当局驱逐。最终，在1833年秋天的法兰克福暴动发生半年之后，黑森司法机关决定逮捕舒尔茨。

（二）第一次流亡时期

1834年6月18日，他被黑森当局判处5年监禁，但不久之后他就在妻子的帮助之下越狱成功，开始了他的第一次流亡。他和当年德国的很多革命人士一样先逃往法国，而后在1836年申请苏黎世大学的教席并获得批准，此后赴瑞士生活。有趣的是，至今人们还可以在苏黎世大学的官方网站上查询到舒尔茨当年开设的课程。我们可以看到，自1837年夏季学期至1838年冬季学期，舒尔茨开设了四门课程，主题都是政治学领域的问题，如有一门课的名称是"瑞士的物质、精神和政治状况：与其他欧洲国家的比较"[①]。也是在第一次流亡瑞士时期，他结识了德国著名的进步剧作家格奥尔格·毕希纳，并与他结下了终生友谊，毕希纳后来就是在舒尔茨夫妇的陪伴下逝世的。

在瑞士的这段时间，是舒尔茨从事理论研究的关键时期。在流亡的头些年里，他研究了国民经济学、统计学和瑞士的政治结构。他开始在科塔的《奥斯堡公报》、布劳克豪斯的《文学评论报》和卡姆普的《德国电报》发表通讯报道。自1842年起，他还为马克思主编的《莱茵报》撰写过评论报道。1843年，舒尔茨最具理论高度的著作《生产运动》一书在瑞士出版。

在这一时期，舒尔茨还积极投身于瑞士的农民运动以及自由宪法运动。因"影响到德国同瑞士的关系"，舒尔茨受到梅特涅的谍报人员的严密监视。1843年，舒尔茨匿名出版了《神父弗里德里希·路德维希·魏狄希之死》这一小册子。他在详实的文献证据基础上，深刻揭露

---

① http://www.histvv.uzh.ch/dozenten/schulz-bodmer_w.html

了德国的残酷刑罚和政治状况。这篇文章获得了广泛的流传,并产生了巨大影响,造成了德国政府内部的政治浪潮,激发了社会各界的强烈抗议。1845年,舒尔茨参与了福伦等人同阿诺德·卢格以及卡尔·海因岑展开的"苏黎世无神论论战"。在这次著名的论战中,舒尔茨站在福伦一侧,批判以卢格为代表的无神论者。

(三)1848年革命时期

1848年,德国三月革命的爆发,吸引了大量流亡在外的德国革命人士返回德国投身革命运动。在经历了十多年的流亡生涯之后,舒尔茨在1848年3月重新踏上德国的土地,以国民代表的身份参加了于法兰克福的保罗教堂举行的宪法会议。在议会中,舒尔茨位居左派行列。此后,自由保守主义代表中的多数倒向了贵族势力,遭受这一挫折之后,舒尔茨放下其共和理念,致力于推动君主立宪制政体。他主张君主立宪政体必须在容纳议会的反对力量和人民的声音的情况下才能够真正施行,所以在保罗教堂国民议会结束十天之后,他强烈呼吁一系列改革措施,如解决底层人民的失业和贫困、创办民兵部队、设立执行委员会来监督议会决议的实行。

然而舒尔茨的提案和呼吁收效甚微。舒尔茨所代表的资产阶级左派已经遭遇了必然失败的命运,左派的提案一再被否决,一系列反动政策被推行。最后,左派也陷入破裂之中。最终,9月17日,法兰克福爆发了流血起义。

1848年下半年,保罗教堂议会彻底失去了它的政治影响力。普鲁士国民议会瓦解,维也纳十月大起义失败。对罗伯特·布鲁姆的暗杀,彻底宣告了1848年大革命的失败。舒尔茨在此后还坚持了一段时间的斗争,继续捍卫激进的革命性主张,如要求废除封建贵族特权。最后,舒尔茨再次被宣布为"政治犯"而遭通缉,1849年7月初,舒尔茨逃回了瑞士,开始了他的第二次流亡生涯。

(四)第二次流亡时期

回到瑞士之后,舒尔茨开始把研究重心转移到对军事制度的经济和政治分析之上。这一研究一直持续到他生命的最后时刻。他一开始强调军事制度改革,后来提倡裁军与和平主义。

舒尔茨之所以主张军事制度改革,是因为在他看来,1848年革命的失败,很重要的一个原因就是俄国这个欧洲最彻底的反动势力的干涉。要使资产阶级左派在革命中获得胜利,就需要西欧国家对俄国进行联合征讨。要实现这一目的,就必须将作为封建统治者家丁的军队,改造为属于人民的现代军队,这就要求深入进行军事制度改革。1855年,在克里米亚战争爆发之后,他在莱比锡发表了他的重要著作《军事政治:论瑞士的阻力和抗衡现存军队的民兵部队》。在其中,舒尔茨将现存军队称作"军事奴隶",人民供养军队,但军队只服务于统治者阶层而反对人民,并相互厮杀。他鼓吹民兵应该学习北美的民兵体制,在欧洲建立起一支真正属于人民的军队。舒尔茨对诸如自由和人民团结的理念的力量表示怀疑,他更多地看到人性的自私,因而他侧重于通过物质刺激的体系来维持民兵的军纪和士气。而所有这些,又依赖于一部进步的宪法。

舒尔茨的军事政策没有得到他所预期的反响。舒尔茨认为,他过去在无神论论战中的立场,使他与大众产生了距离。在意识到这一点之后,他不是向大众靠近,而是在此后的岁月里更加努力地试图将他的军事政策和计划向政客及军人阶层兜售,但显然这也是天真之举。一直到去世前几个月,他还积极撰写宣传裁军政策和和平主义的传单。所有这些努力最终都以失败告终。1860年,舒尔茨在苏黎世去世。

如果要对舒尔茨进行一个身份界定的话,我们可以把他称作资产阶级自由主义政治评论家。他坚定反对封建专制和保守势力,看到了大众所遭受的压迫和不公,但他又拒斥无产阶级立场上的社会主义和共产主义主张,反对唯物主义者的无神论立场。而这些政治上的主张,其实是由舒尔茨思想上的世界观和方法论基础所决定的，这些正体现在他于1843年出版的代表作《生产运动》之中。

二

1843年《生产运动》一书于苏黎世出版，出版商是同为德国政治流亡者的尤里乌斯·弗吕波尔。《生产运动》一书内容本是为《德意志季刊》[①]撰写的文章，其中第一部分在1840年便以"劳动组织的变化及其对社会状态的影响"为题在《德意志季刊》上发表。而第二部分则拖了三年，最终，舒尔茨将两部分合并为一本书出版，这就是我们今天看到的《生产运动》。

舒尔茨在《生产运动》一书中所运用的方法，其实就是他在写作博士论文时期就已经形成的一种统计学的研究方法。舒尔茨所说的统计学方法，并非当代意义上的那种数理统计学方法，而是19世纪上半叶语境中的国势学（Staatenkunde，直译为"国家信息""国家学"。"国势学"的中文表述可能产生于20世纪20年代）意义上的统计学。关于国势学，有必要在这里做一个说明。国势学是现代统计学的重要源头之一，最早产生于17世纪的德国，奠基者是海尔曼·康令（Hermann Conring，1606—1681）。康令是一位博学家，在医学和法学领域都有建树，曾于黑尔姆施泰特大学任教。1660年11月20日起，他开设了"国势学"（Notitia rerum publicarum）课程。康令去世后，他的弟子戈贝尔于1730年整理出版了他的六卷本《康令政治法律讲义》，其中第四卷为《国势学》（Staatenkunde）。康令将过去的地理、历史和法律研究与国家治理的实际目的结合起来，对不同国家展开比较研究，这种研究不是

[①] 《德意志季刊》(Deutsche Vierteljahrs Schrift)是由科塔出版社发行的一份理论刊物，于1839年至1869年间发行。《德意志季刊》刊文主题广泛，但主要集中在经济、政治理论方面。

简单描述现象,而是探究原因,总结规律。在康令的影响下,国势学成为德国一门新兴的学问并得到了普及。此后,阿亨瓦尔(Gottfried Achenwall,1719—1772)继续推进了康令的国势学理论。阿亨瓦尔曾任教于马尔堡大学和哥廷根大学,于1749年发表《欧洲各国国家科学引论》(Abriss der Staatswissenschaft der Europäischen Reichen),这本书的序言第一次使用了"Statistik"(统计学)一词。阿亨瓦尔的主要贡献,就是将国势学进一步改造为统计学。在他看来,"统计学为国家显著事项的结晶体",通过对这些显著事项(包括地理、法律、政治状态等)的记述,为国家管理提供支持。需要注意的是,阿亨瓦尔这里使用的是"Staatswissenschaft"这个概念,直译应为"国家科学",但是阿亨瓦尔大体继承了康令的研究方法,并将康令视作开拓者,称其为"统计学之父"。在舒尔茨这里,统计学则体现为对物质生产变化之中的规律的探寻,我们会看到,在《生产运动》中,舒尔茨主要使用的是"Staatswissenschaft"这个概念,仅使用了两次"Staatenkunde"概念,其实,这两个概念都已极少出现在现代德语之中。

《生产运动》一书出版之后,应该很快便在德国理论界产生了不小的影响。在这本书出版的第二年,马克思在《1844年经济学哲学手稿》中就引用了它。当然,这本书的出版也引发了不少争论。其中就有莫泽斯·赫斯和卡尔·格律恩这两位"真正的社会主义者"对舒尔茨的批判。舒尔茨在《生产运动》的导言中对赫斯的行动哲学以及社会主义和共产主义的激进主张进行了批判,抨击社会主义者和共产主义者废除货币的主张是一种如废除文字一样的幼稚主张;赫斯在《论货币的本质》一文中对舒尔茨的批判进行了回应,他批判舒尔茨"忽略了我们在货币中所占有的物质资本和我们通过文字能够占有的精神资本之间的区别",赫斯认为,"我们通过文字能够占有精神财富。但是,没有一个人会想到要把我们通过文字和著作占有的(精神的)财富硬变为个人的私有财产,然后把它传给其私人后代"。货币财富是可以占有的,而精神财富是无法私人占有的,这是舒尔茨没有认识到的。

格律恩在他于 1845 年主编出版的《新轶文集》中专门为《生产运动》写了一篇书评。在这份书评中，格律恩详细地批驳了舒尔茨的观点，特别指出了舒尔茨思想中的诸多矛盾之处。格律恩批驳了舒尔茨将民主等同于新教的产物的看法，也批判了他一方面赞颂法国大革命在文化上带来的成就，另一方面却回避革命的做法；与赫斯一样，格律恩也批判了舒尔茨将货币的意义与文字相等同的说法；最后，格律恩还花费大量的笔墨就舒尔茨对青年黑格尔派的批判进行了回应，认为舒尔茨一方面将青年黑格尔派视为客观的、理想的理性主义，另一方面又反对青年黑格尔派的无神论立场，本身便是一种矛盾。

马克思在《1844 年经济学哲学手稿》中也大段摘录了舒尔茨《生产运动》，但此时马克思对舒尔茨的评价并不高，将他认作资产阶级政治经济学家而加以批判。其实，马克思当时对舒尔茨的判断，或许正是受到了"真正的社会主义"的影响。此后，马克思在《资本论》第一卷论述机器问题时，再度引用了《生产运动》，并称"这是一部在某些方面值得称赞的著作"。由此可见，马克思对《生产运动》的阅读横跨了不同的阶段，而他对《生产运动》的评价也发生了重要的转变。

《生产运动》再度进入人们的视野中时，已经是 20 世纪 20 年代了。我们现在可以找到两篇关于舒尔茨的博士论文，一篇是 1919 年法兰克福大学的《弗里德里希·威廉·舒尔茨(1797—1860)：德国三月革命前的自由主义研究》；另一篇同样是法兰克福大学的，1926 年的一篇博士论文《威廉·舒尔茨和他在 1830 年革命之后(1836—1860)的政治影响：三月革命前自由主义史研究》。此后，法国马克思主义理论家奥古斯特·科尔纽在他 1962 年出版的《马克思恩格斯传》第二卷中专门对舒尔茨《生产运动》的思想进行了评述，并探讨了舒尔茨的思想和唯物主义历史观的关系问题。科尔纽做出这样的判断："马克思还同意舒尔茨的这样一个观点，即生产的发展在需要扩大的基础上的分工决定着各种社会形态和国家形态的依次更替，也决定着阶级的划分和阶级的斗争。"科尔纽是第一个探讨舒尔茨和马克思思想关系的学者。

1979年，奥地利裔以色列历史学家瓦尔特·格拉布出版了《舒尔茨传》，在历史上第一次系统研究了舒尔茨的生平和思想。这本书尤为醒目地以"一个给予马克思灵感的人"为主标题，在其中对《生产运动》的理论思想及其与马克思历史唯物主义思想和资本主义批判之间的关系进行了探讨。格拉布敏锐地抓住了《生产运动》在理论上和马克思历史唯物主义世界观的表述，以及在揭示资本主义社会内在矛盾上的相似性，认为舒尔茨的思想构成了马克思的重要理论来源。格拉布的这本《舒尔茨传》也因此成为历史上第一本直接探讨舒尔茨和马克思理论关系的著作，此后人们在讨论舒尔茨与马克思关系问题时便常援引这本书。正因为格拉布这一著作的特殊意义，我们将他专门论述《生产运动》和马克思思想关系的一章作为附录收录在本书中。

在格拉布之后，还有两本研究舒尔茨和马克思思想关系的著作。一本是日本学者植村邦彦于1990年出版的《从舒尔茨到马克思：近代的自我认识》，这是作者在1981年完成于一桥大学的博士论文。作者比较了舒尔茨的统计学方法与历史唯物主义方法的异同，对比了两人在社会改造上的不同立场和主张。另一本是1994年德国学者米夏埃尔·沙利希在汉诺威大学的博士论文《舒尔茨与马克思：论马克思对舒尔茨〈生产运动〉的接受及其对历史唯物主义的行程和政治经济学批判的影响》。这一著作系统地研究了舒尔茨《生产运动》的基本情况，其中的基本概念，以及舒尔茨在马克思历史唯物主义和政治经济学批判探索中的潜在影响。

但是总体看来，既往对舒尔茨和《生产运动》的研究还是很少。如何来理解这种情况呢？其实，对舒尔茨《生产运动》（以及对马克思同时代的其他思想家如李斯特、赫斯等人）的忽视本身，与20世纪马克思主义哲学研究过程中特定的社会历史和思想史背景有着密切关系。

这可以从两个方面来看：一方面，对于西方马克思主义者和马克思学学者来说，马克思历史唯物主义新世界观形成史的问题根本不重要。西方马克思主义的思想家承认马克思在哲学世界观和方法论上的重大变革，但坚决反对苏联教科书体系中确立的严整的、体系化的哲学世界观理论，因而也极少探讨这一哲学世界观的来源；同样，西方马克思学学者反对这种体系化的哲学世界观理论，将其视作恩格斯的臆造，所以也根本不会去做这种哲学世界观的生成史研究。另一方面，对于苏联、东欧学界来说，问题则是另外一种形式的。苏联、东欧学者的主要精力，都放在列宁指认过的马克思主义的三大主要来源之上，而很少进行这种细致而微观的研究。有一个小故事可以证明这一点：

  2017年11月，德国MEGA2编辑专家福尔格拉夫博士来南大访问，笔者负责接待，趁这个机会与这位成长于东德的老专家请教《生产运动》的翻译问题。令笔者极其惊讶的是，当福尔格拉夫听到舒尔茨的《生产运动》这本书时，很平静地说，"das war mein Liebling!"（这曾是我的最爱！）原来，据他讲述，他早在20世纪70年代后期，就已经认识到了舒尔茨的《生产运动》的重要性。他一度计划就此写一篇论文，但遗憾的是最后未能成文。福尔格拉夫先生说到，在他年轻时的研究过程中，他就认识到例如舒尔茨、李斯特和李嘉图等社会主义者的思想对于马克思主义哲学发展史的关键意义，但是，他在科学院的领导和同事们总是认为他在做一些不重要的研究，关注的都是这些次要的"小角色"，而他们要关注的则是如黑格尔这样的"大角色"。福尔格拉夫先生所讲的亲身经历，足以证明在当年苏联、东欧理论界的整体研究风格下，学界是不可能重视这一本著作的。

  通过以上介绍，我们已经可以看出，国际上一些走在马克思思想，特别是文本研究前沿的专家学者，对舒尔茨和他的《生产运动》的意义和地位都不陌生。在今天，舒尔茨和他的《生产运动》走进我们中国学者的视野内，也正是我们学界前辈艰辛积累和锐意探索后水到渠成之事。

三

接下来,我们就简单介绍一下舒尔茨的《生产运动》的结构和主要内容。

《生产运动》一书共分为《导言》《物质生产》和《精神生产》三章,其中《精神生产》部分又划分为"历史的考察"和"统计学的考察"两部分。在《导言》中,舒尔茨分析了19世纪上半叶欧洲尖锐的社会矛盾和被撕裂的危险,批评了蒲鲁东和空想社会主义者的激进主张,认为如"废除私有财产"和对无产阶级历史地位的推崇只会激化社会的矛盾;舒尔茨还分析了法国的这些激进思想在德国的反映,这其中尤其以赫斯的行动哲学为代表,他批评赫斯的行动哲学不过就是脱离了大众的、书斋中的哲学而已。最后,舒尔茨提出了自己的研究任务,就是要发现社会背后"自然发生的东西",也就是符合规律性的物质生产的全部过程,即"对生产及其组织的当代结构的历史的、统计学的考察"。这种物质生产变化的规律,在舒尔茨这里就是斯密的分工规律的具体表现。斯密的分工理论构成了舒尔茨的重要方法论来源。

《物质生产》这一章是《生产运动》这本书最关键的一章。舒尔茨首先以历史的线索梳理了人类社会的发展阶段,他划分不同阶段的标准,就是人的物质生产能力和物质生产组织的发展水平。舒尔茨明确将生产力区分为手的劳动、手工、工场和机器这四个不同阶段。在不同的物质生产能力之上,社会关系和等级、宗教和法律的形式、脑体分工、人口构成、城乡分化等问题都相应地有不同的表现。历史的视角不仅是纵向的,还可以是横向的。舒尔茨将英国、法国、德国乃至俄国等欧洲主要国家的人口构成、土地用途、生产力状况都加以详实的数据比较,进而指出不同物质生产力和生产组织之间的差异在政治层面的反映。在这一章的后面,舒尔茨还通过数据比较,指出了物质生产的进步,特别是与之相伴的自由竞争，带来的是社会的无政府主义状态，这些并没有给工人阶级的生活境遇带来实质性的改变，反而在加剧社会矛盾。但是，克服这种情况的途径在哪里呢？在这一章最后，舒尔茨则相信，伴随着工商业人口的增加和城市的扩张，人们的精神交往会更加成熟，从而建立起共同生活和共同行动的可能性，以彻底征服盲目的自然力，而自由与平等也会为更多人所接受。

在《精神生产》的第一部分，舒尔茨从历史的角度，将物质生产运动之中的分工规律继续推进到人的精神活动之中。语言的形成是人的精神生产的基础，它从一开始的与感性世界纠缠在一起的状态，不断获得自我的独立性，并通过音节和符号语言、图像和拼音语言而发展。精神生产的另外一个重要领域就是宗教领域，舒尔茨概括了自然宗教、泛神论、多神论和基督教这样几个不同阶段。他将基督教视作对之前不同宗教发展阶段的吸收与超越。舒尔茨高度肯定基督教的价值，认为其蕴含了自由、平等和统一，是精神生产中永不枯竭的源头活水，也是国家和社会领域新科学的根本动力。此后，舒尔茨继续探讨在文化和科学领域之中的规律。同样是在历史的维度下，舒尔茨详细考察了艺术、政治学、教育、法律乃至国民经济学等对象自古希腊到罗马时期，再到近代以来的不同发展状况。尽管研究的领域宽泛，但是舒尔茨贯穿始终的方法就是各个对象内在的分化规律。

舒尔茨在《精神生产》的第二部分"统计学的考察"中，则将考察范围限定在基督教民族之中。因为在他看来，"只有把握住当代精神状况的划分，在其合规律性的前进运动中和过去区分开来的时候，科学才会产生。"也就是说，在舒尔茨看来，只有基督教民族那里才有过去、现在和未来明确的不同环节，也才有科学地加以研究的可能和必要性。舒尔茨的观点颇有黑格尔《历史哲学》的色彩。基督教本身，也被舒尔茨按照希腊教会、天主教会和新教教会这三个不同分支，按照从低到高的不同阶段加以审视，他考察其中的教义和组织原则，并通过不同地区和国家的教徒人口数量等统计数据，来对三个教会的发展走向做出自己的判断。在这一部分的后一段,舒尔茨继续探讨了雕塑、诗歌、小说以及哲学领域在最近的时代里的发展和变化。在这里,舒尔茨尤其强调了无产阶级在诗歌、歌曲等方面的艺术创造;而且梳理了德国古典哲学的发展脉络,特别是对青年黑格尔派做了评述,将他们称作"哲学上的暴徒",这主要是对他们的无神论观点的批评。舒尔茨对青年黑格尔派的看法,为我们提供了了解青年黑格尔派的形象的新视角。

我对这本书的翻译断断续续地进行了四年时间,拖延如此之久令我感到非常惭愧。在翻译过程中,我也遭遇了一系列困难:一开始如天书一般的哥特字体,以及许多现代德语已经不再使用的词汇和概念,还有大量的历史事件和人物的背景知识。在翻译过程中,我已经做了很多的努力,但相信一定还有很多不足之处,在接受批评的同时,也恳请学界同仁谅解。

本书的翻译和出版要感谢张异宾老师和唐正东老师的支持,特别是张老师,他很早就敏锐地察觉到此书应当对于理解青年马克思哲学世界观的变革具有重要的意义,这本书的翻译,就是在这一直觉的推动下进行的。事实也证明这一判断是极精准的。张老师多次询问本书的翻译进度,在翻译完成后,他对本书进行了细致的审读,提出了宝贵的意见。

本书的翻译还得到了江苏省社会科学基金后期资助项目的资助,在此一并表示感谢。

希望本书的出版,能够推进我国马克思主义哲学发展史,特别是历史唯物主义发生史的研究。

李乾坤
2018 年 8 月 4 日于南京大学鼓楼校园
2023 年 1 月 10 日修订

目 录

1 / 导言

9 / 物质生产

75 / 精神生产·历史的考察

128 / 精神生产·统计学的考察

189 / 附录　瓦尔特·格拉布:《生产运动》中的创见及其对马克思的影响

导　言

我们生活在一个意见和利益不断加剧的无政府状态之中，教育、财产还有精神和物质产品的违背自然的分配制造和培育了这一状态。通过这样的过程，在文明欧洲的全部国家里的大部分人民注定承受着奴役与贫瘠，甚至那些被自私自利的绝症所蚕食的剩下的人，其自由愉悦的创造的、充满生机的享受也被剥夺了。也许人们总是要以外在的秩序和富足的表象来自我欺骗，也许贫困的深渊将永远由无能的政治造成。压迫的法律僭越着并希望在苍白的国玺之下将深刻的灵魂禁锢起来；也许一种腐朽无能的治国策略——它在当代的精神面前无比渺小——已经变成了死掉的手艺，它的外交网络建立在人民的深重苦难之上；然而这苦难还在变得愈发深重，并已经在无产阶级大众和更高等级之间产生了越来越危险的鸿沟。我们可否轻率地认为，这个病重的时代可以在和平的进程中自然痊愈？或者这种分裂会完全演变成一种内部矛盾吗？这种精神状态的相互异化（Entfremdung），会将这种对自身的不再理解和这种自私的不愿理解自身引向毁灭性的内战吗？

法国早已有一位大胆的无产者——蒲鲁东，他不像多数出身于高贵的作家圈子的人一样敏锐而且富有思想，而是和很少数的作家那样，被他自己的社会信仰所激励、充实，他向着昏昏沉沉的群众大声喊出了口号:"私有财产就是盗窃!"①他所预言的这句话,使得巡逻监视遍布了世界(Runde um die Welt machen),并且随着三色徽章被制造出而带来了更多的混乱。所以他这样对所有者们说:"你们今天的角色就是**人民的解放者**。你们的财富正是在我们保护性的管理之下的我们的财产,你们的儿子正是同我们一样依法分配份额的我们的兄弟。——颤抖吧,当我们的被监护者在时代面前被宣布将被解放了。——首先不是引发我们爆发绝望的情绪;因为我们的士兵和警察或许已经成功地将我们镇压,然而你们无法阻止我们利用最后的拯救手段。它既非弑君,亦非刺杀;既非毒药,亦非烈焰;既非罢工,亦非移民;既非暴动,亦非自杀:它是某种可怕而有效的东西,它是某种在其中聚集了前述一切的东西。"②

即便在德国的文章中,这种威胁也在一种预言的方式中找到了它强化了的回应;这些文章被那些受到社会底层流行观点影响的手工劳动者(Handwerker)接受并创作,这些文章以一种克制的激愤,在对上层社会有着显而易见的不信任的大众之中得到了传播和呼应。所以财产(Eigenthum)已经解释了战争!那么在一场更大的经济危机——它在我们这个撕裂了的社会中必然一再重现——之下,这种关于行动的学说(Lehrer zur That)能够成熟的可能性也被人们怀疑吗?难道没有看到,在英国和法国,工人联盟、暂时性的停工、个别的罢工和刺杀、掠夺和纵火已经打响了这场战争的前哨战了吗?而人们越来越致力于在科学的名义下,最近又在宗教的名义下来鼓动斗争,并赋予这场斗争神圣不可侵犯的自卫权的使命,所有这一切怎样能够避免在更大的规模内重演?

然而如果人类的精神——它值得为拥有它幼年所创造的奇迹而自豪——在世界历史的任意一个时刻,都可能对科学解决的可能性,即和

---

① 原文为法语:La propriete c'est le vol! ——译者注
② 蒲鲁东:《什么是财产?关于法和权力的原理的研究》以及《对财产所有者的警告》(Avertissement aux propriétaires)。

平地实现其当代社会使命产生怀疑的话,它就必须认识到它自身绝望的无力。然而尽管如此,这种充满敌意的对立或早或晚都是不可避免的;一种新的学说在它被接受和经历之前,还是要以流血的队伍铭刻在人类的肉体之上:所以,在可靠的研究之中,在真理的左和右的偏见的所有混乱之中开辟出一条道路出来的人,至少免去了一个暂时的责任。最终实际的决定产生了作用,所以他也以愈发勇敢的决心聚集在那一党派的旗帜之下,这一党派支持那种更好的权利,这种权利因为源自对立面的活生生的需求而拥有未来。

受到这样的信念的鼓励,无数次地被活动与利益的一种原子化的(atomatisch)撕裂的劣势所触及、伤害——人们要将这种原子化的撕裂状态解释、辩护为所谓自由竞争的体系,它因而也同样是不能被感觉到的,人们再一次去寻找一种社会统一(sociale Vereinigung)的原则,思考一种补救的办法。这一切尤其发生在英国和法国,在那里,大工业(die große Industrie)比其他任何一个地方都更加强烈地瓦解、打碎了从中世纪流传下来的行业活动组织(Organisation der Gewerbsthätigkeit)①,然而与此同时,也导致了一种更高程度的恶,它同工业的规模,以及目前的教育程度紧密地结合在一起。

在这两个国家,在短短几十年里,现在就有越来越多的文献产生,它们囊括了多种多样的领袖,从在法国受到政府和现有制度追随者更多偏爱而非反对的傅立叶主义,到处于最幼稚形态的无政府主义共产主义——它在还向着对生产和消费(Production und Consumtion)本质地改造了的形态的、仍然昏暗地浮现的目标努力。正如这些新的社会学说(Sociallehren)是源自贫富之间、工人与资本家(Capitalisten)之间日益尖锐的对立一般,它也加剧了这种紧张关系,因为它使得底层阶级愈发意识到这种对立,这一对立本身通过夸张的描绘和控诉而被强调到了极致。社会评论在大众中找到了它大部分的听众,在无产阶级

---

① "行业活动组织",即欧洲中世纪以来的传统手工业行会。——译者注

中——他们全都知道，他们首先不是靠利息和租金，而是靠他们的双手的劳动，或者——独立于政府——靠他们的精神劳动（Arbeit ihres Geistes）生活。它还常常奉承社会底层阶级。但是当它以一种特殊的无产阶级自信，一种罗伯斯庇尔式的美德和自豪，同更高等级的荣誉和高贵相抵抗时；当他们以卢梭的话语"劳动是一个独立的社会人的首要职责，无论贫穷还是富有，无论有无能力，所有无所事事的公民**都是无赖**"①，以贫苦大众的特殊利益来解释并致力于剥削，它也就仅仅服务于报复的权利。而恰恰是卢梭的这句话，被蒲鲁东用他的"私有财产就是盗窃"这一简练的挖苦所磨平，依照这句话，富有与贫穷之间的区别本身最终也必须完全消失。

至今为止，德国还极少有能够通向这种新社会的学说和错误学说的入口，但是这些学说已经开始传播并不可阻挡地继续流传。只要困难与激动的时刻再次到来，已经寻得的种子和精神的种子越早地播撒在易于接受它的大地上，只要它的撒播将愚蠢的政治更多地认识为同不成熟的阻碍着的暴力相对立，只要它越多地阻碍自由的讨论，并借此将真理以及谬误都以相同的殉道者的表象包裹起来。因为空想与迷信自身都是无力的：它们在同真理的联系中首先生产着易腐的影响。因此只是对所谓的"共产主义怪兽"发脾气——这还是无关紧要的——并将它的拥护者的谬误和矛盾逐一列举出来并证明，如果人们没有同时承认如电一般掠过人民的真理之神的火焰的话，就无济于事。如果它被忽视、不被注意的话，它就会愈发确定地变成毁灭性的火焰。因而在这里更恰当的做法是，像对待所有东西一样，十分严肃地对待这一事情，考虑它的原因和结果。

这种谨慎地引入的考察现在首先适用于德国。在德国，困扰英国和法国的社会弊病还没有严重到使讨论变得不可能的程度；即人们或

---

① 原文为法语：Travailler est donc un devoir indispensable à l'homme social. Riche ou pauvre, puissant ou faible, tout citoyen oisif es tun fripon. ——译者注

因狂热而对所谓的新的拯救学说盲目地无视,或者把他们赶到最外面的点上,在这之上人们已经没有任何扎根的土地了,这一危险在德国也更小。德国科学大概最终能够从思辨的梦幻快乐,或者那些合法概念的毫无结果的诡辩,或者历史的所有细枝末节中的、褊狭的分解中振作起来。德国的科学也许将比以往更多的注意力放在由西欧大国从社会状况中得到的问题的考验上,而这些社会状况,正是德国也正在不断接近的,依照最新的大众生活的全部教育进程来讲,德国也必须接近它。

在这方面迄今为止还没有发生太多,而施泰因①所指出的过程则几乎没有发生,关于这一过程当前也许只有一审判决涉及了。还有大量各种类型的国民经济学(Nationalökonomie)专业教师,致力于将政治的传统观点,尤其是将国民经济学编织得更为宽广,将旧面团一再地捏出不同的形状;好像他们只是能够以严肃的意志,来将无偏见和更精确的敬重投入到尤其在西方邻国出现的那些学说之上。而这些学说最多只会用一致的、随意的评论,或者在其个别的弊病与颠倒之中以草率的笑话,或者更好或者更坏地打发掉了。德国最年轻的哲学无疑青睐于这些学说;但是他们也就停留在了第一点上。这些哲学在政治方面,以最快的转变从绝对的专制投向了立宪的专制,在立宪专制中,无须担负责任的君主在大写的"我"②之上设定了一点,从这一点走向民主,直到他们自身使民主在众多只手之下消失,而造成除了无神论以外仅剩普遍的无政府状态。除了他们自身的死亡以外,还有什么可以终结这场迅疾而来的瘟疫呢?抑或是,他们能够从空洞的普遍性的第三个或第四个兴趣范围(Lustkreise)再次找到复活的道路?他们已经在最新

---

① 洛伦茨·冯·施泰因,德国国家法学家、社会学家、国民经济学家,曾于基尔大学和耶拿大学学习哲学和法学。1841—1848 年间曾先后在柏林和巴黎学习,后任基尔大学编外讲师,1848 年大革命期间,以法兰克福宪法会议观察员身份前往巴黎。1855 年后担任维也纳大学政治经济学教授。他对法国社会主义和共产主义的研究,对德国政治思想史的发展起到了重要作用。1842 年发表的《当代法国的社会主义与共产主义》产生了巨大的影响。——译者注
② "我"原文为 I。——译者注

的时代里宣布了行动的哲学(Philosophie der That)①。当他们付出更多行动,而非只是将腿稍微抬高了一些,以期再次回到同样的位置之上时,便能够产生一种进步。然而一切都走向了书斋中的运动(eine Motion in der Schulstube),扬起了书斋里的灰尘,在这尘土之后,新哲学和旧神学一样拥有它布满云雾的天空,这云雾将这种哲学和人民大众相互遮蔽起来。当他们从他们的天空中探出头来嘲笑"糟烂的现实"(schlechte Wirklichkeit)时,他们也在嘲笑哲学的现实;而当他们在他们的争吵中不断地同这一现实联系在一起时,他们却从未和哲学联系起来,从而从坏的现实引导出或拉出更好的出来。你们(Ihr)想要时髦,并向任何一种方式的压迫挑战,于是你们不仅谈论着你们想要的打击(Hieben),而且也去践行打击;你们言说行动,于是行动最终被体现为精神的活生生的行动,借此你们救赎般地走进人民中间,走进他们的需要和斗争之中。但是将来,你们正如信仰基督的富人扔掉他那些无用的财宝那样,会将你们那些经院教条的空洞废话扔在你们身后;然而在这样一个撕裂的时代里,一个哲学家能够被人民接受,正如一头骆驼穿过针眼一般困难。

　　所有最年轻形态中的学说现在对于我们都失效了,于是人们愈发迫切地要摆脱掉学派的每一种束缚和习惯,并最终再次将全部的生活认作老师,从而去探索是否可以通过生活现象的多样性而拷问出发展的简单规律。只有在现实中才有真理;只有在历史的反复摩擦和斗争中,正义才能打磨它的劈开了一切旧的和新的谬误的双刃执法剑。无穷变化的生活(das tausendfach bewegte Leben)自身已经在我们时代的事实和状况中创立了一种符合这个时代需要的国家学说(Staatslehre)。这里不再有任何收益,而只有一种幸运,来将历史和数据的七零八碎的分散字符拼凑成语言,语言自身再次变成肉体和生命,因为这些语言以最简洁明了的表达宣告了这些需要。我们从这样的立场出发来考察,它

---

① 此处舒尔茨在批判莫泽斯·赫斯的行动哲学。——译者注

因而并不会变得更自由，因为它被禁止成为一种更有趣的、社会的新体系，所以我们可以轻松地发觉，对于他们来说，以全部的忠诚——在此之上，它反射了理解的扭曲路线——奠定了一些共同不满的东西。大体上它仅仅这样解释，人在解决社会任务的探索中，因为主要受到物质困难的阻碍，所以首先只看到了生产和消费的物质方面，而没有对精神的创造和社会条件给予足够重视。因而人们像梦想对军队和统治的组织一样，梦想生产的完整管理，而忽略掉自然发生的东西（das Naturwüchsige），这种自然发生的东西，在一种由内而外合规律发展的行动组织的历史的活生生联系中，除掉全部的任意性，始终是强大的、有影响的。然而人们甚至还是不能把握物质生产（die materielle Production）的全部过程。人们更多只是强调了这一过程的一个环节，它作为劳动产生了将社会交换容纳进自身的商品，为此，**特殊的劳动工具**得到了证明。但是人们忽视了生产率和消费率是如何相互决定的，以及在此基础上每种特定的生产方式（jede besondere Productionsweise）如何通过特定的消费方式被决定；人们在这上面忽略的恰恰是活生生的个体性（Individualität）完整的政治和社会意义。正是从这一点出发，也只有从这一点出发，对于这些新的教条的克服才是可能的，这里首先是针对蒲鲁东反对所有制的学说，按照这个学说，人们却要赞成一切反对资本的无节制积累的事情。

这种思考使我现在首先转向了对生产以及组织的当代结构的历史的、统计学的考察。这种方式的文章应该尽可能少地流于空疏的普遍性，而使其通过分散和意义不大的东西而被驱散、肢解。它恰恰涉及对活生生的规律性联系（lebendig gesetzmäßigen Zusammenhangs）的描述；并且因此，鉴于富饶的物质，不得不将陈旧然而在应用中经常如此困难的规律强加于自身之上，以至于人们同样要竭力避免，只见树木不见森林，或只见森林不见树木。此外我可能疏忽、遗漏和搞错的东西，却愈发将一种当代的直接需要导向了这样的信念，即至少被标明的道路就是那条沿着它就可以到达一个牢固立场的道路；到达这个立场，从这个立场出发可以直接提出实际的建议并轻易地判断,哪些以及在何种环境下至今为止的努力在今天是可行的,更远的未来能够听到什么,**不止一次**预言的梦想的广阔领域最终会发生什么。

在很久以前,我就和一些先行者一样,尝试着发展可以测量物质生产变化的规律,并在大众生活的最新现象中来证明这规律。① 有关的论文作为整体的重要组成部分,按照其主要内容,经过不断的补充收录到本部著作中。那种运动的规律,自**亚当·斯密**以来,已经借由"分工(Theilung der Arbeit)"一词被大众所了解了。然而,人们讨论一种结构是比仅仅讨论一种**划分**更为正确的,因为生产活动(producierenden Tätigkeiten)的每种新的扩展已经产生了新的联系,从而伴随着对这种关系(Verhältnis)的理解,一种生机勃勃的前进的**生产组织**的观念进入到意识中。扩展和再次结合的同一进程也在精神创造的广阔领域里被探寻,对其的描述就是本著作的主要内容。因此知识的生产(intellectuelle Production)提供了相对更巨大的详实性,故而在论及知识生产的第二部分中,历史的和数据的因素是相互隔离的,而这两个因素在第一部分中相应地是被交融在一起的。

国家是监督生产和消费的全部运行的最高机关;国家给予它方向,这个方向符合或有悖于时代的内容和发展的不同阶段,国家借此产生了正义和不义。因而为了使国家不断同时被规定和规定着,国家生活或者政治生产的总体必须遵循普遍的生产规律(Productionsgesetzen)。对这句话更进一步的解释和应用,及在此之上自然联系到的对国家和社会新体系的批判,我希望在日后出版的著作中进行阐释,假如我至今所做的工作,没有因为更为可观的效率而将其他工作变得多余的话。

---

① 《劳动组织的变化及其对于社会状况的影响》;作为物质生产目的的劳动组织。《德意志季刊》,1840。

物质生产

在最根本上,人的精神是大地之上最本真和最真实的原初生产者,他不断地占有所有生产的材料(den Stoff aller Production),并将其不断地构造为(gestaltet)新的材料。内在的劳动(die innere Arbeit)本质上是创造性的,既包括艺术和科学的作品,也包括发明和操作(Erfindung und Operation)的全部流程,它们在农业、行业(Gewerbfleiß)①和商业的领域决定了财富的产生。单纯这一内在活动的目的或者**直接地**——在观念的发展中,在对意见、情绪、感觉,对思想和概念的描述中——指向精神财富的产生,或者**直接**指向物质的财富和享受。因此人类创造的一个不可分的过程就被描述为精神生产和物质生产两方面,从而运动规律的两个方面也必须被证明。

只有在发展的更高阶段上,精神才了解它的历史,并在它时代的现

---

① 舒尔茨在本书中大量使用了"Gewerbfleiß"这一概念。这一概念在现代德语中几乎完全消失,在19世纪上半叶曾被少量使用。这一概念的构成是这样的:"Gewerbe"有"职业、行业、手艺、中小型企业"的意思,强调的是获得收益的生产性活动,《1844年经济学哲学手稿》(《马克思恩格斯文集》2009年版)中将其翻译为"工商业";而"Fleiß"则有"勤奋、努力"的意思。本人向德国马克思文献专家福尔格拉夫博士请教这一概念的翻译,他强调了这个概念的特定历史背景,即19世纪上半叶时,资本主义大工业生产的发展水平还很低,舒尔茨使用这个词,是指德国在机器工业生产(Industrie)和手工工场(Manufaktur)之前的特定阶段,但它与手工工场的界限并不十分清晰。本文尝试按照不同语境将其翻译为"工商业""行业""劳作效能"。——译者注

象和运动的联系中提出需要。谁能够数得清,人类,每一个个别的群众,还要再过多少年这样一种迷迷糊糊浑浑噩噩的生活?但是正如一个老翁再次更为清晰地回忆起他的童年状态,一颗在种子状态中就朝着目的前进的大树将其根系不断更深地扎向黑土;更加成熟的大众也会更深地走入他们自身昏暗的历史之中,故而每一种后来的状态都阐释了一个更久远的过去。也如地理学,其对处于其当前性质的地壳的进一步观察,已经在其形成的当前阶段中提供了关于地球自然历史更早阶段的多方面提示和说明,统计学以其连续的发现和比较,也即对处于当前性质的社会状况的更仔细的观察,为我们提供了关于人类生活的过去的更多说明。认识这些社会关系(socialen Verhältnisse)是如何在同一时间内并存的,从最野蛮的黑人各民族到欧洲文明最新的分支,这一类的阶梯性发展,我们还可以按时间顺序在各个民族的许多历史时期中发现。物质世界里没有任何东西会消亡;精神的世界也被这一规律统治,即在生活中有意义的关系不会消失,而是被把握,并因此变成持存的精神财产。

一片有人民居住的土地,就拥有了它肉体的内容,也就成为一个渗透了民族精神的民族身体,这两者统一为一个活生生的整体,相互决定、规定。在更为野蛮的民族那里,人民精神对自然的依赖性(Naturabhängigkeit)也就更强,它要在同外在自然更为长久的斗争中才可以形成对自己力量的自信,这种自信来自为了**共同目的**的社会共同活动(geselligen Wirken),来自对旧有的昏昏沉沉的天赋(Anlagen)和能力的多方面教化。正如孩子和母亲是同一的一样,也正如后来孩子不会再作为母亲肉体的一部分,受到母亲乳液的哺育,而只有渐渐地成长为那种独立性一样,在这一阶段,依靠他所拥有的**自由的爱**,他同时进行统治又被统治,同时在给予又获得;人民也以不同的程度争取离开他的母亲般的土地,**不是**通过挣断他与之结合在一起的紧密纽带,而是通过纺出纤细而丰富得多的纤维。按照这种独立性和自由的程度,我们可以发现遵循不同等级的不间断次序(Folge)的更低或更高的社会形态

(sociale Gestaltung)。

　　一切历史传统的联系，比较数据的全部事实，说到底个体生活和人民生活的全部类比，我们知道，个体生活和人民生活在一个最低的阶段上，人的精神力量还首先操劳于维持肉体存在(die Sorge für Erhaltung des physischen Daseins)之上。在社会的这一阶段，需要是简单的，而用于满足需要的手段是有限的。需要和满足需要的手段一般是携手(Hand in Hand)进行的，所以起码在总体上二者之间是力量平等的，尽管会出现偶尔的不稳定和不平衡。在个体生活中，儿童的、少年的以及成熟男人的力量以相似的方式符合于本能和爱好，这些本能与爱好使其生命的不同阶段富有灵魂；因而对于个体和对于全体人民来讲，诗人的一句话是同样适用的："唤醒人的正是他的目的。"

　　在社会的最开始，个体或者家庭是头等重要的。在很少能够得到外在援助的情况下，个体和家庭自己为自己创造食物、住房和衣物。只有自然自己所做的大的分离，使得女性在哺育孩子的同时还要他们的监督，以及特别是那些要求对于力量更少的耗费，或者更少的进取心。在这一人格或者家庭中还未完全发展起来的能力的混合，只带来了粗陋的劳动(rohe Arbeit)。因为还没有特殊的能力和技巧在一定程度上被形成，与此同时，在不同身体力量的练习中和在所有感觉器官的强化中，要求了一种特定的一半的身体构成。这样的一种耗费了大量时间和精力、最多只完成了不完美的东西的工业(Industrie)，是最本真和有限意义上的手的劳动的结果。因为在这一文化阶段上，手几乎是人仅有的、唯一的工具，借助于手，人以最直接的方式从周遭自然中获取满足他需要的东西。他用于生产的所有更多的工具甚至也只是他双手直接劳动的粗糙产品。对波利尼西亚和美国的原住民，以及绝大多数的黑人，甚至中亚地区的游牧民族的武器、家居设施和衣物的考察，就可以得到对这一劳作效能(Gewerbfleiß)的清楚认识。当然，这些民族的一些独特产品，比如南印度洋一些部落的独木舟，或者手工编织的蒲苇网会激发起我们的好奇。但是我们所感到惊异的，只是在考虑到他们所使用的落后工具，他们双手的历史感（Geschichtlichkeit）和手指的灵巧之后所产生的对他们手工技艺的惊叹，也许还有他们知道从粗糙的自然中慢慢地占有必需品所用的勤奋和坚毅。

在所有处于最低阶段的人民那里，都受到一种片面的谋生活动（Erwerbstätigkeit）的支配，大多被他们土地的性质所规定。在那些海洋和河流的贫瘠地段，稀少的人群主要依靠水域提供的给养手段而成为渔民。在那些由或浓或密的森林覆盖的丛林地区，其他的一些部落则以猎人的方式寻找他们的食物；他们或者遵从自然的邀请而过着一种游牧的牧人生活，在那里广袤的牧场和草原使得依靠迁徙的畜牧业成为可能。捕鱼和打猎以及在森林和原野上搜集野果只是对粗糙的自然产品的一种寻找和发现，为了能够在任何时间都占有这些产品。如果说，比如一个吉尔吉斯人可以从他牲畜的皮革、脂肪、肉、乳、骨骼和长相中得到他的住所和衣物、食物、饮料和武装的话，我们也会看到，种族片面的谋生活动是如何导向了在单个家庭中对于获得物的多样的加工和使用。

在维持身体定在的辛苦和不确定的斗争中，我们还谈不上关于他们自己想要什么的知识教养的兴趣，以及社会的特定阶级或等级，这些阶级或等级使思想的劳动成为他们的职业。正如每个家庭以并不完美的方式将物质生产完全不同的目的统一在一起，所有身体和精神的活动也相互缠绕在一起。在政治情况中也展现出了在扩展（Entfaltung）上的同样匮乏。对于公共权利的发展和运用来说，不完美的社会体（sociale Körper）还没有显示出组织和功能更多样的结构（mannichfachere Gliederung der Organe und Funktionen）。在原始民族单一形式的生活方式（Lebensweise）中形成了一种单一形式的，同时具有宗教、道德和法律意义的习俗，即便他们的首领也不敢违背这种习俗。没有哪个吉尔吉斯人的可汗或者阿拉伯人的酋长能够阻挡他们的部落进行血族复仇的行动，以及对于劫掠的爱好。这类习俗以不可改变的严格性统治着所有的社会关系（sociale Verhältnisse），因为社会生活的内容自身也很少会发生变化；或者因为缺乏自由的自我规定，这种自我规定算计着、斟酌着、审视着未来，并知道将变幻着的状态带向暂时的和谐。因此没有真正的立法可以预知社会的可能的关系和联系（Verhältnisse und Beziehungen），并自觉地起草出它们规定秩序的规章；同样也很少谈及公共权力的分离。除了极少的例外，首领同时是战争中的摄政王、大祭司和指挥，以及和平状态中的法官和管理者。按照我们至今所观察到的秩序生活的部落，从动物般的巴布亚人，到带有半斯巴达式教养和生活方式的北美易洛魁人，极为不同的文化程度都已经展现了出来。假设我们处于这些部落生活的中心，如果我们想把握所有阶段或者等级的区别，我们到底必须做些什么呢？这样，我们所提及的他们的社会关系的相似特征已经足够清晰地展现出来了。

民族在第二个和更高的阶段体现为拥有固定的居住点，将耕作作为他们主要的谋生手段。土地更加丰富的产品导向了对产品更为多元的使用和加工，以及在此之上一个人和另一个人的相互交换（Austausch）。从农业因而更加产生了越来越多的行业（Gewerbfleiß）和商业（Handel）；与此同时，原始民族占优势的谋生方式，如渔猎和畜牧并没有消失，而是更多地退化了，并以新的职业目的进入新的关系之中。全部的生产都变得更加多样，并且与变化了的欲望和需要相对，个别的家庭有能力，也希望不再均等地从事于所有谋生的方式。人们开始认识到更大范围分工的最初优势。所有从事物质生产的人，按照谋生活动更细的分类，依照更细的等级，被分化到农业、工业和商业之中。劳动因具有了具体的对象而可以更为理性地进行。劳动工具（Instrumente）也不断增加并不断改进。在为了生产的目的而同外在自然所进行的斗争中，仅靠双手的粗陋争斗也停止了。依靠人精神的发明，依靠犁和锄，依靠锯和凿，人们被更好地武装起来、装备起来而相互对垒。人的劳动现在已经依靠其精神的活动达到了更高的程度（höherem Grade），而制造了更为精细的工具的双手，较少直接地干涉外部世界了。因而手的劳动（Handarbeit）的阶段在严格的意义上消失了,并逐渐转变为农业和手工的特殊化,二者在自身中已经包含了工具(Werkzeug)概念。

这种手工活动(händwerksmäßige Thätigkeit)在对特定工具的运用中,将人的身体只按照特定的方向使用和塑造(übt und bildet)。同野蛮条件下的人相比,我们的农民和手工劳动者(Handwerker)的身体的发展是一种片面的(eine einseitige)发展,尽管在特定方向上更加完美了。手工劳动者的活动在这一阶段还是主要方式,这些工人将原材料赋予一系列不同的功能(Funktionen),从而使其满足于使用的要求。因而在劳动没有肢解为它个别的元素进而愈合在一起的情况下,只有一种按照更大的等级而进行的生产活动划分。手工活动得以产生的这些不同的功能,不断地重复并通过习惯和练习而成为确定的专门知识。因而正如不同类别的工人和手工劳动者,按照他们相同的工种和利益,依照特定的阶层和阶级,行会和公会而进行划分;所以在这些划分的中心,围绕习惯和权利,手工业利益和技巧的合乎惯例的传统形成了。通过这种传统,职业轻易地一代一代地传承,甚至这种职业的传承性产生了,时而只是作为允许个别例外的实际规则,时而按照规律,市民社会(bürgerliche Gesellschaft)的分离就成为一种真正等级森严的社会制度的结果。所有等级、阶层、行会或者公会都拥有了它们的特殊历史,在其中产生的特定阶层精神和阶层学说便发展了出来,但是它们同时也导致了一定的片面性和偏见的形成、滋生。

同对农业、行业(Gewerb)和商业有规律的经营相联系,在同所有制(Eigenthum)的产生的结合中,另一个重大的进步产生了。只有为了物质生产的有规律有计划的职业活动(die geordnete und planmäßige Berufsthätigkeit für materielle Production)才使得资本(Kpitalien)——也即积累起来的财富(gesammelten Gütern)——的逐渐积累成为可能。借此,个体在经济上安全了,对满足肉体需要的仅有的担忧也被解除了。人们因而进入这样的境况,他们在其中首先能够贡献精神劳动;在此之上所有人类活动的最大对立:一种以物质为主的和以知识为主的生产的对立（der Gegensatz einer überwiegend materiellen und überwiegend intellectuellen Production），开始决定性地出现了。满足精神上的利益的首要渴望，就是一种产生自人的永不熄灭的、本能的宗教渴望，认识并处理人同神之间的关系，超越了所有定在（Dasein）的本源，超越了人自己的未来，而获得了一种特定的直观（Anschauung）。为了满足这种需要，特定的等级从神职人员中分离出来，故而精神上的贵族产生了，他们在其源头上就始终是精神性的。在同一阶段，同原始部落的社会状态相对立，除了单纯的传统外，一种真正的立法产生了。这时仅仅有宗教的和世界的立法，刑法和民法还混淆在一起，而对法律的应用来说，司法和管理分离的理念还没有像在现代国家里那样出现。

我们在为这些一般的观点寻找特殊的证据时，会发现我们前面提及的教化阶段，从最初原本的（eigentlich）历史时期到最新的历史时期，很少有遗失掉的东西，在绝大多数的数量巨大的民族的状况中，至今还表现得出来。首先在印度斯坦，工作和社会的种姓划分至今还非常严格地执行着。总体上，印度半岛表现为一个在社会和宗教生活上特殊、封闭的区域；尽管如此，我们必须通过进一步的考察来认识到，它还是适应着作为完全自然的连接环节的一系列社会、政治组织。尽管印度的种姓制度同他们的宗教信仰非常内在地联系在一起，也只有通过宗教信仰才能获得它的庄严和稳定。然而即便一种这样的信仰也以一定阶段的物质和知识的文化为前提。因为在这片一种继承制的等级差别的梵天学说（Bramalehre）可以扎根的土地上，也正是那样一种发展阶段，在其中人们认识到分工的优势并将其在实践中保留下来，但是还没有学会借助将活动的不同目的，以及通过机器而共同作用的自然力（durch Maschinen wirkenden Naturkräften）联系在一起，从而花费更少的人力来达到更大的目的。印度的劳动更多地建立在他们对非常简陋粗糙的工具使用的专门能力（Fertigkeiten）之上，这些专门能力只建立在从少年时代就开始的长期练习之上。这些专门能力更容易从父母传递给孩子，因此就产生了等级制度，在其中，职业的继承性依照物的自然状况在事实上成为规则,并通过宗教和法律而被提升为义务和权利。这种职业种类的分工表现在物质和精神活动的划分中,并且导致了梵天由以产生的,作为精神活动的代表的婆罗门这一特殊等级。但是正如年轻而缺乏经验的学徒对其师父无条件地尊重并很容易对其盲目地献身一样,刚刚从野蛮状态走出来的所有人民,感到对知识突然的、有着勃勃生机的苏醒的需要,从而在精神的权力和影响下,以绝对的屈从拜倒在那些知道有效地成为这种精神权力代表和执行者的人面前。因此婆罗门的一种专制的优势就能够在最大的程度上形成。为了保持这种优势,那一要求最大崇拜的等级在少量的中等人和大量下等人之后树立了另一个对立的等级,其继承性就是遭受最深的轻视。与这一祭祀等级同时出现的还有首陀罗的等级以及大量堕落的贱民;因此,总体上不同的阶层以等级的方式排序(ordnen),最低等的阶级作为最卑贱的后裔为社会的领导者服务,他们不断经受着凌辱,通过这样,其他的阶层维持了他们一次性获得的地位。印度斯坦引人瞩目的社会和政治阶层是如此的持久,以至于在这片由海洋和重山阻隔的大地上长久到固定在其习惯生活之中,在历经相邻民族间各次重大的毁灭性的接触后仍然保留下来;作为这片土地上的居民,因其居住区域富饶的自然财富,也很少需要加入到世界交往中。立法将人为的阻碍结合了自然的阻碍,因此,每一次同外国的交往都变得困难并受外国支配,没有一个印度人可以跨越神圣的印度河,这也使得穆斯林民族得以发展成熟。同样,古埃及也同时建立于自然和政治的孤立性之上,它在其社会关系上,在其全部的物质、知识和审美文化上都同印度斯坦引人注目地相似。但是这种土地和民族(Land und Volk)的隔离也以其最绚丽的表象共同构成了等级制的形成与发展,故而可以这样说,所有将自己提升到更高文明的民族在其文化史的进程中都有这样一段时期,在这段时期里,知识活动在物质活动之外获得了一种特殊的、尤其受到推崇的位置,与此同时,物质生产则因为各种目的而被边缘化;在这一段时期里,为一种继承制的等级制度可能的产生提供了社会材料,这种继承制的等级制度一旦处在有利于的环境下，就会真正地产生。

在大的亚洲帝国里，如在中国和日本，具有和印度斯坦相近的分工，因而也有一种按照阶层、等级和行业种类合作的明确划分，所以也存在严格的权利和特权的界定。然而按照法律，在中国和日本，和那些拒绝一切等级差别的佛教学说占统治的民族一样，没有世袭的等级制度。伊斯兰地区，在不长的时间里，接连受到其他民族的征服，因此征服者迅速变成被征服者，所以伊斯兰地区在不断的动荡之下，没有时间使社会的元素像东亚国家那样形成突出显著的形式。虽然按照劳动而形成的阶层区别已经形成了一些，尽管如此，劳动的组织同样是处于那种由手工业推动的阶段。于是，至少在东方国家的大城市里的个别行业，是按照行业的，与此同时常常按照特定居民区分配的空间的方式而相互分离。最后，古希腊拥有不同种类工人的行业合作——其组织后来与罗马的同业公会有着密切的联系，为至今仍在发挥作用的中世纪形成的德意志公会法树立了榜样。

我们到现在为止考察的物质生产组织（Organismus der materiellen Production）发展的两个主要时期，依照其进化的次序还没有终结。为了更清楚地认识它进一步的发展及其意义，我们将生产合规律运动的进程，按照农业（Landwirthschaft）、工业（Industrie）①和商业（Handel）这三个主要分支来加以探讨。从一种双重的观察角度出发，首先要注意以活动的不同的主要分支在人口**分布比例**上的变化，还有那种在劳动本身中发生的，或者从生产的**人力**向服务于生产的无理智的**自然力**的变化。

原初生产的对象通过使用（Gebrauch）获得了价值，所以价值是由人的活动（die menschliche Thätigkeit）赋予的。因此土地的价值本身，部分取决于使用的多或少，多样的、合目的的使用方式（Art der

---

① 舒尔茨这里使用的 Industrie，与前文的 Gewerb 在语义上混用了，这里的工业并非舒尔茨后文中指的生产力的第四个阶段即机器（Maschinenwesen）。——译者注

Benutzung），部分取决于它的规模。正如使用的方式和程度通过工业形成的阶段而被标明，使用的规模也通过在或多或少人数下获得财富的分配，也即通过商业而被决定。定居民族的活动首先在本质上由他们对土地的耕作，以及对土地上获得的果实的简单使用所规定。随着人口的剧烈增加，工业（Industrie）也发展到了更高的水平，因为更大数量的人口开始从事工业活动，在这种情况下，对原产品更加多样的使用所提出的更为大量的需求和爱好，以及为了原产品更为多样的加工所需要的更多才能，都开始出现。工业（Industrie）首先针对的是这些直接提供在它近旁的产品的加工。于是更多亚洲民族个别的行业部门，尽管他们还使用着并不完美的工具，却发展了一种相当高的，甚或是特别高程度的完美性。比如中国人和日本人对瓷土和蚕丝的加工，克什米尔居民将羊毛加工成无价的披肩，以及亚洲的土耳其人将铁制成卓越的武器等。但是只有在那些通过更大更多样的需要，被更具活力的进取心激发的人民那里，才形成了一种工业（Industrie），其不再受制于农产品最为多样的配制，而是在此之外将其他区域的产品积累起来，从而在对本地生产力（produktiven Kräften）的使用下，加工成供自身或他人使用的产品。

　　同样是在这些有着不断增长的稠密人口、发展出了农业以及个别行业（Gewerbfleiß）的国家里，更大数量、更多种类的产品首先是在这些个别国家的内部产生了活跃的交往。这同样也适用于那些人口稠密的亚洲帝国，在那里，内部的交往在一些方面已经开始使用重要的人造工具。在中国，皇家运河开凿的距离比欧洲或者美洲任何一处运河或运河系统都长。与此同时，在亚洲和非洲的更远距离的不同国家之间的商业贸易，除了并没有到达很远距离的沿岸贸易之外，主要是荒漠商队贸易，这种贸易仅仅受限于连续不断的陆上距离。正如那种可以占有最远区域产品的更高程度的工业（höhere Grad der Industrie），在本质上只属于欧美国家一样，真正活跃的世界交往（Weltverkehr）也只属于这些国家；这种世界交往将海洋也作为了最遥远的企业的通途；这种交往在源头寻找一切国家的产品；这种交往在所有国家的需要之上来进行它的投机活动；这种交往尝试着到处发展出新的需要，从而来满足这些需要。所以不列颠人在他们的舰队、机器和煤炭中将他们发明创造才能的产物作为基础，以便将从数千里外各个国家的产品运来并加工，其中一部分加工过的产品还会销往它们运来的地方。①

劳作效能(Gewerbfleiß)和交往的更进一步发展以农业为前提，从这方面来说，工业(Industrie)和商业(Handel)可以作为文化的最初级分支来考察。但是它们同时还是同一骨干的分支，它们一经问世就相伴生长，并且相互之间为了更进一步的生长而提供汁水和养料，所以全部的物质生产都表现为一种唯一的，在其主要构成上分为三部分的躯体。这是如此的真实，以至于在任何一个国家，如果没有同时相应达到更高阶段的、与气候和土地相联系的农业，也便没有行业(Gewerbfleiß)和商业的繁荣。在任何地方，如果没有更稠密的人口条件，也就没有大量从事生产的人力的集中，我们也就看不到处于一种更高发展阶段的物质生产的这三个分支。然而不同的状态同这种单纯的量的关系的依赖如此之少，以至于它们从相对大量的人口，甚至在考虑到了土地的肥沃程度、国家的气候和限制的情况下，也很难被完全解释。如果是这样的话，那么中国、日本和印度斯坦肯定会处于和德国、法国和英格兰同样或更高的物质文明阶段之上了。这些国家至少不缺少时间来将用于生产目的的知识和技艺一代一代传递下去，将前人的遗产以增长的力量不断地丰富。正如个体更多或更少的技艺不仅仅由教育、外在情况和命运决定，同时还由特有的资质所决定一样；我们在这些国家的不规则的发展阶段进行解释的尝试，也要退回到不同阶段的本质的差异性之上，退回到其文化史不能再继续分解的因素之上。在那个全面复活的、解放的基督教的纪元之前，每一个特殊的时代，每一个特殊的民族都

---

① 每一磅在英格兰加工并重新卖回产地的东印度产棉花，都需要花费大约四年的时间，跨越超过 1800 英里的距离。在这期间所有的变化和位置变更需要最少 160 个人来完成，而棉花的原始价值则增加了 2000%。

只有在生产的个别环节上表现自身，从而在任务完成之后再度陷入停滞。

农业是在一定的、有限的空间（bestimmte und begrenzte Räume）内进行的。同时，为使用这些空间，为了获得尽可能多的农产品的目的而应用的人力程度也是被规定的。然而特定土地的生产并不因为越来越多的人力参与到对土地的耕作中而越来越高。与之相对，工业却能够在更有限的空间内聚集大量的人力，来将其产品借由商业销往各地。当对土地的培育增长到特定程度时，在行业（Gewerbfleiß）和商业（Handel）上的人口就会增加，这样工商业人口（die industrielle und kommerzielle Bevölkerung）以较之农业更大的比例增加。到今天为止，城市作为工商业的总部也以相同的程度，或者说城市人口较之农村人口也以相同的程度增加了。这种积累在个别地点达到了那样的程度，与之相反——如果不是在生活中而是在学说中——已经导致了一种反应：从巴贝夫开始，最近的社会主义者和共产主义者考虑到个别的不足而呼吁那种绝对的否定，甚至就谈论着一定要摧毁所有大城市。现在无疑还有特殊的原因共同造成了城市人口的这种增长。因此，各个都城和州府几乎所有地方的管理都不断集中起来，并通过改革卫生政策和医疗机构来降低死亡率。这些改革肯定在更大的城市更为有效，那里对改革的要求更为迫切，而手段更充分，与此同时，每一个改革都会立即通过数量众多的人口而造成影响。城市人口更剧烈地增加，与其说是由于出生率对死亡率的超过，毋宁说更多建立在移民之上，也就是城市对那些推动了工业和商业的阶级的特殊吸引力之上。

农业人口同工业和商业人口，农村同城市人口之间的比例在欧洲国家是非常不规则的，这和欧洲总体上物质生产的不同阶段（materielle Production auf verschiedenen Stufen）相一致。平均来看，在生产最发达因而国民收入相对最高的地方，从事工商业的人口相对于农业人口的比例也最大。甚至在这些国家，农业通常来说也处于更繁荣的状况。一切生产的有机联系（dem organischen Verbande aller Production）解释了这一切。随着工商业阶级的增长，对于农业的需要和要求也会变得更高、更多元,所以所有地方的效率都要求达到均衡。对欧洲大国生产主要分支里人力优势的一些记录,可以为这些观点提供证据。①

俄国政府在工业(Industrie)全部具体分支的特例上施加了特殊的扶持和人为的照顾,然而俄国物质文化发展得很有限,而且一定处于最低的程度,因为俄国最晚进入开化并且有意识地争取进入文明的欧洲国家的行列。例如保加利亚只有 1/9 的人口居住在城市;内政部刊物中的一份报告显示,在 1833 年,农业阶级不少于 37 301 600 人;而 1 171 700 名男性、独立的成员构成了从事工商业的市民阶层(Bürgerstand)。可是在 1796、1811 和 1816 年分别只有 50.7 万、62.1 万 和 83.5 万人;与总人口的运动相比较,就可以证明工业和商业阶级人口相对迅速增长的主要事实。斯堪的纳维亚的比例与俄国相似,不仅因为其更晚加入富有生机的、有教养的人口交往以及在这之上形成的理性的劳动组织,而且还因为其外在位置和气候的不利。尤其是瑞典,按照福赛尔②的统计,在 1833 年只有 29.4 万城市人口,也即总人口的 7/69;而在其 277.1 万人口中只有不到 6.7 万市民阶层。在挪威,这一比例稍大一些,大约 1∶7。丹麦的农业人口大约有 8/10;西班牙多于 7/10,奥地利的首都聚集了总人口的大约 7/10。更为显著的是意大利的城市人口以及工商业人口。例如,工商业人口在罗马增长到了大约 1/3。全德国平均的城市人口已经剧增到了 1/5 至 1/4。因为一部分工业扩张到农村,因此农业人口同工商业人口的比例接近,与此同时,一些农业频繁地同城市活动联系在一起,彼此间互相补偿。德国的城市人口尽管比英格兰和法国少,然而拥有更多的城市(2 393 个,另有数据统计为 2 433 个);在这一方面,因此产生了独特优势和劣势的国家的政治历

---

① 下面的一些数据记录中有个别可能会同过去和以后的数据有出入。对这些数据的重复却是多余的,因为在这些数据的出入中,这里所观察到的生产运动规律和关系已经在最大程度上被证明了。

② 卡尔·阿夫·福赛尔(Carl af Forsell, 1783—1848),瑞典制图家、统计学家和出版家,海军上校。——译者注

史和政治关系,就清楚地表现出来。在其中,不同的德意志国家的比例又差别很大,例如在汉诺威、施莱威希-荷尔施泰因、巴伐利亚、黑森、普鲁士和萨克森,1万人口里分别有1 353、1 731、1 810、2 520、2 555 和 3 164 人居住在城市里。法国的数据统计显示,城市人口对农村人口的比例为 272∶1 000。1825—1833 年的征兵表明,平均每 1 000 个新兵中有 526 个来自农村。据此推断,在 1831 年,在 3 256.1 万人口中,原料生产者的人数大约为 1 712.7 万人,或者大约超过一半的样子。比利时 1835 年在城市中居住的人口大约在 95.8 万以上,在农村有大约超过 310.3 万人口。尽管在这些国家除了农业,工业也达到了一个高的发展程度,然而在对外贸易范围上比荷兰更有限,在荷兰大约有超过三分之一的人口为城市人口,比之前的国家都要可观。最后,根据马歇尔(Marshall)的统计,1834 年,大不列颠从事农业生产的阶级不到总人口的 7/17,工业人口为 5/17,商业人口为 2/17,其余 3/17 人口则由从事精神生产的阶级构成,例如医生和律师,此外还有海员、军人、收租者和贫弱的穷人。在爱尔兰,我们恰恰看到了颠倒的比例,在那里,1833 年 1 385 093 个家庭里有不少于 884 339 个家庭从事农耕,249 359 个家庭从事商业、工业和其他手工业;与此同时,另外 251 386 个家庭在这两个阶级间哪个都不属于。在大不列颠同时还有非常巨大的城市人口,有 70 个人口超过 1.5 万的城市,与此同时,在更大的法国却只有不超过 61 个。只有在人口 3 万以下的城市数量比例方面,法国才更占优势,这一点和德国一样,德国的数量甚至更多。

　　我们现在将目光从欧洲国家转移到美国,就可以得到关于这个问题的截然不同的报告。按照 1820 年的估计,美国的农业大约有超过 669.6 万的自由人口从事,工商业(Handel und Gewerbe)却只有 89.4 万人。根据最近一份对徒工数量的估算,手工劳动者(Handwerker)和匠人(Künstler)估计只有总人口的 1/25,然而一份美国杂志试图反驳这一报告,并估计这一数字不低于 1/4。超过 4 000 人口的城市数量有 46 个;普鲁士的情况与之相反,有大约同样多的人口,但这样的城市不少于 87 个。那种有误差的报告可以解释为在北美进行的数据事实搜集，以及在这种年轻的、运动的以及很难被看清的生活中的粗糙运用。还要看到的是，欧洲长期保留下来的城市和农村之间的政治差别，在北美是没有土壤的，因此城市和农村的、工业和农业的活动往往混合在一起，以至于在北美几乎每个农民都同时是商人，在很多情况下还是手工业劳动者(Gewerbsmann)。此外还要看到，农业还在很大程度上占据主要成分，同时商业也已经大大扩展了。考虑到其人口的数量，其贸易同英格兰是最紧密的，然而在主动贸易上，却主要限于产品的出口。相对来讲，工业发展得最有限，尽管我们在最近一段时间看到美国的工业以更快的速度——部分是由人为推动的——发展。一般来讲，美国自身必须合乎本性地遵从它最伟大的国民杰斐逊的建议，通过将其力量首先投入到对无尽的、富饶的土地的开垦中去，而非不停地引进国外的工厂，直到拥有了最密集的人口，而使工资降低，劳动变得廉价。抛开更富活力的对外交通，美国的状况在这里很类似于俄国。这种君主政体，和那种民主联邦政体一样，是生成中的国家(werdende Staaten)，在这一人口和全部生产力(aller productiven Kräfte)迅速增长的时期，政治状况中所有的差异性都可以不断地在社会关系中以一些类比来证明。

上面对于重要的文化关系的报告可能还在由巴尔比[①]提供的欧洲大国中的有关状况的比较表格中得到补充。见下：

人口

国别	城市人口	工商业人口	农业人口
大不列颠和爱尔兰	超过 0.50	超过 0.45	0.43
法国	0.33	0.36	0.44

---

① 阿德里亚诺·巴尔比(Adriano Balbi, 1782—1848)，意大利著名地理学家、统计学家，代表作有《当代世界地理概况》(1808)等。他对葡萄牙社会经济状况的开创性研究在 19 世纪上半叶产生了重要影响，此后他又对欧洲主要大国的经济地理开展了广泛研究。——译者注

(续表)

国别	城市人口	工商业人口	农业人口
普鲁士	超过0.27	0.18	0.66
奥地利	接近0.23	0.09	0.69
俄国	大约超过0.12	0.06	0.79

考虑到工业和商业人口相对量的显著区别,人们提出了这样一个问题:这种差别在达到一种破坏性的不均衡状态之前到底能够增长到多高?依据巴尔比的统计,欧洲主要国家里不从事物质生产的人口,如公务员、医生、牧师、教师等总共大约在0.12到0.22之间。我们假设这一数据平均是0.2,那么从事物质生产的人口有0.8。还要提出的问题是:农民阶级同工商业阶级的比例是什么样的?但是现在工商业阶级一直以来还没有超越与其相符合的数量的最大值,他们参与消费的比例也同他们参与生产的比例不相符合。人们宣称,平均来看,原材料的价值通过加工大约会增加2/3。这假定给出了一个非常简单的计算,即在没有出现某种不均衡的情况下,农业人口和工商业人口一样多,占总人口的2/5。另外一些统计学家和国民经济学家假设,在对工业有利的条件下,包括短工在内的农业人口,不会少于1/2,但也不会多于2/3。①

因此按照一些猜测,英格兰已经超越了统计中指出的比例。人们立刻就会发现,确立一个普遍有效的标准是完全不可能的。那两个计算不进行物质生产人口,和原材料价值提高的可能性的前提,因此是非常不准确的。甚至一个和另一个前提被视作正确的,那么已发现的比例就只有以平均的形式在所有的国家适当地发挥作用。因为人们转向了观察个别的国家,因此再一次同众多更多的情形联系起来:这一特定国家原材料的存量;工业化的程度(Grade der industriellen Bildung)及

---

① 此外,这是大概数据,并没有对其观点进一步论证。参见 Staatslexikon, Bd. 2 S. 528。

其公民的能力(Fähigkeit);工商业的外部措施等。首先,对于具体的判断来说一定要注意的是,个别国家能够同国民的总区域联系起来,正如在特定的国家,个别大城市同其他乡村和公民联系起来一样;因而在一些国家里,在未损害公益的情况下,只有当工业文化并非人为的产物,而是自然地共同作用的结果的情况下,才能够集中稠密的工商业人口。因此,英格兰通过其有利的商贸位置,通过其对原材料的性质,通过其国民较之其他国家的特点和独特设施,有能力雇佣大量从事工商业的阶级;当人们给予尺度一个普遍的然而在特殊性上不相称的标准时,人们在这里只谈论了一种不均衡性。此外,同爱尔兰相比,大不列颠相对更高的国民收入大部分建立在人力在生产三个分支上的适宜的分配上,并首先建立在英国没有大量多余人口束缚在土地开垦之上。通过对英格兰的特殊考察,人们可以推断,在欧洲其他地方从事工商业的阶层的非常可观的增长不仅是可能的,而且在总生产的利益中也是值得向往的;因此从这一角度看,可以被看作真正进步的劳动组织的关键变化才能发生。在仍然还在大不列颠有利的国民经济条件下,大量工人的贫困化和奴隶般的剥削因为少量工厂主和资本家而以一种残暴的形态出现,在爱尔兰也一样,在对生产人口的一种完全不同的分配中,这种情况却并不少见;因此这证明了,不是在对劳动力的这种分配中,而是在私权的领域中,在所有制违背自然的运动的不平衡中,存在着恶的原因。

巴尔比的表格囊括了欧洲的五个大国,它们分别处于物质生产非常不同的几个阶段上。其报告至少没有偏离前面提到的数据太多,从而在其中还能找到对文化史已经提及的事实的更进一步的论证。它也就澄清了,在西方更文明的国家里,人力在生产的三个主要分支的合乎比例的分配,是与斯拉夫的东方地区完全不同的;从东方到西方,工商业人口以及城市人口与农业人口相比是以很强的程度增长的。如果我们进一步观察,就可以为后一事实找到更多的证据,比如在英格兰,工业获得了特别巨大繁荣的最近五十年,城市人口相对于农村人口就显著地增加了。同样在1821—1831年的十年间,英格兰的总人口增加了15.5%,其中城市人口增加了23.5%,而乡镇和农村人口只增加了7.75%。在同一时间里的北方四郡,那里有许多采矿业,同时也有许多荒地,此外18%从事农耕,6%从事混合,6%从事棉花加工,5%从事铁器加工,它们各自增加了大约13.50、11.4、11.3、19.3和20.4个百分点。在1841年,英格兰每1000人里有352人从事农业,444人从事工商业,204人从事其他职业;而在1831年只有282人从事农业,520人从事工商业,298人从事其他职业。① 法国、普鲁士和其他欧洲国家也表现出了完全相似的状况。在1819—1831年的十二年里,普鲁士的总人口增加了17%还多,但是城市人口增加了18.26%。尽管认真的观察者已注意到,我们已经涉及了城市尤其强大的吸引力正处于转折点了;城市人口相对于农村人口的大幅增长已经不会再有像以前那样的程度了。后一种情况只有在工业更高发展的第一个阶段中才会产生,因为到了这一阶段,人们必须开始考虑将工业设施(industriellen Anstalten)迁移到一个更有意义的地方,这些地方可以为保护和援助找到更多的手段,此外在直接的近处还能为工业产品的销售找到更大的市场。还有城市和乡村之间从前的政治差别,以及从前只有在城市才有的行会组织、行会司法权(Zunftbann)和行会的机构,现在几乎仅靠工商企业的搬迁,就在农村开始发挥作用了。在这之后,行会组织的联盟或者瓦解了,或者获得了巨大的扩展;在这之后,各地的不同类型的工商企业都能以不受限制的或者更大的自由来运行;在这之后,联系和交通的手段获得了极大的完善,以至于期待在近处销售来获利意义已经不再明显——在此之后,工商业在更大范围内也必须扩展到乡村地区。随之更进一步发生的是,对于工业企业来说是必要的,也是推动性的对自然力的使用,开始扩散到海外各处;而一般来讲,可以以更少成本生活的地方,也可以以更少的成本来生产。在物质文化的前进中,

---

① Porter: Progress of the nation etc. 1836.

这种情况一定会以不断增加的频率发生，现在我们也已经在以其经验证明这一可能性的个别国家、地区看到了这种情况。甚至在英格兰的最近一段时间里，城市人口也不再像从前那样快速增长了。类似情况在波西米亚也可以看到，在那里，农民阶级的一部分越来越多地从事于工业的不同分支；在西里西亚的一些地方，在瑞士的一些工业州，当代"粗陋的共产主义"(der rohe Communismus)要以火和剑消灭的城乡之间的尖锐对立，生产运动正以其自由的、和平的方式来达到。在这个问题上，和其他地方一样，无疑要面对另外一个问题：对社会机体的渐进改革和自然的修复力是否能够阻止暴力的危机。

以一般的观点来看，当人口中相对更多的部分转向从事工商业时，物质文化总的来说就会以一定的程度增长。这始终只适用于能够将服务于**更多元的**生产的可能性条件统一在一起的那些大国。对丹麦这样的小国来说——它因其自然条件只能主要依赖于农业、渔业和商业——就不能因为其人口的很小一部分从事于工业，就判断它处于物质文化的一个低级阶段。我们也可以以同样的态度来判断英国那些同工业区相对的、主要靠农业支撑的郡。这些更小的国家领域只是政治的本质链条上的特殊环节，并且，在国家的躯体上，正如在人的身体上一样，并不是每一个个别环节都是向着所有的方向均等地运动和发挥作用的。因此也没有必要以工业人口的数量作为衡量物质文化发展水平的标准。所以在教皇国大约一千多的工业人口也很难像在英国那样如此大量如此多样地生产，因为不仅仅能力和技术，还有劳动的热情和需要都是不同的，更因为在各个方面推动工业的外在手段也是非常不同的。人口在生产的主要部类上的分配以及不同组成部分之间的关系只是一个因素，从而来通过一个国家劳动的组织作为衡量各个国家发展阶段的标准。为了获得更全面的认识，还有必要将农业、工业和商业，以及生产性的人力(productiven Menschenkräfte)和无理智的自然力(verstandeslosen Naturkräften)之间的关系纳入考察范围之中。

在东亚和南亚的人民那里，在中国人、日本人和印度人那里，原料生产，尤其是地道的农耕，已经被投入了勤奋和细心。然而在那里在更广泛的意义上远远没有使用在欧洲农业中已经产生的全部方法。欧洲的农业和采矿业二者一起，达到了发展的最高阶段，并且进一步将农业的经验和知识，改善所有外部辅助条件，以及有目的地使用土地，传播到了美洲的大部分以及澳洲的一部分。仅看欧洲国家，农业从所有的方面来看还处于发展的非常不同的阶段。

在我们大洲的整个东方可以发现，在人口尚稀少、将农业部分部分地划分为自由的地主和农奴的情况下，土地被相对少量的所有者瓜分。在那些人们为了耕作而分散到更广泛的空间范围里，只有更少数量的生产人力的地方，已因此不得不被限制在一种简单的传统方式之上，这种方式对时间和能力的耗费是尽可能少的。在那些人口稀少，拥有大量地产的国家，其农业也因此有更强的一致性特征。更多的地段如果不是一半用来放养牲畜的无需过多照料的草场，就将用作栽植同一种类的作物，而农业的那些种类繁多的次要部门还没有在相应水平上得到发展，因为其照料需要在更小的空间上的更多劳动，以及更为可观的资本，更多的细致、理解和谨慎，正如人工草坪和饲料种植，或者如经济作物、园林、水果种植等一样。正如俄国就是那种将多数粮食出口到国外的国家，而英国则是多数粮食依靠进口的国家，两个国家因此是欧洲粮食市场的主要调节者。1830年，俄国出口了超过650万法郎的粮食，而1829年的普鲁士，尽管有三分之二的人口从事农业，却只能向外国提供45万品脱，价值240万法郎的粮食。我们仅仅将普鲁士和俄国两国农业、可耕土地和农业人口的因素同粮食的国内消费以及出口的总量进行一个比较，就可以发现这种比例更符合普鲁士的利益，因为在普鲁士相对的生产更为可观，因而在农业运行的总体上，表现得更为理性和合目的。更为引人注意的是俄国和英国的关系，对此我将在后面的记述中加以证明。

从东亚到中亚，再到西欧，总体上农业文化中体现出了一种更大的多样性，因此，农业劳动中也有更多的细化和分化。同时，西欧的农奴制取消了，而地产更大的自由也导致了对地产的更深的分化。在德国南部和西部的一些地区，这种分化已经出现，而在法国这种分化更为明显，以至于已经威胁到了农业生产。根据一份由毕雷乐（Billéle）1826年在巴黎财政部撰写的文件，在1815—1825年的十年间，对超过1 000、500和100法郎的地产（份额）出售的参与，分别增加了1/3、1/4、1/5；甚至那些缴纳低于20法郎税的地产，也增加了1/7。从1815年至1833年，地产纳税人增加了1/12，以至于法国拥有的490万公顷①须纳税、可供生产的土地被划分为了近110万个份额。因此平均每个份额有12个小块土地，每小块土地不超过40亩。所以，不仅小土地所有者的数量超乎一般地多，而且许多人仅仅占有分散的、常常被广阔的空间分开的小地块。甚至这些政府部门的估算给出的也仅仅是平均值，所以为了了解有些地方的前述过剩分割，必须去观察法国这一特殊对象，首先观察那些地产出售广告。因而举例说，圣日耳曼的铁路就穿过了每段仅长3法里的至少1 502块土地。为了铺设这段铁路，就必须同近1000个所有者谈判，签订协议。在巴黎的铁路段，在阿让伊特（Argenteuil）镇，1 550公顷土地分割为约3.9万块，其中超过8 000块还不到一亩，其中一部分土地，假设其值1到1.5法郎的话，其净收入还不到5生丁。但是不仅在巴黎，在法国的其他地方，比如在临近山区的杜巴区（du Bar），土地的分割如此之细，以至于市选举要求的财产降低到了15生丁，与之相应的收入为2法郎，资本额为60到80法郎。一般来讲，在大多数少于500人的镇子上，中等的地方选举人的收入不能少于2法郎75生丁。与之相反，土地以很大的量进行划分，在意大利的一些地区、教堂国的一部分、撒丁岛和西西里岛等，尤其是西班牙都很常见。在西班牙，直到最近一段时间，地产的四分之三是属于国家和教会的，并以长子继承制来分配，这种长子继承制通过五种方式

---

① 1公顷（Hektar）等于100亩（Ares），等于10 000平方米，等于2.5英亩或马格德堡摩尔根（Magdeburger Morgen）。

来传承，但是全部的土地是无法转让和划分的。1830年，那里的土地所有者的总人数只有36.4万—36.5万人。总的说来，英国处于一个特殊但是对于农业的总生产非常有利的状况中。在英国，机构和继承权，风俗和习惯没有将地产分割到很多的人手里。跟法国有1 100万名土地所有者相比，英国所有的土地在1821年被划分到大约5万名所有者和25万名租地者手里。后一组数据到1834年也仅增长到25.08万，而与此同时，所有其他阶级的人口都获得了不同程度更强的增长。相反，在法国1815—1832年间，地产所有者起码增加了73.1万人。我们因而发现，英国的地产关系是多么稳固，而法国则存在着迅速的变化和运动。

为何现在法国所有这些政治的、宗教的和工业的革命导致了土地和开垦的越来越深的分化，而相反在英国却促进了大的私有财产，这是一件很奇怪的事。在英国，大的私有财产是在11世纪末通过掠夺而建立起来的，在13世纪因为僧侣财产的迁入，以及18世纪初期因乡镇财产的分配而获得增长。1688年革命将权力赋予了贵族阶层，而且正如土地所有者一样，此后租地者也构成了贵族阶层的一个亚种。借此，大耕作就取代了小耕作。小租佃土地消失了，粮田被改作了草场，而一开始拥有完全所有权，后来获得一种永佃权的耕作粮田的家庭，最终沦落为短工。就是在这个过程中，这些家庭越来越多地从事工商业了。与之相反，在法国小耕作占统治地位，土地还没有被大量划分，每个村庄都有它的领主。但是地产甚至在革命前很久就已经分割了，因为法国贵族阶层大量地挥霍他们的财产，直到他们丧失了权力。封建法律徒劳地与这种情况做斗争，所以亚瑟·杨[①]早在其变革之前旅行法国时，就已经感叹土地被分割得太过细碎。当此后贵族和僧侣沦落为第三等级时，土地的分割在最近的时代里却变得更加迅速。在第一次出售移

[①] 亚瑟·杨（Arthur Young，1741—1820），英国农场主、学者，主要研究农业、经济学和社会统计学，同时也是英国农业的改革家，主张捍卫农业工人的权益，他的研究报告推动了英国1789年后的改革。——译者注

民者留下的土地时,土地被分割成了45.2万份,每份平均价值3 000法郎,而现在这些土地可能已经被分割成400万或500万块了。即便是拿破仑时期的长子继承制,以及查理十世时期的代理机构也未能奏效;少到当移民一部分回迁,批准给他们的赔偿金的一大部分就可以成为一笔不菲的财富收入了。产生这种现象的原因何在?在革命之前,法国社会就已经开始解体了,革命本身只是将这一运动加速了,而这时间也太过短暂,就好像在持续的发酵之中,稳定的元素再一次被按照一定目的组织的活动穿透并组合起来。一切都是在部分中完成的。不仅土地和资本像在英国那样被分割了,而且在这一情况下,对于管理更大规模的农场和更大工业企业所要求的认识,也很少在这些个人中联合起来。在英国,在这个大资本的国家里,能很容易地找到买得起从3 000到6 000英亩或更大土地的买主;以至于在法国想要一次全部卖掉一块大地产时,要在英国张贴英文出售告示寻找买主。法国农民是节俭的。但这是因为他们并不信任国家的地租,因为国家已经破产了;储蓄所也破产了,因为它们将基金借给了国库;工业企业也破产了,因为它们屈从于不断的兴衰并且不知道评价它的意义,因此法国农民只相信土地和地产,因此不断试着去获得土地。法国农民这种彻底的狂热因而为有利可图的投机活动提供了机会,由此大的领地,还有中等大小的土地才被买进,然后再以小块儿土地卖出。直到现在的百姓口中,这种不同方式的投机活动还被称作"黑团伙"(schwarze Bande)。农民的这种竞争导致了一些区土地的价格被哄抬得如此之高,以至于常常交易土地的百分之一产出才是收益所得。甚至在那些工商业扩张的地方,一些市民也常常将他们的积蓄投资到土地上,以小额的资金买进小块的土地。当一个商人拥有15到20块土地时,就被视作是富裕的;一个农民拥有8到10块土地,也就是半个摩尔根的土地时,就被视作是富裕的。在遗产继承中,每个相关人也大都要求得到他们的一部分土地。然而与前面的情况相反,谁要是想把小地产增加扩大,却要遇到各种各样的困难。然而甚至那些剩下来的大地产主也屈服于一种分割的文化,将土地划成小块儿出租。因为那些不能够成为所有者的农民,还想要至少以租赁者的身份获得一片土地,并尽量比更大的租赁者获得更多;与此同时,所有者很少关心他们的土地是否改良了或者变坏了,以及能够向这些土地提供什么保障。公证人的业务因此便增加了,并促进了这种租赁方式;从而甚至除了大地产外就很少有大的租赁了。所有这一切在英国一部分通过法规和传统,更多的是通过更大资本的占有而避免了,因此,在地产所有者角度,对土地的周到的、持续有利的使用才成为可能。相反在爱尔兰,这个还被作为被占领的土地而被剥削的国家,在那里还没有形成大量的能够适应更大农业的接管的中间阶级,它在人口上的劣势同小租赁体系一样严重,也和不列颠大租赁体系一样,都是传统形成的。在英格兰依照国民经济的联系而划分的五个区域里,各自都有上百的地产是保有雇农的,每个区域分别只有75、48、62、64和124个小地产是没有雇农的,而是仅仅依靠雇农的家庭和短期雇佣的短工来耕作。我们也发现,在其他地方产生严重的糟糕影响的法律关系,和那种租赁可以任意解除的体系一样,在这里并非总是造成人们所期待的消极后果。因此,《爱丁堡评论》就特别反对劳尔莫在《英格兰书信》中的观点,这种任意解除租赁的体系部分地成为爱尔兰农民贫困的原因,但是在英格兰培育最好的土地的一部分,与爱尔兰贫困的农民一样,被以这种方式分配给了最富裕的农民,从而年复一年地获得财富。另一方面,这种最长的租赁合同往往出现在最落后的地区。其原因部分在于,在英国法律上的关系,尽管更多是通过习惯而非法律和契约来调节的,却并不是摇摆、不确定的。比法国更甚的是比利时,在1834年,比利时的945 659个土地所有者占据着657.6万块土地。平均起来算,比利时的每个土地所有者只有3.5块土地,而在法国则有4.82块土地,在不列颠联合王国,人均却不少于40公顷。①

————————

① Zu vergl. Marshal a. a. O. état et tendance de la propriete en France, rev. Des deux mondes t. 8me. Ducpetiaux: Statist comparee de la Belgique etc. Etc., rev. Du progres, 1839, u. A.

在共同体耕作之下的每一块土地，都可以比作一个机器，它属于一个从事耕作的家庭，可能会有一些雇工，也会有一些临时性的帮手，或多或少地从事着相应的活动。但是以机器的方式(maschinenartig)产生作用的自然力，或者个别的货物(Güterstücke)，在质上却是差异巨大的，部分因为土地和气候的自然差异，同时也通过**原材料**的差异，使得运用机器得以可能；部分因为它的借助于人类工业的完美，或者通过在地产之上投入大致可观的资本；部分最终因为对机器的更多或更少的损耗，也即因为通过以往的生产而对土地造成的或多或少的消耗。所有这些借助机器的独特生产而被观察到的不同环节，在农业中也可以看到类似的情况。但正如在那里重要的差别都是由生产的特殊目的所决定的一样，农业也是如此，依照其特殊的耕作目的，正如同要求一种人力同自然力的非常不同的关系的机器的特殊主要类型一样，因为，例如同样的一片土地，就会因用作种植葡萄或是园艺，而较之用作草场和森林而要求更多的劳动，诸如此类。

我们现在首先来看这些重要的差别，就会发现，在俄国欧洲部分的全部土地上，有 0.36 是用作粮食生产的，有 0.54 是被森林覆盖的。在奥地利君主国，耕地和牧场总共还不到 2/3，而森林则超过了 1/3。而在斯堪的纳维亚、不含冰岛的丹麦、西班牙、葡萄牙和瑞士，耕地、草原和牧场占比分别为 0.04、0.86、0.71、0.76 和 0.43，而森林则各有 0.95、0.05、0.25、0.20 和 0.53。尤其是瑞典，其面积有 3 868.16 平方里，而其中只有 79.2 平方里的耕地，167.51 平方里的草场和牧场，3 123.39 平方里的森林、山地和未开垦的土地，497.97 平方里的湖泊和沼泽，因此耕地的面积只有 1/50。假设所有的可耕地(Kulturland)的数值为 1 000，那么按照马楚斯[①]的计算和其他一些估算，可以得到如下的统计：

---

① 卡尔·奥古斯特·冯·马楚斯(Carl August von Malchus，1770—1840)，德国政治家，国家科学家，曾任威斯特伐利亚枢密院顾问，符腾堡财政大臣。著有《统计学与国势学》(1826)等一系列国家科学方面的著作。——译者注

	耕地	草场、牧场	园圃	葡萄种植园	森林
大不列颠	410	590	—	—	—①
荷兰	285	536	113	—	66
法国	585	89、90	18	51	166
普鲁士	480	229、—	—	5	239
巴伐利亚	454	131、94	—	18	302
巴登	378	97、44	—	21	459
符腾堡	459	130、46	18	16	331
库尔黑森	419	140	106	—	334
依照旧有估算的库尔黑森	445	148、—	112②	—	294
黑森大公国	508	122	1	12	346
拿骚	394	111	4	9	415

在这种一般的概览中就可以发现在土地利用上的本质差异，这种差异决不能单纯以气候和自然的情况来解释。不如说这种差异在很大程度上，是不同地方运用于农业之上的更多或更少的投入与技艺的结果。尤其值得注意的是，在文明程度较低的东欧和北欧国家，明显更多地将土地用作了畜牧业，但这些畜牧业还是以半游牧的方式在较少培植的牧场和草原上进行。在这些国家，畜牧同农耕之间仅在有限的程度上产生相互支持的联系，生产的两种分支还没有相互分离开来。西班牙的情况也一样，以放养的方式养羊尤其受到偏爱，并且是受到保护的，而农耕则被产生消极作用的垄断占据；而瑞士以及其他的阿尔卑斯山国家，则根据土地的情况推行了一种独特的阿尔卑斯经济，耕地的一定比例是用作饲料田的，而这在平原和丘陵上的国家是不存在的。相

---

① 按照最近的有些偏差的计算，不列颠联合王国每 100 公顷土地中有 35 公顷耕地、35 公顷牧场、4 公顷林地以及 26 公顷荒地。法国这一比例为 51：9：13：27；比利时为 52：16：19：13。

② 在其中有许多草花园，还有建有围栏的牧场。

反,在中欧和西欧的其他国家,畜牧业已经在相当程度上和农耕联系在一起,畜牧成为农耕的一种辅助,并且和东欧相比,家畜的力量和粪便也更多地用于节省人的劳动、改良土地。但是即便在更发达的国家里,对可耕地的使用也是非常不平衡的,一部分由农耕决定,一部分由畜牧决定。例如法国的饲料田占可耕地的大约 1/11,而在荷兰却超过了 1/2,在大不列颠和爱尔兰,即便依照最小的估算,也超过了 1/3。然而大不列颠是除了弗兰德和德国的个别地区之外农业发展程度最高的,而正是在这里,人工草场和饲料田的比例相对于粮田来说是非常大的,差不多比所有欧洲其他国家都大。现在,耕作和畜牧的结合程度在农业生产的过程中增加了,人力也不仅被部分地弥补了,而且在生产活动中施加于土地之上的力的总和(Gesammtkraft)也增加了。因此,按照夏尔·迪潘①无疑有些粗糙的估算,在大不列颠使用于农耕之上的 213.2 万个人力,就等于法国 8 406 037 个壮劳力;与此同时,两国的土地面积之比大约为 42∶100。在大不列颠更有限的人力仅仅依靠主要使用于农耕之上的更大的家畜的量,就被大大弥补了。而在法国,迪潘将同样用于农耕的畜力,估算为大约 310 万个从事于农耕的人力,或者大约是人力的 4 倍;在英国,这一比例则为 11 倍。与之相比,完全不同的是爱尔兰的比例,按照议会 1836 年 4 月关于这一国家贫困阶级状况的报告,有不少于 1 131 715 个农民,与此同时大不列颠在 1831 年只有 1 055 982 个。尽管在大不列颠可耕土地面积为 3 425 万亩,而在爱尔兰只有 1 460 万亩,这样算同等大小的一片耕地英国只需要 2 个劳动者,而在爱尔兰则需要 5 个。因此,这就是在爱尔兰每年劳作 30 周的家庭至少有 58.5 万之多,而大约 238.5 万人生活在深深的贫困之中的一个原因。

在这里,用于农耕的无生命的工具的独特性也必须得到更多的重

---

① 夏尔·迪潘(Charles Dupin, 1784—1873),法国数学家、工程师和政治家。他在几何学上首创了"迪潘指数",并致力于将几何学运用于工业之中。——译者注

视，因为在这种联系中，在不同阶段和不同民族的比较中可以看到非常重要的等级差别。大不列颠在 9 世纪时，还依靠犁而进行粗陋的劳动，这种犁必须由八头公牛牵引，而且每天只能耕不到一摩尔根的土地。恰恰是在最近的时代里，大量的发明将农业的工具推进到了一个很高的水平。南欧的许多地区还将粮食送出并在其他国家以人工脱粒时，在这里，首先在英国，就已经应用新式脱粒机了，通过它，谷物的浪费率，据估算比通常的手工脱粒少 2.5％。就在最近，不列颠人的创造精神还将可实用的蒸汽犁样机制造了出来，并且在公开的报纸上已经呼吁建立协会，完善这种蒸汽犁并将之出租给农民。这种对改良的机械工程学的运用对于降低耕作耗费有多重要，还要通过之后的过程才能衡量：在对这种至少可以完成两个普通犁的作业的蒸汽犁十年的维护进行几乎精确的计算，可以得出蒸汽犁只花费了 616 镑，而普通的犁则要耗费 1 630 镑。

最终，同样的土地上耕作的结果不仅同农业活的和死的工具的数量及性质相关，而且也在很大程度上同适宜的合乎时代的应用方法相关，借助于这种方法，之前的缺点被回避，而新的优点被创造出来。以相似的方式，生产通过机器，通过对机器的明智的、考虑到所有变化着的关系的使用，而在根本上决定了成效。通过对这些更好的方法的引进，农业尤其在过去七八十年里，特别是在西欧国家，获得了突出的优势。这首先发生在英国，自 18 世纪中叶到 18 世纪末对地产的大量圈围，采取对不同作物休耕的方式，但是主要还是在乔治二世统治下开始的，通过将绿色作物（grünen Ernten）种到休耕的土地上，并大量种植萝卜。① 含沙的土地和无价值的灌木丛从此开始转变为优质的小麦和大麦田，沙地上的粮食产量扩大了三倍，同时又为牛羊的养殖提供了绿色饲料。通过品种杂交而获得的牲畜的增加和改良，更好的灌溉和排水手段，有目的的轮作，以及将骨粉作为肥料这一最为重要的手段，这

---

① 即草田轮作制度。——译者注

些都作为最新的技术被发明出来。但是比英国进步更快的是苏格兰，它在 1736 年和平之前还不知道轮作，甚至都不知道三年轮种法。

在农业耕作的领域中，我们已经可以发现，农业的不同分支越来越多地相互促进地联系在一起，人的意志征服了不断增长的无理智的自然力量，并将其以合乎目的的方式运用于生产之中。在真正的工业领域(Bereiche der eigentlichen Industrie)里也展示出了完全相似的过程。我们可以在其中区分出四个主要阶段，尽管这几个阶段之间的过渡非常缓慢。在最低的阶段里，人们只是为了满足其最迫切最简单的需要，人们为了勉强维持其生命的必需，就已经付出了最大的劳动，更无暇考虑通过多样的享受来增加生活乐趣，让生活变得精致。人们的主要活动就是单纯地维持生命，寻找那些由大自然无偿地直接地提供的材料。在第二个阶段，人不再局限于对这些直接存在的东西的简单使用，而是已经开始尝试以更多样的方式来让自然力服务于他的目的。在前一个阶段里，人只是局限于搜集野生的果实，现在人开始学会了耕犁和播种，并且为了这一目的开始征服合适的动物的力量；人从前只是捣烂他的谷物，现在他学会了用磨来将谷物磨成面粉，等等。劳动组织的这两个初级阶段就在前文中展示出来。

正如人类越认识到外在的自然的力量的价值，人类也越认识到在社会的联系中联合(Verein)用处越来越大。人们首先认识到活动(Thätigkeit)的不断发展的划分(Theilung)的优势：因为这种分类只可能出现在更大的、有序的社会中，其中人们为了共同的目的而携手劳作(in die Hand arbeitet)，明显地在更大范围内出现。同过去自给自足的劳动(Fürsicharbeiten)相比，依靠工业产品的量，现在已经获得了非常可观的结果。一个工人，独自完成制作一枚缝衣针的所有必须程序的话，每天最多只能制作 20 枚；而在不借助机器，仅靠单纯的分工的情况下，每一枚缝衣针要经过 72 道工序，另有数据说经过 92 道工序，那么每个工人每天起码可以制造 400—1 500 枚缝衣针。更为显著的是大头针的生产，在经过分工之后，每个工人每天最少可以生产 4 800

枚,或者按照丁勒的综合技术杂志的说法,甚至可以达到7 000枚。类似的例子不胜枚举。当工具的活动(händwerksmäßige Thätigkeit)被分解到最高程度,这种活动同时借由无数双手为了生产的同一个目的进行,从此人们便进入到工场手工业(Manufactur)的时代。

最终这种持续的分工走向了一种完善的机器工程学(Maschinenwesen)的应用,在此之上就进入了利用机器的真正的生产制造(Fabrikation)的第四个阶段。通过那些分工,谋生活动的不同种类分解为它们最简单的程序(einfachsten Operationen),由外在自然无理智的力量被运用于此单纯机械的、简单重复的活动之中;因此人便保留了工业的更高的劳动(höhere Arbeit),并且变成了这种自然力的理性的、相对物质性而言更多是以精神性的方式进行活动的操纵者和领导者。这样人就进入到活动的一种完全不同的关系之中,因为他将服务于生产目的的材料仅仅同陌生的自然力联系在一起,因此这些自然力的效果或产品,就不再依赖人自己身体的劳顿了。从这种观点出发,我们便可以总结出工具和机器之间鲜明的区别:铲子、锤子、凿子、磨、摇杆和所有形式的旋转工具,对于这些来说,也许已经做得非常精巧,也包括弓和箭等,只要它们还是以人为动力,它们就属于工具的范畴;而以畜力驱动的犁,风力、水力以及蒸汽驱动的磨,来复枪等,就算作机器。除此以外还有一些工业的分支,在其中分化的手工劳动还没有被合目的地替代。甚至在机器纺织厂里,在节约人力方面的优势,比起对材料的更大的一致化(Gleichförmigkeit)即在劳动方式中,还并不明显。

通过运输的方式来达到提高商品价值的目的的商业,也只是工业(Industrie)的一个分支,并在本质上服从于发展的同一规律。商业最初的和最简单的方式就是手到手的商品交换(des Austausches des Waaren von Hand zu Hand)。随着进一步发展,商业创造了初级的、简单的工具和交通的手段,比如以牲畜来运输,或者用小船,对船的驾驶和移动,人还要依靠桨来作工具。我们也可以从为了交往的共同目的而不断发展的活动分化看出,正如在拥有更多船员的更大型的桨船上一样,在上面众多的人以一个形式重复,但同时以联系在一起的程序机械地产生作用。最终一个更高的发展阶段到来了,因为帆船、汽船、蒸汽车等并不是单纯用风和蒸汽的力量来取代人的力量,而是通过对人的意志的顺从而变得多样化了;此外,货币发明,交换和银行,通过对运输的简化和加速,也即通过对劳动的节省,成为交往中最有力的推动力。因此,商业(Handel)和农业(Landwirthschaft)、行业(Gewerbfleiß)一样,都有其手的劳动(Handarbeit)、手工(Handwerk)、工场(Manufactur)和机器(Maschinenwesen)的阶段。

在一个可以利用外部自然力量的非常不同的环境中,生产力(produktive Kräfte)的总量和增长本身在欧洲最发达的一些国家里是非常不同的。对法国来说,迪潘在 1826 年将这一总量估算为接近 4 900 万人,比起 1780 年多 1 000 万人。在同一时间里,不列颠联合王国的生产力则增加超过 3 100 万人,而增长到 6 000 万人,增加了三倍强的比例。按照迪潘的统计,不列颠联合王国在机械力的运用上要比法国多三倍。对这一方式更为详细的计算由艾根(Egen)进行,他的比较同时扩大到了普鲁士国家。我们假设一个连续活动的共同构成了三匹马的马力①为一个整体,这样我们就看到:

		普鲁士	法国	英国
人力		370 000	860 000	510 000
畜力		400 000	600 000	530 000
水力		100 000	150 000	400 000
风力	用于磨	16 500	12 000	11 500
	用于船	24 000	140 000	570 000
蒸汽力		4 485	23 000	300 000
总马力		914 985	1 785 000	2 321 500

① 因为一匹马在 24 小时内只能连续工作 8 小时。一匹马的力量可以等于 7 个人的力量。

平均起来,普鲁士、法国和不列颠联合王国每平方里分别有183—178和415。从中得出的人力分别是74—85和91。因此我们假设这些力等于1,那么不算人力的生产力总和为1.47—1.07和3.56。在其中流动的水的搬运力和开矿及打猎需要的火药的力还没有算进去。迪潘对法国的水力估计得太高,将其等同于8亿人力,而磨坊只使用了其中的八百分之一。① 此外,按照艾根的计算,在一个没有太多平原的国家,每平方英里平均可以使用160匹马力的水力。前面强调的这三个国家里生产力密度(Dichtigkeit der productiven Kräfte)上的差异,带来了它的一种在多方面进一步增长的更多可能性。

我们再次简短地回顾一下劳动组织中的变化,欧洲物质文化的历史和数据揭示了接下来的连续的显著的环节:在原始生产(Urproduktion)之上几乎只有运用生产性的人力(productiven Menschenkraft);对原材料的简单使用以及在此之上工业与商业的有限发展;人口的增长和工业与商业阶级成比例地更强增长;与之并行的,直到更近的时代,城市人口较之于农村人口相对的更大增长;工业和商业的发展,反过来也促使农业发展到更高的阶段。对无理智的自然力的不断征服,借助于人的意志和劳动的不断分化,以及工具和工艺的不断完善,通过劳动向其最简单的元素的分解和无数双手为了共同的生产目的而进行的分工,归根结底,通过人的精神和外在自然之间的分工。生产力(productive Kräfte)更广泛地结合起来:在农业中通过对其不同分支的有益的结合,在工业和商业中通过将运用在企业中的更大数量和更多种类的人力和自然力的最大程度的结合。在有些地方,主要的生产部门彼此之间已经更密切地结合起来。例如,大工厂主也力图购置大地产,以便他们的工业企业所需要的原料至少有一部分不必从他人手中得到;或者他们结合自己的工业企业开办商业,不仅为了销售他们自己的产品,而且也为了购买其他种类的产品,并把这些产品卖给他们的工人。尤其

---

① 涡轮机的发明使得未来对水力的运用扩展到了比预期更大的规模。

在英国,单个的工厂主有时最多拥有1万—1.2万个工人,这种不同生产部门在一个英明的人的领导下结合起来,这种所谓国家中的小国家或国家中的管辖地区,已经屡见不鲜。① 最终,我们在变得如此之多的更大的股份公司中,还看到许多股东的财力同另一些担任实际工作的人的科技知识和才能的广泛结合。这样一来,资本家就有可能以更纷繁多样的方式来利用自己的积蓄,甚至还可以把积蓄同时用于农业、工业和商业生产。因此他们的利益也就是多方面的了,而农业、工业和商业的利益之间的截然对立也缓和下来并趋于消失。然而,这种用不同方式便于资本得利的可能性本身,必定会加深有产者阶级和无产者阶级之间的对立(Gegensatz zwischen bemittelten und unbemittelten Klassen),并使情况变得如此紧迫,以致要求我们去研究物质财富(sächlichen Vermögen)的一种更正义的分配原则。

在所有这些过程里,不能忽略的是,对工程机械学的采用并没有完全排挤掉真正的工场(Manufactur),就如这些最后的工场也没有能将手工(Handwerk)排挤掉一样;大工业的这种增长的优势还是最近的事情,并刚刚处于它发展的开端;在生产领域只有在个别部分中,那种生产力和经济利益的更广泛的结合才形成了,而在其他的部分,通过对农业和行业(Gewerbe)的不断分解,而代替了对这种生产力和利益的更进一步分解和分化。所有这些都更为清晰地凸显出,按照劳动组织中的事实情况的描述,我们现在还需要更进一步观察劳动组织变化的作用。

随着人口的不断增长,尤其是随着工商业阶级的增加而对农产品消费的不断增长,可供开垦的土地也越来越多地被征服,这是符合事情本性的(Es Liegt in der Natur der Sache)。在那些工业和商业发展还很有限的国家里,如俄国、斯堪的纳维亚和伊比利亚半岛,拥有96 771

---

① 例如,伯明翰的矿主近来已把制铁的全部过程掌握起来,而过去这一过程是分散在许多企业家和占有者手里的。见1838年《德意志季刊》第3期《伯明翰的矿区》一文。

平方英里的面积和不到 7 200 万的人口,因此平均每平方英里只有 741 人。我们还会注意到,在这些国家未被使用的可利用面积是足够养活更多几倍的人口的。仅仅俄国据估计就拥有超过了 5 万平方英里,如果恰当地开垦的话平均每平方英里可以生活 3 000 人,因而和目前的人口相比,最少还可以增加 1 亿人。这并没有高估,因为按照圣彼得堡大学 1835 年的备忘录,俄国欧洲部分的 97 818.17 平方英里的土地只有 7 108.17 平方英里处于寒冷区域,而另外的 90 710 平方英里处于适宜的区域。西班牙几乎有一半的可耕土地是闲置的。但是在更为广阔的范围里,新大陆提供了无尽幅员,富裕的生活和光辉的未来预示着一系列强大的国家。只需要计算一下美国的州和地区公共的地产,就有最少 3.4 亿摩尔根,是大不列颠和爱尔兰总面积的大约 4 到 5 倍。如果我们注意到,在这些文化上还非常落后的地方,也恰恰自然物产十分丰隆、生机勃勃、无法估量的富饶前景就会向我们呈现出来。马楚斯假设欧洲国家的粮食产量平均是播种量的 4 倍,而在匈牙利及其邻国,则为 8 到 10 倍,在美洲热带地区,这一数字据估计可以最低 12 倍,最多可达 20 倍。如果按照产物包含的营养素来比较一下不同地区的产物的话,那么更为引人注目的是土地产出能力和由此决定的稠密人口生活的可能性的差异。依据洪堡①关于新西班牙的著作,新西班牙热带地区的同样面积的土地上,可以生产香蕉 10.6 万千克,马铃薯 2 400 千克,麦子 800 千克。按照这一统计,香蕉——无疑包含更多的水——是麦子产量的 133 倍,是马铃薯产量的 44 倍。因此在墨西哥,种植了大品种香蕉的半公顷土地上,可以养活 50 个人;而在欧洲同样大的面积上,即便是按照 8 倍的产出来估计,每年也只能提供 576 千克的面粉,这个量还不够同时养活 2 个人。但是那些目前处于最高物质文化水平的国家,也为这项研究提供了不可忽视的材料。在劳作效能

---

① 此处指亚历山大·冯·洪堡(1769—1859),德国地理学家、博物学家、语言学家、教育家威廉·冯·洪堡的弟弟。——译者注

(gewerbfleißig)较高的萨克森，还有110万亩的土地是使用犁的。在大不列颠、爱尔兰以及其他所属小岛上，据估算在1827年，总面积不到7 740万亩，未开垦的可耕土地有大约1 460万亩。法国5 400万公顷土地上有大约800万人；比利时342.2万公顷的土地上有大约超过33万公顷的未开垦土地。平均来说，在比利时、法国和不列颠王国，每100公顷土地分别有13、27和26公顷未开垦的土地。

每个国家对更多空间的开垦，在没有更多的勤奋和对土地的适当管理的前提下，只有通过农业生产与人口中的农业阶级成比例地增加的情况下方才可能。但在最近一段时期，生产到处都以比人口更大的幅度增长。因此在瑞典和挪威，随着人口的增长，之前对粮食的供应非但没有提高，反而甚至显著地降低了。现在的挪威，有大约120万人口，却只进口了75万吨粮食，尽管白兰地蒸馏厂每年还需求50万吨；而在1815年，当人口为9万人时，粮食却进口接近100万吨。在法国也发生了类似情况，不考虑人口的增长，农产品的进口降低了。另外，在这些一直属于欧洲发达行列的国家里，农业生产是如何通过适宜的组织和劳动的管理而提高的，在接下来的比较中可以表明。大不列颠以1 300万公顷土地和520万名劳动者，生产了5 600万百升的粮食；此外还有17万匹马、12.5万头牛和1 020万只羊。但法国以4 000万公顷土地和2 200万至2 400万名劳动者，只生产了15 300万百升粮食，4万匹马、80万头牛和520万只羊。因此，法国可以以其三倍的土地，以比现在少三分之一的劳动者，也就能生产至少是大不列颠三倍的产品，即16 800万百升的粮食，51万匹马、375万头牛和3 060万只羊。英国的饲料田首先得到了特别的照料，然而在法国，除了在弗兰德、诺曼底和阿尔萨斯这些地方，却几乎都停留在英国一百多年前的水平上。其741.3万公顷的饲料田只能提供28 800万法郎的收入，并且在改良和转变为人工牧场后，按照法国统计专员的计算，可以获得86 300万法郎的收益。平均起来，比利时、法国和不列颠联合王国每100公顷土地分别有7.6、6.3和7.7匹马，23、79和197只羊，23、22和47头牛。

最为特殊的是大不列颠农业的进步,在这个国家里,人口非常稠密,而从事工商业的阶级数量非常多,在农业领域最重要的改革恰恰和工业及交通领域的更大的繁荣同时发生。直到 11 世纪,农业的水平还停留在如此低的水平上,以至于收获量较之播种量仅有三倍。岁月变迁,这一比例已经越来越高,但是所有之前的进步同 18 世纪中叶,尤其是 1760 年的进步相比,都是微不足道的。为了衡量出这一幅度,人们必须回忆一下,大不列颠当时的人口有大约 752.5 万,而到了 1830 年已经增长到 1 653.9 万了。然而在 1760 年前后从外国进口的粮食大约有 40 万夸特。从爱尔兰进口的粮食在这一过程中逐渐增长到 260 万夸特,其中有 180 万夸特的燕麦。大不列颠因此进口了大约 300 万夸特粮食,其中三分之二是燕麦。因马匹增加导致的对燕麦的需求也增加了 800 万至 1 000 万,因此可以假设,用于养活全部 900 万新增人口,即比青壮人口多两倍的生产的提高是足够的。现在假设每个人每年对农业初级产品的消费,平均价值为 8 镑①,那么可以得出农业的进步使得国民收入以每年 720 万镑的巨大数额增长,也就是棉花生产总价值的 2 倍之多,或者国债每年利息的大约 3 倍。国民生产在总体上的这种增长,以及与此同时变得越来越多的贫困阶级,只造就了一个更加正义的控诉,对财富和享受的由国家控制、不平等、不稳定的分配和运动。农业的进步还更突出地体现在,如果我们同时关注一下对肉的更多消费:大不列颠对肉的消费是法国的 3 倍,就可以看到与之相应的生产了。自 1710 年以来,不同种类的肉牛每年的数量都显著地增长了,但是在更高的水平上,肉牛的平均重量也增加了。在 1710 年,一头公牛的重量为 370 磅,小牛 50 磅,阉羊 28 磅,羊 18 磅,一只猪 60 磅;但是到了 1804 年,通过对牲畜的改良,已经分别增至 800、140、112、35 和 84 磅。在 1710 年有 700 万人口消费,平均每人有 99 磅肉;而在

---

① 这里的计量单位是 Pf. Sterl.,即 Pfund Sterling,英文即 Pound sterling,即英国等国的货币单位"镑"。——译者注

1801 年人口增加了接近 200 万,但人均肉消费量至少 165 磅。在最近这些年里,这些牲畜的重量已经接近翻番了。而自此,在英格兰的消费并没有显著增长,因此增长更多的是苏格兰和爱尔兰,在这两地每个人分别增长到了 115 磅和 125 磅。大不列颠显著消费的一部分肉是从爱尔兰输入的,然而这些输入量最多只有自 1760 年以来增加消费量的十分之一,在总体上来看不列颠三个王国,更多是通过改良而非增加他们的牲畜,就满足了比 3 倍还多的需求。棉花的产量在 1740 年还是很微不足道的,价值不超过 500 磅,现在已经提高到了 640 万磅。在 1800 年,英格兰和威尔士所生产的棉花还不超过 9 100 万磅;而现在同一数量的羊的收益已经超过了 11 100 万磅。现在虽然在数量上有所降低,然而在总体收益上提高了。① 从一般平均值上看,大不列颠和爱尔兰的地产收益估计达到了 1 625 百万法郎;在法国这个面积比前者大至少三分之一的国家,却只有 1 580 百万法郎。因此对于大不列颠和爱尔兰来说,即便将英国更高的粮食价格考虑进来的话,也保持着显著优势。在比利时,每年地产的总收益大约为 161 百万法郎,这样算来,比利时、法国和不列颠王国每公顷土地的平均收益分别为 50、40 和 70 法郎。

然而大不列颠的农业生产增长不仅同量的比例有关,而且还部分和在最近的时间里,更可观的空间变成了耕地有关,其中一些是通过开垦之前完全荒芜的土地,一些是通过将林地转化为耕地和牧场,后者因为采矿业日益增长的采获量变得非常容易。在这一过程中,饲料田范围的增长幅度超过了粮田的增长幅度。将国王在 17 世纪末写的报告,和最近对已开垦土地同尚未开垦的可耕土地做的比例进行对比,我们就会看出,在这段时间里,英国耕地的扩张还没到 400 万亩,因此农业更多的产出就必须被在大部分上归结为在农业管理上的改变和改良。

---

① Zu vergl: Les réformateurs agricoles du 18me siécle en Angleterre; Backwell, A. Young, T. Sinclair, Coke. Rev. brit. Sept. 1839.

这一增长在经历最近几十年的战乱频仍始终得到了保持。因为可能是刺激一个民族力量的特殊环境和驱动力的，然而大多数人即便是在特殊激励的环境消失后，自己也将会感到要求持续的努力，因为每个人都力图维持在同其他人的关系中一度获得的位置。因此之前的关系和影响下一次激发出的力量，都传递给了各个民族的未来。而正如天命的变迁如此频繁地将个体造就得更有能力一般，由于每个个体在不同的方向上对自身的能力提出了要求，在人民的生活中，变化的天命以及从战争向和平更为迅速的转变，也造就了同样的成功。

同在农业领域一样，在工业的领域中同样的原因也产生了同样的结果。是的，工业生产（die industrielle Production）在更大范围内增长了，因为工业生产随着从事工业的阶级的更大增长，也拥有了更为强大的生产人力，与此同时，在此之外，最近这些年的最重要的发明也发挥了重要作用。国势学（Staatenkunde）的一些最新事实可以为这种评论提供证明。前文已经强调过，相对于从事农业的人口，在俄国从事工业的人口以更大的比例增长了。同时工业生产能力提高了，随着将大生产引入工业的个别分支和国家的个别领域，自然力更为显著地变得可供利用。自1828年至1833年，工厂真正的数量从5 244个增加到了5 599个，与此同时，大多数这一类的旧机构却没有显著扩张。除莫斯科区外，这一进步尤其还体现在弗拉基米尔州上，在那里，属于行政长官谢列梅季耶夫的城市索亚和伊万诺夫村成为工业总部。和弗拉基米尔州有联系的州还有坦波夫、卡卢加、顿涅茨克、阿斯特拉罕、科斯特罗马和维捷布斯克。尤其是富有的地产贵族在近些年表现出了对大工业企业的明显偏好。瑞典在1828年时大约有1 300个工厂，1822年至1824年间，每年工业产品的价值约为750万塔勒，而在1825年至1827年间则增长到了超过830万，在1831年已经达到了970万塔勒。甚至在西班牙，工业的产值也从1803年的1 152百万里亚尔增长到了1832年的1 545百万里亚尔，甚至将国家僵化的力量带向紧张和流动的内战的争论，也更多的是促进而非阻碍了经济的迅速繁荣。工业生产的显著增长在德意志关税联盟国家里也表现了出来。在1821年至1827年间的短短几年里，普鲁士国家的棉纺织厂就增加了一倍还多，许多其他的工业部门也表现出了类似的情况，一部分甚至更有大幅度增长。在1839年，工业化的比利时已经使用有2.5万匹马力的800部蒸汽机。法国在1820年才有这种类型的1024匹马力的60部机器。仅仅这一数字到1837年末就已经增长到了1969部机器，有26186匹马力，用于纺纱厂、采矿、制糖、高炉和炼铁厂。总体上讲，法国的机器生产在过去的几年里获得了非常大的改善。尽管有对钢铁的高额进口税，机器对钢铁的消耗自1825年至1828年间就增长了两倍，与此同时，从1814年至1826年煤的消耗也增长了两倍。对美国棉花的进口，在1820年至1825年间平均为2800万磅，在1833年已经达到了7000万磅；对生丝的需求也从1816年的40万公斤增长到1824年的80万公斤。英国在1783年刚刚为其日后的超常进步奠定基础，而那时的工业产品的总价值据估计已经超过了5100万镑。其中五分之三的工业产品是棉制品和钢铁。19世纪初，不列颠工业每年的平均价值，在扣除原材料价值后，已经达到了1140万镑，并保持着稳定增长。在1780年，一个高炉全天只能生产40~60森特纳①的钢铁；而现在，在引进了瓦特的蒸汽机之后，增加了四倍。尤其引人注目的是棉纺工业的增长。在17世纪，欧洲还没有棉纺织工业，在1705年进口的棉花还不到1.2万森特纳，到1785年，进口量才达到6.7万森特纳，而在这之后仅仅到1817年，就已经增长到了132万森特纳。从1820年到1830年，机器纺织机的数量从1.4万增长到了5.5万，而棉花的进口增长到了300万森特纳。这一工业部门现在占用了国家一半的对外航运；据统计，1834年出口棉花的价值大约2000万镑，或许是1780年的57倍。大不列颠和爱尔兰在1835年用于生产棉花、羊毛、丝和亚麻的纺织机，有至少3160部是使用蒸汽和水力的，有至少8.3万匹马力。

---

① 森特纳（Centner），英国的商用计量单位，约合50公斤。——译者注

在这些很容易得到的记录中,就已经可以清楚地看到,在欧洲的多数国家里,工业生产都有巨大的差异,在一些中欧和西欧国家里增长幅度特别大;而且生产在各个地方增长的幅度都远远大于人口增长的幅度。另外在那些到目前为止主要运用机器的工业部门里,这一增长则更为显著。这一情况在考察整个大工业生产中的工人数量时就显得更为重要,与剩下的其他工商业人口相比,则并不是那么显著。因此,俄罗斯1828年工业人口大约有300万,而其中只有255 414个真正的工厂工人,其数量到1833年增加到了284 558人。瑞典在1824年有8 156个工厂工人,1834年有12 143个,这只占了它全部工商业人口中的很小一部分。在巴登大公国,1833年只有2 756个工厂工人,与此同时纳税的手工师傅和工厂主总数有38 386户,其帮工有大约2.8万人。即便是在英国这个大工厂工业已经远远发展起来的国家,在1834年工厂主和工人的数量也没有超过240万人,但是真正的手工业者的数量有263万人。尽管机器(Maschinenwesen)和工场制(Manufakturwesen)在未来也不会在行业活动(Gewerbsthätigkeit)的各个分支以相同的程度被应用。对个别大工厂至今也没有得到应用的行业的更进一步观察愈发显示出,几乎到处都将劳动向更简单操作的进一步划分,以及在这些更简单的操作上分配一种无理智的自然力都是可能的。近些年,用于纺棉的纺织机的发明,也被推广到亚麻的纺织上,对这一重要的工业分支产生了非常显著的影响。甚至在这些在不同国家运行状况没有本质差异的行业和工业的分支,对生产力(productive Kräfte)的联合也有非常不同的范围,因此对人的活动更大或更小的节省总是同这种联合联系在一起。在大不列颠和法国首先表现出来的不仅仅是土地的集中和分割,同时还有最引人注目的资本和劳动的对立。曼彻斯特单独一个工厂主的生产量就和整个穆尔豪芬(Mühlhaufen)一样多。法国消耗的钢铁产自300—400个熔炉和锻锤,与此同时,全英格兰仅有239个熔炉,提供了超过100万吨(1吨约合20森特纳)钢铁,不仅满足了大不列颠的需要,而且还大量出口到欧洲大陆和北美。因此三个工厂就生产了总量的四分之一还多。正如大不列颠在变得庞大一样,每年单单一个啤酒作坊,比如怀特布莱德(Whitbread)就提供了至少30万桶黑啤酒,由巴克莱(Barclay)和佩金斯(Perkins)生产了伦敦消费啤酒总量的五分之一,销售额达到了每年18万镑。因此创造和联合的精神打开了一片巨大的领域,使得工业生产在对所需人力耗费的降低前提下继续提高。

更大规模的生产和更大规模的消费是相互决定的。正如商业现在是对用于使用和消费的农业产品和工业产品的分配一样,商业也必然使生产和消费两方面在一定规模上提高,并因此也在比人口增长更强的程度上增长了。但在这方面在欧洲的国家间也存在着非常大的差异,首先体现在对外交往上。1819年俄国同外国的商业同1805年相比大约翻了三倍。在这里很容易看到,这些估计并不十分准确,而在这个迅速发展的帝国里,交往的波动比起其他的欧洲国家来说,甚至是更大的。然而总的交往运动对于俄国(不包括波兰王国)来说,也即对于大约4 400万人口来说,在1830年进出口的商品价值仅仅为不到4亿法郎,与此同时,法国早在1828年凭借3 200万人口,进出口的总额就已经超过了12.17亿法郎。考虑到与人口的比例,因此法国的对外交往是俄国的4倍还多。在1818年法国的商业仅仅交换了价值8.53亿法郎的货物,而在十年之内已经增加了近三分之一。大不列颠和其他欧洲国家一样,对外商业的扩张和工业更富生机的繁荣以及农业经营的改良紧密联系在一起。在1770年至1780年期间,每年的进口和出口分别不到1 200万和1 400万;在1834年,这对数值已经达到了4 900万和7 900万。自17世纪初到最近些年,进口额已经增加了大约12倍,出口额增加了16倍。比利时、法国和不列颠联合王国对外交往总运动的比例为8∶38∶54。考虑到人口量的话,不列颠的商业还要比法国强一倍。因此计算三个国家商船的吨数分别为7∶27∶66,这与前一数据相符。

此外,正如对外交往规模呈现出的巨大差异一样,在几乎所有国家的内部交往规模变化上表现得也更为显著。这甚至适用于最大的商业国大不列颠,在这样的程度上,工业产品的内部消耗至少是总出口额的两倍,尽管不列颠工业输出到国外的产品构成了对外贸易的最可观的部分。这种增长的消费部分是人口增长的结果,部分是工业生产变得更廉价的结果。因此,例如在大不列颠对在生产上首先更完善更轻薄的棉产品的消费,在十年后到 1834 年就增加了 17%。然而对内交往和对外交往的关系,即便在通常相同的环境下,因国家的大小、结构和局限都必然是不同的。一个幅员更大、在内部有着便捷的联系,并且自身可以生产多种多样商品的更大财富的国家,相应地也更少依赖于同外国的联系;正如从另一方面来看,同样大的国家,但是因其边界的不同大小,而同外国产生着或频繁或稀少的联系。正如经常还会发生的,若人们只按照在每个联系中最具欺骗性的贸易平衡,将对外贸易的量作为衡量商业力量的标尺,就因此是非常错误的。与之接近的,还有依照供这个国家支配的交流手段来衡量内部交往的量。故而比利时每1 000 公顷土地有 1 140 米公共道路、281 米的内河航运和 134 米的运河;法国这组数据是 900、172 和 71,不列颠联合王国的数据则为 1 830、1 340 和 164。因此总体上三个国家的比例为 1 555∶1 143∶3 334,所以在这里,大不列颠巨大的优势再次显示了出来。只有在铁路上,比利时按照比例计算,比大不列颠多一倍。因此为了计算内部交往,还必须考察交往手段的性质与使用的方式,也即不仅仅在交往的量上,还要在质上来考察。故而,在比较法国和英国时,还必须考察人和物交往运动的速度,例如,英国的邮车就比法国的要快三分之一。还有银行以及同类的机构,通过它们可以节省货币的运输和部分货币的价值,在这方面伦敦的银行及其辅助机构比起巴黎来,运营的速度要高效数倍,这也是不能忽视的。最终在一个国家里流通的现金,例如钞票(Schatzscheine)、被人持有的国债券(Staatspapiere)等,一部分作为储存的手段,一部分作为内部和外部交往的流通手段,因为它们在从一个人到另一个人的过渡中表现为商品的代表。因此具体来讲,这一流通手段的量是和内部与外部交往的大小成正比,然而和从人到人的更为活跃的运转成反比。正如在英国一辆邮车在同样长的路段上发挥的作用比法国的邮车多三分之一一样,在货币流通领域,交往的更大活跃性与对货币和钞票的更快运营,也发挥了相应比例的作用。这就很容易解释,在法国和大不列颠,抛开不列颠大得多的内部和对外贸易不谈,这种流通手段的比例为 100∶55.75;在法国每个个体平均分摊到 52 古尔登(Gulden)、49 十字币(Kreuzer),而在英国则只有 34.3 古尔登。①

  我们现在将非同寻常的作用(尽管在欧洲的大多数国家大小是非常不同的)同劳动组织中的变化结合起来来考察;那就要提出这个问题:制定法规以及与之相应的管理中的变化在多大程度上发挥了作用,以至于这种变化同物质生产及其更大的自由或局限产生了对立? 这种影响无疑在各处都足够的大;然而一个更为深入的观察就会使人们相信,人们往往愿意将人们制定法规的智慧或愚蠢,放到一个过大的影响范围中去。因为在对立和相互影响的一种关系的所有的承认(Anerkennung)面前,就必须承认,在总体上立法(Legislation)从其本质规定来看,总是必须符合社会内容中的变化,人民生活的现实自身更多创造了其法律和规则,而非相反。然而这首先只在总体上对生产的特征和范围是有效的。相反,正如国民财富和国民收入对个体的分配所涉及的,国家也因其财产权和继承权而在根本上发挥作用,并因此首先对社会的弊病负责,这些弊病表现在贫穷和富有、粗俗和教养的鲜明对立之上。

  增长的人口数量带来需要的增长,使得在欧洲大部分地方的人们认识到对地产的分配是值得期待的;因为人类的勤勉更多集中在少数的土地上,并且通过特殊个人利益的有力刺激而提高了这种勤勉,从而在总体上获得了更大的成功。对农业的更合理的管理,智识的进一步传播,

---

① 《法国财政部报告》,巴黎 1830 年 3 月。

对更多群众精神上的激活，特别是有教养的中产阶级（Mittelstand）——这一阶级不希望看到对地产占有的限制——的崛起，所有这一切都在相同的方向上共同发挥作用。随着对权利平等的要求而愈发坚决地出现的个体的自我感觉（Selbstgefühl），因此也愈发对长子继承制的机构、一个家族阶层（Familiengliedern）较之另一个家族阶层的优先权，以及特定阶级的特权感到愤恨。人们的这些希望和要求的东西，可以在新的博爱理念和国民经济学的观点中，以及在理性法和自然法的原则中找到基础和支持。因此生活的一些物质的和观念的方面交织在了一起，从而在更大范围内消灭了农奴制，以及部分通过劳役地租，部分在同继承、转让和可分性的联系中而对此的更大或更有限的解放。然而人的意志和活动本应不再依赖于无生命的大众（todten Masse），而是无生命的大众被人的自由意志和精神所征服。从此以后，土地和耕作的划分（Teilung）无疑会比开始时更快。但是也不能忽视，甚至更早的封建法的统治也未能阻止这种更大的划分。特别是在法国，情况就是如此，不可否认的是，在这里，封建主因判断力和资本的匮乏而不能恰当地使用他们的地产，直到其判断力和资本发展到一定程度，对地产的使用才是必然的和有效的。在英格兰也如此，至今法律还严格地束缚着地产，然而在最近一段时间，可以注意到一些运动，至少小耕作还没有被完全排除。甚至在地产也被大量分割，法律的束缚力不容忽视的爱尔兰，租赁和耕作的分散发展到了一个最高的程度。

工业（Industrie）的领域也在根本上展示出同样的发展过程。和在农业中土地被少量所有者（Eigenthümern）和大量或多或少依赖性的占有者（Besitzer）及耕作者分割为封闭财富的更有限的数量一样，行业活动在个别封闭的领域中，也集中了少数的师傅（Meister）和大量依附性的帮工和学徒。也正如可分性、转让性和解放地产的土地法律有效发挥了作用一样，行业活动在类似的物质和精神的影响下，依靠相当数量的独立工匠（Meister），作为成统治性原则的行业自由的结果而分割。现在，通过唤醒一种多方面的竞争欲（Wetteifer），并为工业的倾向和设备打开一个自由的活动空间,工业领域里也可以期待更充分的竞争的有利结果。这种期待到目前为止被证明是有道理的,因为工业总的生产迅速提高了。随着在法律上承认行业自由原则,各个分支行业从业者的数量自然都得到了更大的增长。因而在法国不同手工业的独立工匠,从1802年的791 500人上升到1817年和1832年的847 100人和1 118 500人。行业公会(Zunftverband)因为劳动运营中的变化,因为不断有人涌入到各个行业,因为不可避免的竞争,在立法在更大或更小的范围内明确承认自由竞争的原则(das Princip der freien Mitbewerbung)之前,已经开始瓦解松动了。最终在商业之中,即便没有商人公会法律上的瓦解或松动,也必然发生一种更大的解体。因为地产和工业的解体已经发生,而每一个农业和工业的经营者,至少在带着他们自己的产品时,又作为商人而出场。然而通过在国家和国家联盟内部承认行业自由,或者至少部分地消灭一些限制,人们相信同外国相对的本国工业,就更应该得到一定的保护。因而近些年来征税机关在欧洲,在比法国大革命前更广泛的范围里铺展开。至少对内部生产的保护的必然性,到处都被作为设立这些机关的理由,如果对财政和国家财产的考虑完全不发挥影响的话。

我们现在追问一下立法上的这种变化的结果,就会发现事实间的对立。普鲁士最新关于地主和农民关系以及公有财产(Gemeinheit)分配的法律的作用,已经众所周知地引起了分歧极大的意见。在普鲁士的劳西茨(Lausitz)——依据平克勒-慕斯考亲王的描述——产生了许多缺点,因为对田产的划分不再以耕作的适当的方式而进行。按照其他人非常一致的转述,其他的省份相反却有更好的耕作,牲畜存栏的增加和改良,以及生产成本的降低等相同法律的有效后果。在法国,我们也看到这种分配在有些地方达到了最明显的程度。同样,还是自新立法颁布之后而受益的,已经被阿尔图·杨很高估计的人口数量,又增加了八九百万,同时生活资料的总量比人口的增长还快。人民在革命之后,总体上吃穿都更好了,而且尽管人口更加稠密了,住房也依然是充足的。是的,我们已经注意到,在那些平均来看土地划分最细的地方,同时也是耕作进步最明显的地方。在波尔多,所有权属于少数家族的可耕作土地,其耕作是由被视作短工的佃农和葡萄种植者进行的,这种耕作则处于最低的阶段。在上维埃纳省,只有在那些属于小所有者受众的土地,才获得了显著的改良,而其他的土地则是远远落后的。几乎在整个法国北部,土地比起南部都是更多地被分割的。以从日内瓦至圣·马洛一线为界,在其北方的 32 个省份的土地纯利润,是在其南方 53 个省份的将近 13 倍。北方的 1 300 万居民,较之南方的 1 800 万居民,拥有三倍多的马匹;南方只在牛的数量上有优势。更不要说另外一些长子继承制的体系直到最近仍占统治地位的国家,其农业文明也是非常落后的。西班牙这个到处都非常适宜小麦生长的国家,却不能生产出满足本国需要的足够产量,而且平均算来,西班牙土地所有者从其地产中很少能获得 1.5% 至 2% 的利润。有优势的例外只发生在比斯卡亚、纳瓦拉、木尔西亚和瓦伦西亚,恰恰这些省份,正是对地产的更大划分和以小块土地租赁的地方。在意大利的许多地区,相似法律的统治之下也产生了相似的情况,如西西里、撒丁岛和教堂国的一些地区,等等。首先为大家所熟悉的是,在孔帕尼亚(Compagna)使疟疾的破坏性影响不断继续扩大的地区的荒芜和恶劣的气候,同那里少数家族和教会控制的地产的分割密切联系在一起,这些家族和教会只知道将大片的土地用作半游牧业的牧场。正如行业活动的更大划分所涉及的,在 1828 年末的普鲁士,按照当时采用的包含了 13 个主要手工业的行业明细,有至少 268 023 个专业的和非专业的工匠,但只有 129 892 个帮工。在小城市和中等城市有非常多的生活于贫穷境况之中的工匠,工匠与帮工的比例仅为 100∶117。普鲁士国家报纸(Staatszeitung)在那段时间已经指出了这种不平衡,但同时也强调,在那些行业公会早已消失的省份,和行业公会或多或少仍然存在的地方,这种不平衡都占主要地位。在大不列颠这个在工业上有着最多创造的国家,无疑在多数城市还存在着不同手工业和行业组织的合作。尽管如此,行业自由的反对者也不能随便地使用这个例子,因为恰恰是这些不存在公司制度(Corporationswesen)的城市,例如伯明翰、曼彻斯特等,也是大工业获得了最大发展的地方。

最后,我们来看一下所有这些其生产在关税保护(Schutz von Mauthen)之下,都促进了其工业和商业的国家,是如何在德国商业联盟的领域中尤其引人注目的,就可以将这些国家同瑞士的工业区做一个对比,瑞士的工业区和其他的国家相比没有特别有利的条件,在贸易自由原则的统治下同外国对立,其繁荣程度同过去相比,就算没有增强,也至少一样。① 将在一个民族中潜藏着的工业力唤醒并发展,无疑是一种优势。因此在一个农业阶级同可耕土地的比例已经相称甚至过剩的国家,辅之以谨慎的政策,就可以将人口的过剩部分和进一步增长的人口首先引向工业活动。在这种情况下可以将税务机关比作一个巨大的、有效的机器,这一机器借助经济上的优势——这一优势是由本国的工业提供的——推动工业的增长。先不管一个有效的机器还不是最有效的,对个别行业分支的直接扶持,代替了通过税务机关的间接扶持,已经能够产生出相似或者更显著的成功,因为在这一过程中,税吏和征税员这些非生产的(improductive)阶级可以被取消,因此人们通常也倾向于承认税务法太过巨大的影响。人们也时常描写税务机关的计算,这种计算的很大部分是基于完全不同的基础和比例的。这首先根源于事情的本质之中,随着一个国家人口的增加,更多的力量和更多有才干的人投入到生产的不同分支之中,已经建立起来的基础越可以更轻松地发展,生产就越会更大地扩大和完善。因此将一个国家物质文化的贸易自由和限制的阶段比较一下,就会发现,在后一阶段生产自身比起人口来总是以更强的比例增长。仅仅因此,还不足以推论出这种增长是税务机关保护的结果。此外,通过税法和贸易限制对工业特殊部门的促进,不能认为对总生产只有好处,因为在其他没有这种特殊优

―――――――
① 鲍沃林:《对瑞士商业、工业和行业的报告》,1837年,苏黎世。

待的分支也许会提高得更多。在我们这个刚刚开始寻找一个物的新秩序的社会分裂状况下,税收这一暂时性的保护武器当然在各处都不可或缺。因此德国有理由不仅支持每一次对其关税联盟的扩大,还将其对国内工业保护的每次提高视为一种愉快的结果。通过这种同外国相对的独立立场,至少错综复杂的情况被简化了,向一个更令人满意的境况过渡的可能性也更近了。但是这种过渡,只有当国家通过劳动组织和对财产与继承性关系的改造,来试图使每个个体的生产率(Productivität)同社会的利益和谐共处,并以直接的和积极的方式,精心给予它活动和享受的合适手段时才是可能的。到那时税收因其首先对大工业,也对与拥有少量财产和无财产的人相对立的大所有者有利,只会导致无产阶级更大范围的形成和社会不同阶级之间矛盾的加深。所以,由于这种保护体系仅仅是对一种全面自由生产率(Productivität)的否定,故而其最后的目的自身也变得多余了。

  同我们所发现的相反,人们常常引证大不列颠尤为强大的生产,在那里工业和农业通过严格的关税法得到保护,与此同时,其他地方这种立法却对地产的更大划分起到了反作用。毫无疑问,数量并不很多的土地所有者对土地划分的贡献在于,不会再有多余的大量人力投入农耕;相应更多的力量能够也必然投入到工业和交通之上;工商业的发展也提高了农业文明。但是在本质上受到相同立法支配的爱尔兰,我们看到了完全不同的生产关系(Verhältnisse der Production);如果我们回忆一下,英格兰用了多久才使这种非常片面的商业体系(Mercantilsystem)居于统治地位的,粮食以及金银的输出是按照什么样的规律,利率应当如何被调到最高,诸如此类,很容易就会怀疑,生产是否通过立法或者尽管有这种立法还是达到了目前的高度。无论如何,这个国家持久的企业精神和丰富的创造精神,海洋的位置和大陆的限制,其可提供给商业和工业的富饶的自然财富,所拥有的大片殖民地,通过宪法和公共机构促进的对于个人独立性的意义,以及因此带来的构成部分可能的自由发展,都要被特别考虑在内。在其他一些国家的贸易立法之前已经长期拥有优势的情况下，必将被记录下来的所有这一切，远比恰恰是直接关于物质生产的立法的特殊智慧要多。① 因为这种智慧自身也是一种愚蠢，只要我们没有超越一种政治经济学的片面性——政治经济学无论怎样都始终只关注物的世界（Sachenwelt）和产品的堆积，以及工商业的扩张，而始终没有能下决心在人类本性自身中来研究生产的本质，并将人的肉体的和伦理的，进而将法律的要求作为研究人的起点和终点。

此外，正如统计学的事实已经展现出清楚的矛盾一样，生产力（productive Kräfte）的持续划分最终也必将带来害处，这也是确定的，尽管迄今为止这还没有在所有地方都表露出来。所以在农耕之中，适合于园圃的小耕作始终只在有限的范围内是可能的。无论如何，过于严重的分割——其已经因为单个小块土地的必然限制，而浪费了那些尚可被耕作的空间——要求对时间和精力的**不成比例的**更大消耗。在更进一步的研究中，这种更严重的分割甚至也使用于节省劳动的第一个农业机器，犁的使用成为不可能，更不用说将农耕和构成农耕的必要辅助的牲畜饲养结合起来了。更不用说，在行业生产中，不断增长的大量的工匠之中劳动的继续分化，也必将带来害处。这些工匠相互之间没有联系，并不为了共同的目的而劳动。工业总体上的结果，即国家层面上的富裕被缩短、停滞了，因为在这一过程中，如此重要的携手劳动消失了，这种劳动只有一个工匠和若干个帮工合作达到一定程度时才可能。这表明了过去的物和人的财富组织的瓦解，正如在更大的财富总和，以及地主与农民的联合之中，以及在有着明确划分的工匠、帮工和徒工的关系的行业组织之中所表现出来的瓦解一样。

但是这种瓦解之中也蕴藏着新生活的萌芽，而且现在一种过于夸张的孤立的缺点和坏处，就已经要求一种新的联合，并将其在越来越大的范围内被唤起，而没有为运动的自由赋予内容，并在一个无生命的、

---

① 例如在更早的有着国内税更多的出口禁令的法国立法。

普遍的财富共同体(Gütergemeinschaft)中消灭自由的结合和共同体(freien Verbindungen und Gemeinschaften)。对地产的更大划分并不必然同耕作的进一步分割联系在一起。通过小土地所有者的对外租赁，不仅构成了更大的农业，而且也按照共同的经济计划，为了开发更广阔的土地而联合起来。因此在法国的对土地分割特别严重的不同地区，农民也开始将其小块土地租给更大的所有者或者更大的租赁者，他们因此获得了更多的益处，因为他们同时还以短工的身份工作。同样为了更多财富的共同剥削，在股份之上的合股公司(en commandite)这样的公司被建立起来。同样，在工业领域，每个工场和工厂就已经是相当大一批物质财富为生产的共同目的而同多种多样的智力和机能实行的广泛结合。最终，要认识到，一些对占有的合理解释和对行业最新关系的控诉，可以部分地解释为，我们处于快速进入变化的过渡阶段，在这一阶段那一大的结合还不能足够大量地产生，而且在这一阶段新联合的重组和其他共同发生作用的生产力(productive Kräfte)的瓦解同时发生。

仅仅随着所有这些事实和安慰的理由，我们并没有超越资本家和工人之间经济利益的分裂，没有超越一个在现存关系中同社会其他阶级日益变得敌对的无产阶级的存在(Dasein)。凡是立法维护大地产的地方，日益增长的人口的过剩部分都涌向工商业，结果，正如大不列颠那样，大批无产者主要聚集在工业领域。而凡是立法容许土地不断分割的地方，正如在法国那样，小所有者和负债的所有者的数目就增加，他们由于土地进一步分割而沦为穷人和不满者阶级。最后，当这种分割和过重的负债达到更高程度时，大地产就重新吞并小地产，正像大工业吃掉小工业一样；而且因为较大的地产重新形成，大批不再为土地耕作所绝对需要的没有财产的工人就又涌向工业。

在始终是新的形态中反复发生的弊端是如何被控制的？人们期望移民组织在总体上可以提供足够的帮助。资助并管理一群自愿的流亡者无疑是一件好事；然而欧洲的规定以其精神和生活渗透到了世界的其他大洲。但是正如移民根本没有天生的富有和贫穷之间的对立和敌意一样,它也无法消灭这种对立和敌意,而是顶多可以降低敌人的数量,而非通过对敌人的消灭来终结持续的战争。人们被告知这种镇痛药只能发挥一段缓解作用时,也还是要沉湎于幻觉之中。和单个人一样,每个民族在其人口增长的时间里也有其肉体生长的年份和世纪,与这种肉体的生长结合在一起的还有精神上的生长。但是正如在个体身上相应的时期一样,在一个民族之上也容易产生出发展的独特病症,对这些病症的克服只从民族内部而来,与此同时单纯在外部派生的手段既不能克服这种弊端,又无法阻止生长本身。人口的增长是如此之快,以至于全欧洲每 100 万人每年同时能新增 1 万人口。然而在法国这个这一增长比例相对最低的国家,在 30 年里其人口数量从 2 800 万增长到了 3 400 万。同样的,法国在同样的空间上,在经过革命和帝国的战争带来的牺牲之后,最终还是有了比一开始明显更多的人口。而一个世纪以来有最为显著的移民的爱尔兰,恰恰也是人口增长最多的国家。因为毁灭性的瘟疫,因战争和移民而在人口增长期上撕开的缺口,很快就会再次被填补了,所以一定比例的巨大减少后立即就再次有相应比例的更大增加。按照现在的计算,在欧洲的那些移民最多的国家里,移民甚至还很少有超过这些国家每年新生人口的 10%。所以移民必须达到 10 倍——因为在每一次人口萎缩之后会再次有更大的增长——然后会继续增强,从而随着增长着的开支,通过每年对殖民地大量军人的装备,不是排除弊端,而只是维持在一个长期以来已经变得无可承受的点之上。

  日益加深的困境使人们去思考,什么可以更多地充当援助而非补偿,那些东西更是病症的症状而非治疗手段。其中就有储蓄银行的建立和扩张。在一种本质上改变了的劳动组织,以及所有和继承的法律关系之下,储蓄银行可以成为重要的和有效的机构。但是在目前的状况下，布劳汉姆勋爵①向工人的呼唤"做资本家吧！"一定显得像是一种嘲讽，因为痛苦恰恰在于，千百万人只有通过糟蹋身体、损害道德和智力的紧张劳动，才挣钱勉强养活自己，而且他们甚至不得不把找到这样一种工作的不幸看作一种荣幸。故而在数不清的情况下，对那些贫苦工人提出的不公正的要求，要更多地去限制他有限的享受范围，更多地提高其劳累的程度，从而更早地耗尽他的生命力，节省下的时间也许正好省去了国家必须为其在医院中垂危至死的花费了吧？对事情的这种类似的看法在劳动阶级中居于主流。因此储蓄银行的参与者按比例始终是微不足道的，并且还将在未来保持目前的比例。被工业的疾病或停滞所迫耗尽他艰难地获得的救命钱的工人，一旦他最终还是发现自己奋斗的目标破灭了，是否就可以不必感到加倍的不幸了？在法国，官方和半官方的数据赞颂地强调，被法律追究的起义和暴动的参与者里，还没有一个在储蓄银行里有哪怕一份资产。但是他们忘记了，为了有资产，首先需要有所积蓄。

但事情可能是完全不同的！同是这个数据的事实告诉我们，如果在证明国家富裕程度的增强的证据面前没有变得厌烦的话，产品的总量不仅没有以与人口在相同的，而且还在更强的比例上增长；因而社会困境在本质上就是因为劳动和收入的坏的分配。称赞或让人称赞他们基督教之爱的富人和权贵作出的回应是，只要仅以几个扔给乞丐的铜板来同令人厌恶的贫困景象保持距离，此外他们还向人们指出要移民和节约——这些人这样来答复贫困阶级："通过我们不停的劳动我们便源源不断地从土地和工业之上获得充足的财富。因此我们不会挤压联结了我们的记忆和习惯的故乡土地，我们更愿意得到它果实足够的一部分，如果我们不贪心的话，这些果实是足够我们享用的。"只有最庸俗的自私，或者最极端的无知才想拒绝这个要求，认为地产和营业的更大自由给

---

① 亨利·布劳汉姆（Henry Brougham，1742—1810），英国政治家，曾任英国大法官，废奴运动的积极推动者。——译者注

予每个人以获得并享用财产的权利。因为这种要占有和他特性相一致的事物世界的一部分的空洞、抽象的人格性权利，对于穷人们来说，只是渴望得到它没有能力获得的果实的坦塔罗斯①的可怕权利；正因此，生命和科学的任务，就是赋予社会各个阶层悬在空中的权利以根基和内容。

在劳动组织中的变化所发生的影响，不仅展现在产品的更大、更多元的量之上，还在完全不同的情况之中，同时展现在社会生活的物质方面和精神方面。因此更轻松的生产还导致消费的不同方式的量的关系和质的关系一起发生了改变。在亨利八世统治下的英格兰，收获的小麦还不够贵族吃的；仆役和底层人民不得不依靠黑麦、大麦和燕麦。这种情况一直延续到卡尔一世时期。在革命期间，小麦的产量已经提高到了175万夸特。然而根据Ch.史密斯的统计，在1760年，600万人口中还有88.8万人食用黑麦面包。这一数字现在已经降低到5.5万人。苏格兰在这种食物的情况中的变化至少是同样大的，在这里直到美国独立战争结束时，还只有燕麦和大麦面包，而现在已经普遍食用小麦面包了。我们因此看到，在从下层向上层的奋斗之中，底层阶级的饮食是如何和上层阶级更相似了，以及在总体上满足的手段是如何获得的；与此同时，在对这些手段的恶劣分配中，无疑很少影响到贫困阶层是否需求黑麦或小麦。棉纺工厂的繁荣以相似的手段提高了棉产品的消费，并影响了亚麻、羊毛等的需求。同一种商品的性质由于生产方式（Art der Production）的改变，特别是由于采用机器而发生变化。只有排除了人力，才有可能使用价值3先令8便士的一磅棉花，纺出350束总长167英里（即36德里）、价值为25基尼的纱。这完全符合事情的本性，借助人手的机器劳动的一致性和规律性是其他任何劳动无法企

---

① 坦塔罗斯（Τάνταλος；Tantalus）是宙斯的儿子，他统治着吕狄亚的西庇洛斯，以富有而出名。起初甚得众神的宠爱，获得别人不易得到的极大荣誉：能参观奥林匹亚山众神的集会和宴会。坦塔罗斯因此变得骄傲自大，侮辱众神，因此他被打入地狱，永远受着痛苦的折磨。后遂以其名喻指受折磨的人，以"坦塔罗斯的苦恼"喻指能够看到目标却永远达不到目标的痛苦。——译者注

及的,这就好像人自身变成了机器。甚至在作为他精神的全部凝结的价格上,理智和感觉也不能被排除在外。他因此屈从于大量的感觉,并因此,甚至当其必须将全部的力量投入到唯一的一种机械的熟练的机巧上时,他也还是一个不完美的机器。

更为重要的是商品和劳动价格的改变。从前,因为农业还是以较低理性的方式经营,因为人们还没有学会如何确保和消极变迁相对抗,因为交流的手段还是不健全的,粮食的价格同样也是波动很大的。在亨利三世统治期间,英格兰的粮食价格波动范围可以达到 3 倍,而现在最高价格达到了最低价格的 2 倍,都是很罕见的。当时的中间价格就相当于现在价格的一半,而肉的价格,因为当时牲畜饲养不成比例的巨大规模,因而比现在便宜 8 倍。粮食价格波动幅度缩小,还尤其有赖于更好的交通手段的作用,这体现在现在每个局部的歉收(Miswachs)已经很少被感觉到,因为一个地区的欠缺可以轻易地通过另一个地区的过剩来填补。尽管这些进步使我们更容易克服更小的纷争,但这绝不意味着一定可以避免偶尔出现的更大纷争,这其中包括例如在所有或者大多数粮食生产国都会出现的歉收。因为这些国家拥有更多的人口,当其更为众多的人口已经习惯的多种多样的享受突然消失时,灾难也更为严重。在大众之中,不满的爆发也一定更危险。比农产品的变化更为显著的是工业产品价格的变化。这首先体现在已经经历过巨大变革的棉纺工厂中,尤其是在拥有最多棉纺工厂的国家:大不列颠。在大不列颠,45 年来棉产品的价格平均降低了 11/12,按照马沙尔的计算,同样数量的棉制品,在 1814 年时还要支付 16 先令,现在只需要 1 先令 10 便士。工业产品的更大的降价,既扩大了国内的消费,也扩大了国外的市场;因此大不列颠棉纺工人的数量在引入机器之后不仅没有降低,反而从 4 万增加到了 150 万。由于工厂主之间日益剧烈的竞争,工业企业家和工人的收入,和他们提供的产品的数量相比,必然降低了。自 1820 年至 1833 年,曼彻斯特工厂主一块白棉布的毛利润从 4 先令 1.33 便士降低到了 1 先令 9 便士。但为补偿这些损失,生产的规模也扩大了更多。这导致了现在的结果——对英国棉纺织厂适用，同样也对其他行业和其他国家适用——工业的个别分支中出现了暂时性的生产过剩；频繁的破产出现了。在这一过程中，资本家和工厂主（Arbeitsherrn）阶级内部产生了资产的不确定的摇摆和波动，而这将经济损失的一部分转移到无产阶级头上；劳动经常、突然的中断或减少变得必然，雇佣工人阶级不断承受着这些恶481。而这种状况必须持续很长时间，并将其弊端不断扩大，以至于物质生产的整个范围和全部内容通过资本家的纯粹竞争而被片面地决定；以至于国家甚至不知道解决这一任务，即将社会全部阶层的利益考虑进去，从而对完全无政府的运动进行干预调节。

现存财产关系的绝对支持者，特别愿意将工人的境况尽可能地描述得有利。英国的一些统计学家首先尝试了这一任务，通过研究棉纺织工场这一工业领域最大的分支。他们这样宣称，如果抛开工人更大的数量和竞争不谈的话，工人的工资是显著增长了的。只有那些手工纺纱工和织工，他们不愿也不能理解必然被机器所替代的劳动，才在工业的变革中经受了失败并陷入悲惨的境地。但是在这个"只有"中已经存在着对现今社会状况的尖锐抨击。对机器的引用或改进，是全社会都受益的，从一种生产方式（Produktionsweise）向另一种过渡，并使其不会对某个特殊阶级造成恶劣的后果，只是国家的最初级的义务。如果国家不尽这个义务，那就不会再有充满活力的机体，社会的身体便也失去了它的头颅。排除手工纺纱工和织工不看，现在工资平均已经增长了四倍，并且这绝不是工资的单纯名义上的提高。在英格兰棉纺厂一个工人的周薪平均为 10 先令，在苏格兰为 8 先令 1 便士。1 磅面包 1.5 便士，1 磅肉 5.5 便士，3 磅土豆 1 便士，一袋子精面粉 44 先令。因此一个人花 8 便士就足够吃饱了，甚至还可以每天吃肉喝啤酒。尽管在最近一段时间，工资再次降低了，但只是相对于第一生活必需品的价格的降低而谈的。在法国，人们也曾计算出，一个世纪以来工资至少没有减少过。一个成年男性工人平均挣 2 法郎 6 分；在北部的省份 2

法郎26分,在南部省份则为1法郎89分。如果将从前和现在粮食的价格考虑进去的话,这大约和博邦(Bauban)在他的时代的计算相当。①

我们在对生产行为(Act der Production)的总体分析中就可以发现,生产行为始终建立在事物和人的力量的统一和相互作用之上,只要这些力量在商业和流通之中拥有特定的价值,就符合于以一定的量表达出的中性的能力。同几个世纪前相比,随着资本的增加以及资本家之间竞争的加剧,各处利率都降低了,因此用于生产的物的资本在总体上也变得更充沛了。② 日薪或劳动所得增加了或至少没有降低,在另一方面同样表现得很明显,因此可以推断出,个人的能力,即用于生产目的的个人力量的总和在价值上增加了。

---

① 法国的工资比德国的高一些;但法国工人缴的税也更多些,生活必需品也更贵些。北美联邦的手工业者的收入要多得多,依照洪堡的估算,平均为3.5至4法郎。对第64页(指原书码。——译者注)的补充。关于目前平均工资的非常详实的数据报告可以为我们在那一点上作出解释,假设这一个报告正确的话,就可以推断出人口的大部分在富裕程度上并没有增长。非常有趣的证据是为第65页所做的评注,是1842年的《独立评论》(Revue indépendante)中皮埃尔·勒鲁的《论富豪统治》(de la ploutocratie)一文,该文指出,假如有人宣称社会的所有阶级都获得了收入上的增长的话,这是不真实的。这一证据部分来自官方的统计文献,部分来自最可靠的法国统计学家,如迪潘、布朗基、布朗克、欧仁·毕雷(《论工人阶级的贫困》)和其他的统计学家。按照他们的数据,法国当前的纯收入,已经从路易十四时期的1698年的1 700万人口的20亿法郎,增长到3 400万人口的46亿法郎。与人口的增长相比,收入的增长更加强烈。但是那些平均每年的收入有74法郎、91法郎25生丁和102法郎的阶级,据估计各有400万、400万和1 600万,一共就是2 400万。此外,据估计,对于每一个个体来说,按照杜腾的统计,拉普拉瑟和拉兰德的计算也与之相近,获取每年足够的食物的平均价值也已经不低于115法郎了。在法国已经是最高的巴黎手工业者的中等工资,大约是一个成年男子3法郎,女子1法郎,而这一工资在1789年之前的整个法国,按一年300个工作日算,平均为1法郎,现在上升到1法郎15生丁。然而这一名义上的提高实际上是降低的,因为自大革命以来,生活必需品的价格已经上升了四分之一到三分之一。或许在勒鲁的计算和报告中是存在一些错误和夸张的,但是由他传递的这些事实依然是重要的,甚至会表现得更为严重,假如人们将路易斯·雷博德发表在1843年第5期的《每月评论》中的一份建立在粗糙的推断之上的安慰的理由作为参照的话。——作者插入

② 从资本利润总体上不断降低的事实,蒲鲁东推断出对所有产生利润的资本和全部所有制的最终消灭。他在资本的概念中忽视了预先制定的环节,以及来自为社会进行的生产时间的所有制优势。别的地方还会有更详细的论述。

单单这句话仅在十分有限的意义上才是正确的,只要人们更仔细地考察那些有关的比例在现在是如何存在的话。因为所有统计证明的认为工资提高的判断,或者工资相对生活必需品并未降低的判断,都最终同一个简单的展现在将真实当作虚假幻象的应用中的抽象真理相一致。可以肯定地说,那些要求特殊才能或较长期预备训练的职业,总的来说已变得较能挣钱;而任何人都可以很容易地很快学会的那种机械而单调的活动,其工资则随着竞争的加剧而降低并且不得不降低。但正是这类劳动在劳动组织的现状下最为普遍。因此,如果说第一类工人现在所挣得的是五十年前的七倍,而第二类工人所挣得的和五十年前一样,那么二者所挣得的平均起来当然是以前的四倍。但是,如果在一个国家里,从事第一类劳动的只有 1 000 人,而从事第二类劳动的有 100 万人,那么就有 99.9 万人并不比五十年前生活得好,如果同时生活必需品的价格上涨,那么他们会比以前生活得更坏。而人们却想用这种肤浅的平均计算,在关系到居民人数最多的阶级的问题上欺骗自己。此外,工资多少只是影响工人收入的因素之一,因为对衡量收入来说,更重要的是要把他们获得收入的有效保障的持续性估计进去。但是在波动和停滞不断出现的所谓自由竞争的无政府状态下,是根本谈不上这种持续性的。最后,还应注意过去和现在的通常劳动时间。最近二十五年来,也正是从棉纺织业采用节省劳动的机器以来,这个部门的英国工人的劳动时间已由于企业主追逐暴利而增加到每日 12 到 16 小时,而在到处还存在着富人无限地剥削穷人的公认权利的情况下,一国和一个工业部门的劳动时间的延长必然也或多或少地影响到其他地方。

然而,即使所谓社会一切阶级的平均收入都增长这种不真实的情况属实,一种收入同另一种收入的区别和相对的差距仍然可能扩大,从而贫富间的对立也可能更加尖锐。因为正是由于生产总量的增长,需要、欲望和要求也提高了,于是绝对的贫困减少,而相对的贫困可能增加。靠鲸油和腐鱼为生的萨莫耶特人并不穷,因为在他们那种与世隔绝的社会里一切人都有同样的需要。但是在一个前进着的国家,生产总量在大约十年内与人口相比增加了三分之一,而工人挣得的工资仍和十年前一样多,他们不但不能保持过去的福利水平,而且比过去穷三分之一。工人同社会其他阶级的对抗和敌对的姿态成为其自身的一个标志,恰恰是我们的时代里出现的情况。但是这一底层阶级完全有权利进行抵抗,提出更高的要求。缓慢进步论的鼓吹者,渐进的英雄(Die Helden des Nach und nach)不断地重复着,国家和社会构成了一个缓慢生长的组织,直到令我们感到厌烦,但是他们不愿承认这一事实的简单结果。这一结果就在于,在一个健康的组织中,所有的阶层都以相应的比例参与到生长进步之中,而相反则会出现畸形和残缺。但是正如给鹅喂麦子,从而使它的肝脏变大一样,当代的国家治理术(Staatskunst)也将他们政治的麦子扔给一个社会吃——它将社会关进国家紧急状态的笼子中,并且,当肥胖的肚子和瘦弱的四肢出现的时候,就对由国家发展的社会经济沾沾自喜。但是当代的政治学也总可以借助于统计学家,不断地将肚子、后背和四肢平均化,从而在整体上证明兴旺繁荣,而没有注意到局部的萎缩和畸形。

　　增长着的国民收入向社会所有部分的和谐的、合乎比例的分配是什么呢?因为在劳动收入的等级里——从日工的收入,到自私的、遍布世界的银行家的收入或者公民——仍然无休止地听命于盲目的偶然和传统(blinden Zufalle und Herkommen)。国民经济学总想证明,按照工人在培训和娱乐上的花费来估算耗费的劳动;然而现实中价格和价值严重不相匹配。因为不同效率类型的价格等级是历史形成的,效率的不同类型一开始并不与社会的需要和利益相矛盾,它是因习惯而形成的,在更大范围内发挥了效用并因此而变得有害或堕落。因此,通常当劳动的一种新操作、一种新机器等开始投入使用时,一开始仅有少数人知道去掌握使用这些新操作和新机器的必要能力和技巧,而这些能力和技巧正因此要求更全面,他们得到的报酬也更高。然而通过后来的竞争,过去所形成的不平等也不能被完全消除,因为这一价格一旦形成,习惯和传统就会将之保持在对于他们来讲大多数情况下至少部分有效的水平上。因此，在最高程度上表现为经济压迫的职业岗位中就产生了区别，即使当人们将不同种类的生产成本在最大范围内计算在内。这种专制而恣意的**价格等级制度**——与之相关的是一种专制而恣意的**职业声誉等级制度**，数量最多的工人阶级因此在经济上和道德上被压低——因此产生了一种历史的正义和非正义。这种非正义会存在得如此之久，以至于国家的操控者仅仅是至高无上的智慧的空有其名的持有者；以至于国家在事实上没有变成给社会赋予秩序的才智，并提出了更高的要求，作为听其自然的现状的保持——在其中偶然性支配着，它可以在同样的程度上统治着贵族和穷人。但是对于现在来说，自由竞争的企业之中，进行的还是富人、贵族和狡猾者同穷人、低贱者和愚钝者之间的骑马纵狗打猎；这是为人熟知的皇家娱乐，在其中，公职人员带着众多的猎人和大量的猎狗竞相追逐，为了同样也获得战利品的一部分。

　　物质生产的进步的最大影响是在身体活动、感官享受同精神劳动以及增长的精神需要之间整个关系之上。在个别以及在总体中，在个体以及在国家层面上，当感性生活的需要达到一定程度时，这种精神的活动和需要都在更高的程度上显露出来。国民要想在精神方面更自由地发展，就不应该再当自己肉体需要的奴隶、自己肉体的奴仆。因此，他们首先必须有能够进行精神创造和精神享受的时间。劳动组织方面的进步会赢得这种时间。的确，今天由于有了新的动力和完善的机器，棉纺织厂的一个工人往往可以完成早先 100 个甚至 250～350 个工人的工作。在一切生产部门中都有类似的结果，因为外部自然力日益被用来加入人类劳动。如果说为了满足一定量的物质需要必须耗费的时间和人力现在比过去减少了一半，那么，与此同时，在不损害物质福利的情况下，给精神创造和精神享受提供的闲暇也就增加了一倍。但是，在我们甚至从老克伦纳土自己领域中夺得的房获物的分配方面，仍然取决于像掷骰子那样的盲目、不公正的偶然性。法国有人计算过，在目前的生产状况下，每个有生产能力的人平均每日劳动五个小时，就足以满足社会的一切物质利益。恰恰和这一计算相一致的是,尽管因机器改进而节省了时间,工厂中奴隶劳动的时间对多数居民来说却有增无减。然而,更多自由时间的收益正是集体获得的国民力量,社会各个阶层也对这些力量提出了按比例分配的要求。随着底层阶级对更高的教育和更平等的自由精神享受的日益变得普遍的争取,这种要求在大众之中甚至也被提出,并要求有一种权力来将这一要求彻底贯彻。

到目前为止的考察只是看到了物质的、精神的定在与生命的普遍关系。但是对个体的影响这个非常重要的问题,也就是改变了的劳动管理对个别工人,对其肉体健康与精神教养的影响的问题,又该如何回答呢?大工厂生产中个体的优势与劣势,现在便出现了似乎矛盾的观点。在一些年前,为了调查英国工厂规章制度而成立的一个委员会,将工人的精神和道德状况描述为最糟糕的。后来由内行进行的调查,却与之相反地描绘了好很多的情况,但后来就再次以非常令人沮丧的观点来看了。其中没有矛盾,而且如果考虑到工业发展的不同阶段的话,个别的陈述常常是非常正确的。真正的大工业还没有超过一个人一生那么长,在其迅速发展中,也许没多少年就已经造成了显著的差别。因此为了形成准确的认识,一定不能忽视不同管理方式和特有的东西之间的过渡。从复杂的手工劳动过渡,首先要将这种手工劳动分解为简单的操作。但是,最初只有一部分单调、重复的操作由机器来承担,而另一部分由人来承担。根据事物的本性和一致的经验,可以说这种连续不断的单调的活动无论对于精神还是对于肉体都同样有害。因此,在机器工作与较大量人手间的简单分工相结合的情况下,这种分工的一切弊病也必然要表现出来。① 人们借助机器来劳动(die Menschen

---

① 此外,工厂工人更高的死亡率尤其体现了这种弊病。尽管我们恰恰在那些生产力最为发展,工业人口增加巨大的国家里,发现了死亡率的大幅降低。这一数字在比利时、法国和大不列颠,在过去的 86、60 和 100 年里,分别为 44%、38% 和 47%。单单这一益处就是文明普遍进步的结果,尤其是医疗卫生进步的结果;然而对于工业人口来说只能获得这种益处相对有限的部分。

durch Maschinen)和人们作为机器来劳动(als Maschinen arbeiten),这两者之间的巨大差别一直以来并没有受到人们足够的注意。此外,大工业也提供了观察大众之中所有消极影响的机会,这些影响在劳动的个别化之中必然被分解并逃出人们的视线。从其中可以这般解释,即人将机器制度完全归咎于一些根本不符合其估计的东西。恰恰是它更高的完美性更需要将那些缺点越来越多地排除,正如对生产活动进行更详尽的观察便马上可以看到,并在各地已经通过经验证明了的那样。在英格兰的一些地区,首先是在兰开斯特郡,这里的人们对机器制度的运用如此广泛,以至于工人几乎可以借助机器减轻每一种单调的、使精神和身体疲乏的劳动。甚至在许多工厂里,连使人感到疲劳的爬楼梯都被免除了,因为人们可以通过一种机械装置迅速而安全地从一个楼层到达另一个楼层。在这里,人们已经注意到,这些工人再也不会获得一种单纯片面的、在任何一个别的活动中都无所施展的训练,而是凭借更大的实用性和灵活性而轻松地从一个活动转向另一个活动。因此,早期的纺纱工人便因为机器纺纱的出现而陷入了贫苦的状况中,因为他们从前的劳动方式对于其他的营生来说是不中用的。类似情况还可以从大量其他事例中看到。较之铁匠自己使用锤子,借助水力或蒸汽驱动的锻锤,工人可以在更短的时间里完成数量更多的、在一定程度上要求他全部判断力和注意力的种类繁多的操作活动。通过引进机器,工人的活动因此也更为精神紧张了。我们的水磨与那种单调的、在精神和肉体上都减轻了压力的、使用手推磨磨谷物的活动相比也属于合目的的机器。也正如磨坊工人活动的多样性一样,他要照看他的机器的运作,并且一方面要添送谷物,另一方面则要分离面粉,如此等等。但是在某种程度上,一种更为熟练的机器制度减轻了人的单调的机械的劳动,并因此使得他的活动变得更加自由和全面(freier und mannichfaltiger),它也同时改善了他的精神和肉体的健康状况。因此也可以解释,正是在英国的那些工业取得最高程度发展的地区,死亡率却比那些以农耕和混合职业为主的地区还要低。在1821年和1831年,这一比例分别为 1∶55.9 和 1∶51.8,而在主要以加工钢铁和棉花为主的郡,这一比例则分别为 1∶54.9 和 1∶65。① 这一比例已经显示出,尽管大工业在其开端,作为众多双手之下的单纯的分工,对于健康以及在根本上对于全部工业的发展来说有着消极的影响;但是在其进步中,在其更高的发展阶段上作为人和机器之间的分工则绝非如此。

为了衡量改变了的劳动管理的全部影响,最终还要考察它对于不同年龄和性别,城市或者农村的居民的影响,以及相对于国家和国家权力的组织的总人口。作为在工业发展中要求耗费体力的艰苦劳动越是依赖于外在的自然力,不同年龄段的儿童也就越以更大的比例参加到了工业生产之中。1935 年,在拥有蒸汽动力和水力动力的英国纺纱厂中劳动的有 8～12 岁的儿童 20 558 人,12～13 岁的儿童 35 876 人,13～18 岁的儿童 108 208 人。我们现在遭遇了最为明显最为残酷的弊端,这一弊端早在若干年前议会任命的委员会报告中就直截了当地被强调并被尖锐斥责了,但在足够的辅助手段被找到之前始终没有立法。一直到最新的关于煤矿中对童工的骇人听闻的虐待的报道爆出之前,人们还自我安慰,认为之前的描述是夸张的。人们宣称,儿童完全可以适应轻微的机械劳动,而这对于他们的健康没有坏处。这句话在一定程度上是正确的,然而至少在这种情况下是错的,即一种持续 12 小时的单调的机械活动,只有很短的休息,必然使得工厂里的少年儿童在精神上和肉体上都受到摧残,这种营生(Erwerb)是一种最可耻的犯罪,它将国家的未来毒害在萌芽中。在这一幼小的年龄,5 小时机械的强制劳动就已经太多了,在这一年龄段,全部的教育都应该指向给予精神和肉体的力量以最全面的和最多样的促进和练习,通过这些促进和练习,个体的特定爱好和每个决定性的能力可以明显地凸现出来,并且可以找到未来职业的正确道路。机械的进一步改进使人日益摆脱单调的

---

① 英国最新的人口统计无疑再次证明了工业人口更大的死亡率。然而在其中无法得出机器制度的弊端的结论,因为工业管理类型的区别,即工场制度同真正的借助机器的大工厂的关系,是不可以忽视的。

劳动操作,促使这种弊病逐渐消除。但是,资本家能够极其容易低廉地占有下层阶级乃至儿童的劳动力,以便使用和消耗这种劳动力来代替机械手段,正是这种情况妨碍机械的迅速进步。

哥斯特纳(Gerstner)将女性的体力估算为男性的 3/4。雷吉内尔(Regnier)仅将其估计为 2/3,也就是等于一个 15 岁至 16 岁之间的少年的体力。妇女大量参与到工业劳动之中的原因,和儿童大量参与工业劳动的原因是一样的。在巴登大公国,在大工业还处于起步状态时,即 1833 年,工厂中的男性帮工数量为 26 928 人,而妇女只有 959 人;因此两者的比例为 27∶1。在英国的纺纱厂中就业的只有 158 818 个男工和 196 818 个女工。兰开斯特郡的棉纺织厂每 100 个男工就有 103 个女工,而在苏格兰甚至达到 209 个。在英国利兹的麻纺厂中每 100 个男工就有 147 个女工;在丹第和苏格兰东海岸甚至达到 280 个。英国的丝织厂中有很多女工,需要较强体力的毛纺织厂中主要是男工。1833 年在北美的棉纺织厂就业的,除了 18 593 个男工以外,至少有 38 927 个女工。可见,由于劳动组织的改变,妇女就业的范围已经扩大了。因此这也再次解释了前面提及的观点,在工业化程度更高的国家,例如法国或者更发达的英格兰,女性可以选择多种多样的职业,然而在其他的国家,例如在德国,囿于习俗和习惯,则还是守旧的。而作为一种不断前进的工业发展的结果,妇女在经济上有了更独立的地位,我们也看到,男性和女性在社会关系上互相接近了;在其中由自然决定的对立没有消失,但较之从前的尖锐性来讲逐渐缓和了。这有着重大的伦理意义。在婚姻缔结中,单纯的经济考虑在程度上很少起决定作用了,妇女处于一种可以更加独立地决定婚姻的地位。因此当我们越过了目前带着罪恶的过渡阶段,在未来可以在更大的范围里、从心灵自由的偏好中得出建议,习俗与家庭生活的纯化也在根本上与之联系在一起。

在工业和商业人口按一定比例的更大增长中,商业人口的一部分已经扩大到乡村,这已经被强调过了。不同职业类型发展着的混合如今在根本上导致城市居民和农村居民之间，城市的教养、生活方式与农村的教养、生活方式之间的巨大差别，已经愈发消弥。这在大不列颠的一些工业区体现得尤其明显。在瑞士这一点也很明显，在这里，正是在一些工业州，比如苏黎世州与乌里州相比较，或者是阿彭策尔-外豪登（Appenzell-Außerrhoden）和内豪登相比较起来的话，农民的特征，尤其是习俗和服饰，甚至在语言上、观点上和判断上，都与那些主要或者仅仅从事农耕和畜牧的居民差别巨大。在美国，市民和农民的差别一般来讲，比起任何一个欧洲国家来讲无疑都是更小的，尽管在美国专门从事工商业的人口在比例上也更少。单单是合众国的文化与欧洲相比就已经拥有了完全不同的起点，欧洲城乡之间历史地形成了明显的差别，现在这一差别才开始逐渐消失，然而这一差别在合众国却从未以同样的方式出现过。

从事工商业的人口相对更强的增长，以及城市人口较之农村人口更强的增长这一事实，在政治上也有重要意义。随着城市的扩张，更为稠密的人口聚集在个别地点上。精神的交往，观点的交流变得更容易了，这种交往活跃并扩展起来。这构成了关于共同体事务的决定性观点。所有的衡量尺度和管理都被更为全面、更为严苛地判断。在这一过程中，那种公共生活的形式也被更迫切地追求，其符合于占统治地位的观点和利益（den herrschend gewordenen Meinungen und Interessen），与此同时，为了同样观点和利益的实现，更多的人会做出选择。这就是为何多数情况下更大的城市在所有重要的政治运动中能够把握住首创精神，或者展示出首创的方向和规模。但工业和商业人口更大的增长，也对政治状况保持显著的影响。农耕活动更多地同外部自然相联系，它因此很少有社会交往。单是为了开垦可耕作的土地，农业人口就必须在广阔的土地上分布开来，而他们的活动又大多是不需要在大的共同体中进行的。因而农民普遍是孤立地生活的，当他把他劳作的大多数成果只是在特定的时间大量收集起来并出售的时候，他的交往甚至很少超越他所在乡村的市场。因为这种巨大的孤立性，便首先与如下情况联系在一起,农民紧紧恪守着传统和习俗,并习惯于将全部的职业训练都只以合乎传统的方式父子相传。农业人口因此常常对政治漠不关心。出于这种冷漠,他们只有在非常特殊的动因下才变得很自主,然而常常倾向于因为传统中固执的消极反抗而反对既有的改革。与之不同的是工商业阶级。商业的本性,就迫使商业阶级进行一种持续的个人交往,并为观点意见的多样化交换提供动机。但是真正的手工业者也有必要为了他的职业训练而四处了解打探,直到他凭借自己开始他的生意,他也便开始了使他同他人进行多种接触的小规模的商业活动。然而这些不适用于为了工厂主的计算而劳动的工厂工人。与之相反,工厂工人与工厂主不同,他们更容易处于共同利益之中,并且因为他们常常是在数量更多的共同体中劳动的,所以他们也因此以大规模的方式保持着联系。仅仅是因为利益和劳动自身的这种共同性就已经造成了特定的联系,这些共同性同时在特定形式下,以劳动者联合的方式,几乎在所有大工业国家都表现了出来。这种不断革新着的联合——在分割的孤立的农业人口之中是无法想象的——已经具备了不断增长的政治和社会力量。但是在这种联合之外,工业人口按照他们职业活动的本性和必然影响,也更少依赖完全传统的意见。他们因此在公共生活中更容易接受变革,而且为了共同的行动更乐意于展示,不言而喻,他们另一方面,因为在还很肤浅的教育之下,就更容易屈从于欺骗和诱惑。在完全相同的方向上,为了生产的目的对盲目的自然力的不断征服(die fortschreitende Unterwerfung der verstandeslosen Naturkräfte),最终也会对国民的关系产生影响。假使一个公民能够接受不断增长的政治智慧和生动的集体意识,他就首先必须拥有相应的时间。希腊人和罗马人可以做到,因为他们那里大部分单调的机械活动是由他们的奴隶来做的。即便是在中世纪,骑士也只是在政治上是独立的,因为他的肉体并不独立。但是在各国人民未来的生活里,通过机器起作用的盲目的自然力,将成为我们的奴隶和奴仆(Sklaven und Leibeigenen)。只有在这种条件下,一种共同的市民的自由和平等的理念——它绝不是任何一种庸俗的平均主义思想——才会越来越多地进入意识之中。然而它也必将进入生活之中,因为那种前提自身,按照生产运动的不可改变的规则会越来越多地实现。面对当权者对这一有机的必然进程不合时宜的阻碍,面对这种对抗世界历史的神圣精神(在其中显示出了上帝的智慧)的罪恶,革命的惩罚就将或早或晚地到来。

精神生产·历史的考察

物质的生产运动可以被视作一种扩展(Entfaltung)。从人将双手既作为自己的器官又作为工具的状态——这是一个每一个个体在童年不断重复的状态——到最为精巧的机器的引导,每一个阶段都以这种方式相联系,每一个较低的阶段都会成为更高阶段的基础,而无需被扬弃和消灭。工具极少使双手变得灵巧,而更多作为了双手变得灵巧的前提,最有效的机器也很少能够完全排除掉我们的刀、锤、凿、针和大量其他工具;之所以不能,是因为所有的机器只能够或多或少地以同一形式生产(einförmig produciren),并且始终致力于将它的产品,和有着不断变化的需要和兴趣的无尽多样的个体性相匹配。至少按照个体、年龄阶段和性别划分的由自然决定的社会划分,在全部机器制度之外也不断决定着不同人手之间不断发展着的分工。即便是在那种最为粗陋的状态中也可以发现一系列典范式的人工工具,在那一阶段里,人们用一些天然得到的棱角锐利的、锯齿状的或者尖的石头,作为割、锯、钻的工具;而最终可以使用这种合乎自然的力量的家长,就可以通过他的意志来决定他孩子的活动,因为他代表了异在力量的操控者,将这些力量用作机器,甚至还可以谈到真正的奴隶制、动物的驯养、对无机自然的力量的人工机械的使用。因而,正如甚至在家庭的最粗陋的形态中,就蕴含了向一个完备的社会展开的萌芽一样,在全部物质生产最显而易见的胚胎中,就可以把握到其**划分和发展**的全部运动。

在完全相同的意义上,知识的生产从一种由自然决定的一定定在的核心和萌芽中扩展出来,这一定在正在其规定性中背负着它发展的规律,后来的那些始终会发生的修改,我们都将其视作个体意志或者一种偶然。**语言**表现为精神的直接成果,然而语言在社会的最低阶段就始终同周遭的感性世界联系在一起。因为人们和威廉·冯·洪堡一样将自由和创造性的游戏活动视作真正的语言塑造者,然而这种自由并不独立于现实定在和生活内容。首先更多出现是需要,刚刚能够触及的感性世界的对象,它们与人的相互联系,此后,在人们能够对舒适的和精神的生活的少见、准确的分支给出名称之前,表达出最简单的和往往是颠倒的感觉和思想。在一开始这种口语的匮乏之上,人们常常需要借助于更多的符号;例如接触有关对象,或者通过表情的表达或者其他身体的姿势来表达一个更清楚的意思。言语和符号语言因此更为紧密地相互联系起来,它们之间无法相互割裂开。与此同时,口语语言与歌唱的区别还很小,正如所有原始民族的语言都还像歌唱般的叫喊一样。但是这种不**完善**的存在甚至还只是一种**尚不完善**的精神的外在表现:原始民族常常在意愿和渴求上是激烈的和充满激情的,因为谨慎考量的思想过程,因为精神要对其自身的观察,它的表达是平静、克制、并不热情的言说,还没有和以高亢的声音宣布的愉快的兴奋与活跃的情绪相分离。① 在他们那里,理智和情绪还以这样一种方式共生,一个思想既没有表现在它的区别中,细腻感觉中的感受也没有表现出来。也获得了所有那些已经作为精神的内在事实而与外在世界的现象区别开的东西,然而还要以直接的方式为这个外在世界的无名对象命名,以

---

① 即便在最文明的民族那里,儿童的第一种语言也是一种这样的歌唱或叫喊,尽管在这里,倾听与复述是同样产生影响的,并且在从一种表达方式向另一种的进步中,在大众生活中表现得更丰富的、更清楚的同一过渡更多地混杂起来。这种意见现在再次揭示出,研究大众生活从而把握个体生活,正如通过研究个体生活来把握大众生活一样具有更高的可能。

至于民族精神（Volksgeist）在语言上还没有像后来那样达到从自然中解放出来的程度。人从观察一个对象的感性关系（sinnlichen Verhältnisses）的标记，或者通过听觉的获悉，进而达到精神的洞见和理性这些概念，一定要经历很长的时间；达到人在这种自由中让这些语言服务自身，人们在使用之中根本从未意识到其感性的起源，接受它并产生它的世俗的身体。然而这种关于自然的精神的自由绝不是一种绝对的自由：每个概念和每个词，甚至对于所谓的纯粹精神，也始终保留着它的自然的历史（Naturgeschichte），而且通过精神的发展，与感性世界的关联（Zusammenhang mit Sinnenwelt）从未完全被扬弃。但是在语言形成的更低观点上，这种表达方式对于理念的整个王国来说还完全是象征性的，以至于对一种外在的可感受的东西的想象变成了一种感性无法感受的间接图像。人们因此宣布，诗歌在散文之前，但更准确地讲，应该说人类生活的童年时期里，诗与散文还是相互混同和渗透的。

　　随着语言在最广泛意义上的进一步发展，人创造了用于精神生产的新工具，它和在更为迅速的物质生产上由木材、铁或其他材料形成的工具一样好。然而所有的词语不仅仅是精神的产物，而且同时也是精神借以更进一步创造的工具，因为在其中观念和思想被**固定**、**传播**。因此被一代代人流传下来的精神财富积累下来，作为对于更广泛的知识获取而言的富饶资本，在一个非常广泛的意义上就可以被称作一种语言的财宝。只要口语语言和符号语言都还很少被分离开，那么谈话和歌唱，散文和诗，无教化的和文明的表达方式就同样是无区分的；只要自然形成的语言还普遍地触及他们由之发源的物质基础，并且精神的交往只是直接地从口到耳，从眼到眼；只要这种知识生产和中介的状况还需要同物质创造的最粗陋状态相比较，在这里人除了他的双手以外还几乎没有其他工具来将维持自身生命的手段从自然中选取出来；在这里，全部物质交往，作为一种原初的**交易**，也只是从手到手的传递。因为那精神文化的最初阶段里还缺少其他更加人工化的语言手段或者工具，凭借这些手段和工具，我们可以以略微间接的方式和以精神的方式创造更为广阔的空间和时间，而首先缺乏的就是精神交往的更为人工化的传播工具，它在此时仅仅依赖于口头传播。

当在个人的、直接的，在自身中仍未分离的词语和肢体语言之外产生了间接的和特殊的符号语言时，精神形成（Geistesbildung）的第二个阶段就开始了。当人用图形（Bilder）来表示在观念和概念中存在的对象时，这一开端就形成了，在这些图形中产生了图画文字、象形文字，以及缩减的象形文字。一旦一次性地将这些符号同观念，将符号同符号外在地区分开，就可以在此之后通过他们的联系和组合（Association und Combination）来不断地描述不同的思想和思想过程了。在符号语言上发生的，最终也会发生在口语语言上，通过成果丰富的和独特的发明，通过那种拼音文字的发明，先前真正的图画文字和语音符号的混同对于前面提到的发明就只是一个过渡。这一发明如此接近于奇迹，以至于人们一再地要求提出对其可能性条件的追问。我们都听说过关于牛顿的一件有名的逸事，就是他通过一个坠落下的苹果发现了万有引力学说。人们或许也可以编造出这个传说，某一个思想家因为结巴，因为这种对词语的不自觉的分解，从而达到了人工的分解并因此而产生了拼音文字。但是凭借这种想法，无疑就是想要将天才的闪念放入伟大的人类精神中，如果人们同时还想承认，在所有图画象形文字的主要形式的形成和衰竭之前，拼音文字的发明是不可能的。言说也是一种精神生产或者说一种精神劳动的直接活动。人们现在通过将言语分解为单个的声响，并将每个声响标识为独特的，在此之上而实体化和个体化，因此精神劳动也归为了最简单的元素，进而也导向了对他们以文字的方式表达的词、句子和思想过程的**重组**（联合）（Wiedervereinigung〈Association〉）。正如我们在考察物质生产时看到的，只有通过劳动向其元素的最高程度的分解（die höchste Zerlegung），新的更有效的联合才有可能。拼音语言也一样，与之前的象形文字相比，为不断发生的精神创造的有效形式开辟了道路。这种文字和精神的交往产生特殊的联系，正如货币的发明对于物质交往一样，因为从此以后所有依托于字母的精神价值,所有依托于货币的物质价值,也就是一个和另一个借由联合和积累带有专断的形式和印纹的更为简单的符号。历史也承认货币的发明具有和由腓尼基人发明的字母同等重要的意义。因而当代一些共产主义者梦想着废除货币以及所谓的货币体系,就与废除文字有一样的意义:这就犹如命令世界历史回到子宫中去。

精神作品的复制在誊写阶段还停留在通过**人手**来对文字进行抄写,直到人最终通过印刷术而达到的人力和**机械力**的有效结合,而超越了依靠粗糙手工的阶段。最终,快速印刷机、平版印刷术等的发明,与蒸汽车、铁路以及其他类似发明相得益彰。但是在某种程度上,当感觉与思想可以浇铸为稳定的形式,知识的交往可以得到完善时,在一个成长着的范围内就可以普遍唤醒更为丰富的精神生活。同时一旦获得了精神成就,就更容易反过来在此基础上继续发展,那么知识生产的领域一定能够进入到更大的扩展之中,艺术和科学也一定能够日益向其个别的分支分化。

语言的发展,以及语言向音节和符号语言,向图像和拼音语言的分化,其中可以发现和物质生产运动中完全一样的规律。只是这一规律的影响要更为广泛。具体讲,语言的更低或更高发展完全不可以和精神的文化阶段相分离,故而一定的语言形成只有在宗教、艺术和科学的一定关系之中(unter bestimmten Verhältnissen)才是可能的。在同样的意义上,我们可以从用于物质生产的工具和机器推断出物质文化的整个状态,因为这些劳动的工具,作为文化的成果,同时也在为文化提供证明。此外它们只是达成目的的手段;为了完善这一图像,人们因此还要了解运用它们的后果,这些结果自身在一种平等的前提下,这些手段在不同时间不同国家也是不同的。这样我们就获得了对规律本质(Wesen der Gesetze)的更进一步研究,按照这一规律,精神的增长可以被衡量,这一增长在其完整的时间和空间的展开上都要被考察。宗教、艺术和科学,而后是文学(Literatur)、教育(Erziehung)和授课(Unterricht),是精神王国的三个主要分支。更进一步的考察会发现,信仰是艺术首先服务的对象，并依靠艺术在更广泛意义上的直接创造还在不断服务于信仰，这似乎是精神原初生产的基础，科学借鉴了它的成果，与此同时，文学、教育和授课一部分是具体化和保障，一部分促进了知识财富的推广。其中再次体现出了和物质生产三重划分，即原料生产、工业和商业相同的情况。

在人类最初阶段进行着的思想，在有限的关联中还只有如个体在其童年那样的混沌意识，因此和外在自然处于和谐的或者不自觉的不和谐之中。人，作为造物中的最高等级，还同所有造物紧密地生长在一起。按照我们神圣的文献中的说法，按照众多民族的神话中的说法，这一阶段就是伊甸园，是黄金时代。但自然并不总是对人友好，它征服性的力量与人并不友好，很快还会令人惊恐地与人敌对，人类现在开始担心，在个别现象的物质外壳之后，在他无力的感觉中存在着更高的力量。他这种一再发生的预感最终产生了对神的信仰，他不断重复的惊恐变成了虔敬，这两者变成了向这种宗教情感和观念的发展着的描述祈祷。如今它已关系到关于自身理念的实现。因此产生了第一种作为自然宗教的宗教，以及第一种作为自然文化的文化这样一系列的精神生产。这种威胁着尚还无助原始人类的恐惧，自身与自然相对而被把握，而在自然中敌对的和友好的发生作用的力量被区分开。因此它带来了认识之树上的第一批果实，并且在完整的意义上，智慧统治的开端到来了。

自然宗教原初和最粗糙的形式就是拜物教（Fetischismus），拜物教在个别的**令人惊异的**自然现象中把握和崇拜那些在其中具象化的神（verkörperten Gott）。我们可以从希罗多德的记述中，看到关于埃塞俄比亚的一个黑人民族，这一"最智慧的人种"，这些贫乏的传说是否提及了真正的黑人民族，不管怎样是难以说清的了，也与这些无论如何都要区别开的贫乏的传说中，是否提及了一个真正的黑人民族，看起来是三个人种里最低级的黑人种族，通过内在的发展在自身中没有一个地方超越了拜物教，这种拜物教被称作**神在物质性的特殊化**。然而这些黑种人还要感谢伊斯兰教和基督教，处处足够肤浅的人种被它们变得有教养的，只有高加索种族的民族。同样的种族在古埃及还从属于至少是作为知识承载者的阶层那里；是否也要同时将今天的科普特人视作这片土地上古老居民的后裔，算作黑色人种呢？在每一个教化的层次，人都会将自身反映到他们的神之上。这一点不仅显露在所有感性上粗鄙的民族上，而且同样在那些个别纯粹的感性人（Sinnenmenschen）身上，在所有那些还因外在刺激和兴奋的特殊瞬间就崩溃的人那里，它们通过反映的精神连接只是松散地联系在一起。出于同样的原因，物神的侍奉者（Fetischdiener）会轻易地从崇拜他的神走向对之愤怒，对之苛责，因为他只是将神视作个别之物，所以在他力量的一些独特的狂热刺激时，就甚至要变作神的掌控者。然而在其中就已经存在了对人的规定性的洞悉（Ahnung），即成为自然的主人，因为即便这种人从自然中择取或者塑造出来的物神，也只是物质世界（Körperwelt）的碎片而已。

　　知识的进一步发展要求认识个别自然现象的联系，并以这种方式推进到泛神论的自然信仰的更高阶段。在蒙古人种的最落后部分还停留在拜物教之中时，这一人种就已经达到了它最高层次的文明民族，在中国人和日本人那里，达到了一种泛神论；如果与印度这一印欧语系硕果累累的语言之母，或许还是高加索文化的发祥地相比的话，在这里泛神论还是以匮乏的形式显现出来的。特别是在中国人的简单文化中，和在他们的整个国家生活中一样，可以很清楚地看到，所有一切都建立在恐惧的基础上。① 泛神论的神的侍奉者因而同时分配给许多个神，比如印度教中就有不下四亿个神。这种印度的多神论正是吠陀所描述的神的象征的纯粹化身，而个别的神只是一个最高的囊括所有的总体的器官，因为在同样的问题上吠陀不断强调，人是不能够思考神的多的。然而在这一多神主义的泛神论层次上，拜物教还没有被舍弃；它获得了另外的意义和位置，因为在个别的神之上还应考虑到所有定在和

① 关于这一问题可以参见施略策的《古代世界通史》。

生命的一种物质联系。无疑这种唯物主义并非在这样的意义上理解，即在世界身体的外壳下不能同时思考一种世界的灵魂。然而对于物神的侍奉者来说，神并非纯粹在物体之中！即便是在孔子之前的中国古代哲学家，在道家思想之中，也探讨了一种创造世界的智慧；或者按照雷慕沙①的翻译，探讨了一种逻各斯（Logos），因为中文的表述指的是那样一种智慧，其可以通过语言表现出来。如果人们对这一学说的真正的发祥地进行争论的话，一些人认为源自中国，而另一些人认为源自印度，在雷慕沙看来产自巴比伦、波斯和腓尼基，因而这只是在人类理性特定发展阶段之上的更广泛的传播的必然结果。在更古老的中国文献中的一些地方，还有"道生一，一生三"（eine Dreiheit in der Einheit des Tao）的论述。这更多仅仅指与生成的东西和相对的东西相对立的绝对，作为"大一"（große Eins），作为人"其数为一，其质为无"（nach der Zahl die Einheit nenne, nach seiner Sustanz das Nichts）的本质。因而这首先可以被理解为对一些规定性的纯粹否定。而因为人们不能超越这种内在矛盾，即一切特定定在（bestimmten Dasein）的无内容的抽象同时也应作为其创造者；故而人们是否可以将道家理解为一个与努力获得的世界根本不同的本质，在其他的位置上又完全是未定的。甚至按照东亚哲学家的原则，更关键的，按照流行的民间信仰来说，世界的灵魂因而始终以这种方式隐藏在世界的身体中，至少不是持久的和确定的，一种神性的个性被看作一切生命的中心，并且在世界身体超越世界精神的宗教中，和在生命中自然力量超越于人的精神而占据优势具有一样的关系。

这种人格神和世界之间尚未确定的区别，恰恰是作为神的物质一般性的亚洲泛神论的特征。它只产生并保存于民间，其历史尽管已经具有固定联系，同时在其文化中走向了一个特定的终结点，而没有进一

---

① 雷慕沙（Jean-Pierre Abel-Rémusat, 1788—1832），法国汉学家，法兰西公学院第一任汉学主席。——译者注

步发展的努力和需要。这种对过去和现在，对不可改变的完成之在与当下之在(unabänderlich Gewordenen und Seienden)的物质满足，既体现在中国人这一遵守纪律的和学究式驯服了的，在国家和文化上没有生命力的机械主义的游牧民族那里，也体现在印度人那里。然而在这些民族那里的情况，对于不同的阶层对于机体都有独特意义的高加索人种那里，就是本土性的，所有一切在程度上都是自然形成的，这种继承性的阶层秩序对于个体来说，即便是通过婆罗门的意志也不能改变。在中国相反，皇帝这一大地上的神的意志，可以将按照阶级机械地划分的民众，从一个等级到另一个等级或者提拔或者贬低。只有在这里，和印度一样，是一种没有发展的单纯物质运动，自数个世纪以来始终处于冬天般的凝固之中。两个民族因为根本没有前进的努力，甚至在精神中也没有超越此岸性(das Diesseits)，也没有，或者只有一种尘世的未来。对于永恒性的信仰在中国人那里根本不会特定地显露出来；他们的生命因死亡而中断，尽管他们立即作为先人的牌位而受到后人的敬仰。在印度人那里，这种信仰只表现在通过另一个尘世的自然身体而进行灵魂转换的物质结构之中。按照本质，所有其他古代亚洲和古埃及的宗教，或许希伯来人除外，都有这种物质的泛神论特征。这既适用于《阿维斯陀》，在其中，尽管它有关于奥姆兹和阿里曼的二元论，借助于从善神对恶神的无限超越，而道出了一种统治性的自然本质；也体现在更远为传播的佛教上，它在总体上的结构与转变同样也是按照外在自然的不变规律而进行的灭与生的整个过程。而也恰恰是无(Nichts)，构成了中国哲学的基础，它只是这种感性世界的起点和终点及其转变的不确定前提。

　　希腊和罗马的多神主义是宗教发展的第三个和更高的阶段，因为它是泛神论的一种更为丰富的结构。在这里冷酷无情的命运既和无对象的自然，也和神与人的世界相分离了，他们全都被不变的规律无差别地统治着。然后在整个物质世界的普遍神化(Durchgötterung)中，拜物教转变为物质的泛神论的元素，以及在个别地点和对象的特殊神圣化的这些层次。这些奥林匹亚的众神，他们在命运的立法力量之下有权得到最强大的力量，他们与那些特殊人类特征以及更高级的优势，如智慧、聪明、修养、美、勇气和爱等承载着的不同是什么？进入这一宗教历史阶段的前提是，人在与外在自然的斗争中至少接近了力量的平衡，并且获得了一定的独立自主的感觉。这种势均力敌的感觉与所有那些并非昏暗地支配着一切的厄运自身，最为清楚地表现在一种神话之上，在这一神话中，神既可以降低到大地之上，也作为有死者上升为不死者，并且被置于奥林匹亚山的居民之中。首先恰恰是宙斯，他可以放出雷霆遣出战鹰，也只是更高级的人，拥有比常人来说对自然更高的力量。然而这从来不单纯是粗陋的占据统治的身体的力量，而是在于更高级的或者被视作更高级的精神的联系中发生作用：甚至赫拉克勒斯①也输在狡诈之下，并且只有通过强壮和聪明才能战胜九头蛇。正如现在希腊和罗马的众神作为统治、能力和劳动的分工，因而好像就是作为展开了的和拆解了的，但是同时以增强了的人的方式表现出来，精神的优势已经被认作是决定性的，因而必须将宗教教化的这一阶段理解为神的精神特殊性的阶段。因为恰恰是这种特殊性和个别性在这里才是这样的特征：神和人还相互争吵，并与命运争执；而因为个别的神和他们特别突出的个性还没有在一个神的理念中被联系起来，因而他们也还是外在地与命运对立，因此神性和立足在神之中的命运的统一还没有被建立起来。同样此岸性与彼岸性之间的联系也还没有被建立：只有一些享有特权的人，他们例外地拥有完全的和增强的力量，而被安置在有死者之中；只有少数一些出色的人在尘世间留下了声名，而人民中的绝大多数，在最为亲切的光照射下的尘世生命，只留下了哈德斯②的苍白侧影。与希腊人的历史相应，他们的神话也被更大的无政府状态所支配，然而他们同时也有更大的财富和雕塑的最为生动的多

---

① 赫拉克勒斯，古希腊神话中的伟大英雄，宙斯与阿尔克墨涅之子。死后成为大力神。——译者注

② 哈德斯，古希腊神话中的冥界之王，主管瘟疫。——译者注

样性；与此相反，罗马众神的等级，可以说是在军事上更有纪律的，但无疑也是更为齐一化和贫乏的。

更为显然和确定的是众所周知的犹太教信仰中神本质的个体性与整体性的观念，它同时还与基督教有本质上的差别。这更多并不在于这一宗教信仰是否他们精神上的部族财产，以及是否在他们那里耶和华的观念是在特殊要求的环境中产生和培育的；抑或它是否埃及神阶制的产物，而只是被视作新的东西而继承了，然后被提升为犹太民族信仰的同样的东西。人们或许完全能接受，这种神阶制因为它可以被归入精神的宗教生产，也更快地完成了宗教发展的过程；它因而也更早地达到了神的本质观念中个别和特殊的结合，正如成功达到这一观念的人格化一样，这些却只是作为神秘化的学说，作为奥秘被保留和流传的。然而，犹太人的耶和华也保留了他的愤怒、热情和偏爱，对这一民族来说，它是一个完全特殊的和唯一的民族神，其中感性、情绪还占统治地位。此外制定了仅对于犹太人适用的禁条："除我之外，你无其他的神。"其他民族那里对存在于其他神的信仰完全被排除了。然而这些与耶和华处于对立的神，和孤立的犹太人自身和所有大地上其他民族的对立是一样的；而只有在犹太人将他们的耶和华视作最为全能的也是真正的神时——它使得犹太人有资格统治其他的民族——一种人格化的神的思想至少才会先知式地展现出来。

既然泛神论在希伯来人那里还没有完全消失，在此之上还有对犹太人的倾向性，时而臣服于这个，时而臣服于那个神，神局部地、一瞬地表现为最强大的，那么，同时发生的多神崇拜也就没有从他们特殊的民族文化中被排除。因而这是基督教得以产生的自然土壤，基督教可以被提升为宗教生产的最高表现。因为既然希腊和罗马的众神只是被赋予力量却肢解了的人，所以在基督教的神中，人的本质是被以最高的力量把握和总结的。基督教的真正原则，在此之上所有其他的东西都只是结果，已经在如下的话语中被言说出来了：神是圣灵，所以拜他的，必须用诚实和心灵拜他；神是爱；神是最高的意志，因此他的意志在天国和尘世发生。因此神被理解为最高的理性,在其中所有的错误、作为最纯粹的感性的人、在他那里所有的恨、作为统治一切的意志、所有外在于神的固执都被超越和扬弃了。这一三位一体(Dreiheit)在神的人格化中拥有了他的有意识的统一。因此,完整的和全部的人的概念被纳入了神的观念之中,因而现在人的完整意义变成了神的模板,正如他成为人的最初形象一般。一种更高的宗教发展是无法想象的。人无法超越自身,正如鸟无法飞越自己。相反,人们却想从这种三位一体中排除掉一个或者另一个,因此只有残缺不全的人才被塑造成不完美的神,这种神因而也永远不能满足所有的人。因此基督教成为其中所有未来的发展得以生长的土地;不论在此之上盘旋的是鹰隼或是麻雀,他们迟早都要回到这片土地,从而为新生活寻找到新的精神养料。

对神的多神论方式的摧毁因此在基督教中同样被超越了,当命运、神的世界和人的世界分离,通过在一个创造的世界之上的作为天意和爱的观念而存在着,但同时也在其继续发挥作用的鲜活的神性之中。与希腊和罗马的泛神论相对立,它是完整的神性的结合;与犹太教对立,它是耶和华理念的净化和更为丰富的拓展,通过这些犹太的神的受限制的和限制着的偏爱,升格为普遍的神的爱。因此所有的人都被视作神的孩子,并以如下的语言宣告:"灵只有一个,然而馈赠却繁多。"这同时是给予个体和个体化以合法性和承认。基督教因此是根,和在最为广泛的联系中最为丰富的多样性原则;它同时是自由、平等和统一的宗教。在其运动之中,作为宗教的过程表现为前进着的自由、平衡和联合的宗教;它因而也成为一种永不枯竭的河流的源头,从中创造一种国家和社会的新科学,成为我们时代的任务。

作为最高级的宗教结合,基督教在其进一步的发展中将所有之前的宗教都纳入其中,但是带着净化和美化。在圣饼仪式成为圣餐之中,后者在同样神圣的容器和地点上,基督教现在有其除了普遍存在的基督理念或者神的本质的一般化之外的神的物质特殊性;它在对特殊的胜任和信仰的角色崇拜之中,如今拥有了神的观念的特殊化,在一个神

(Gottesich)的旁边或下面，作为这种特殊化的源泉。在其中很少有一种矛盾，当它作为在人的本质中的矛盾，和对其同一性和不可分性的扬弃，从我，或者从一个知识的中心出发，精神和身体被区分；我们的兴趣和意志也时而是我们精神的这个力量，时而是另一个力量，时而又特别被视作我们身体的一个或另一个划分，并且被设定在特殊的活动中。从根本上讲只有基督教，它在其统一性中把握了完整的微观宇宙，并且在其划分之中，作为宏观世界的完整比喻来把握。在灵魂不死之上，基督教信仰也是一样，因为在基督教那里人的本质自身是可以延续的，不会在死亡之后就下降到低一级的层次，或者下降到此岸性的纯粹阴影之中，这是一种过去、当下与未来的生动联系，也是尘世和天堂的和解性的联合。

从特殊的伦理立场出发，基督教被视作持久的东西和短暂的正义之间的结合。它所有的一切都是通过神，并担负一种神的元素于自身；但是所有的东西都并非神自身，而只是不完美的真和善。因而在每一个表现中都有一种假象，它必须被不断否定，从而来更完整地展现真理。在异教徒的古代风俗中，人们或者只是寻找观察和抽象的平静，或者完全献身于对表象世界的行为和享受之中。然而基督教的真正学说，无疑曾经拥有、现在也拥有其在不同方向上的生长，同时也要求，在观察以及积极的生活中，通过保留和维护达到一种持久性和神性，通过否定和摧毁认出一种正义的东西并使之有效。因而基督教成为一种持续的、有机的和进步的宗教。最终，它在人类宗教的教化过程中因而也承载起最高的联合原则于自身，因为它不是像伊斯兰教一样将所有社会化的灵魂、爱单纯地放置于学说之中，而是同时也在行动中达到开端和生活的点。因为尽管所有一神教的拥护者都将其创建回溯到一个创立者和布道者自身，如摩西和穆罕默德；而基督作为世界历史中的唯一者而出现，他自觉地为了其学说而牺牲生命。一个人对于所有人的这样一种行动上的献身，从而所有人也反过来为了一个人而献身，这正是每一个持久的社会的生机勃勃的联系。而这种爱，可以不断温暖、软化那种固执的相互分裂，将其带入运动的全部河流之中，在其中伊斯兰教只知道与犹太教和基督教产生外在的联系，至少不会转而达到充分的程度；以至于它甚至很快再次僵化，现在，正如所有其他宗教一样，基督教也期待拯救和解放。

　　在更高统一体中更为丰富的多样性不断扩展和重新结合的同样规律，在语言形成和宗教生产的过程中也被证明同样支配着文化和科学的领域。对对象的单纯模仿，比在科学对对象的最为专心的和认真的观察、观测和划分要少很多技巧。一种富有技巧的活动只有在如下情况才可能出现，即只有在一个特殊的东西作为观念的承载者的地方，在一种能够领悟其对象的独特性，因而可以在特征的描述中将精神的意义聚集在一个具体的直观之上的时候。野人用文身，或者用花纹装扮自己，通过这些活动试图证明他们作为人类是在大自然中最有价值的，也通过这个标识出他将所有其他对象的最出色的东西据为己有，并试图和这些东西产生联系；或者当他粗糙的模仿已经不再想要复制单纯个别的东西，而是在其中试图确定事物一种总体的类的特征时；或者当他从他感性的聚集中已经提取出更高级的、升华了的感觉时；或者在他单调的歌声或者粗野的舞蹈中找不到一种持久的表达时——在其中一种艺术的第一个萌芽就产生了。以同样的方式，一旦意识可以从特殊性中总结出一般性，并借此把握了一般性，科学就通过科学的研究产生出来。但是在更为粗陋的民族那里，一种科学的开端只有在如下方式中才可能，即当它将在生活中有规律地不断重复的东西把握为规律并流传下去时。这种艺术和科学的最低文化阶段，在那些这两者只有从生活极其个别的现象中偶然产生出来的地方，按照其统治性的特征来说，是单纯主观性的感性的消解和完全偶然的经验的阶段。这样的状态还与拜物教相一致。在其中还没有艺术家和科学家这样的特殊阶层，正如在这一阶段的特殊的神职阶层也很少一样。它更多是由那些能够和愿意从事的人来生产的；而且在所有这些还都依靠直接经验的情况下，那么首先那些年长的人作为有经验的人，同时也就是有知识的人和智者、顾问和教师。

唯物主义的泛神论将在拜物教中还处于分离状态的神的元素搜集并连接为一个整体；同样，艺术和科学在所有的结构中也在所有的形象中寻找最高的和最一般的东西，也就是寻找神，因此他们遵循这种一致的运动，并在这一过程中进入和宗教的最接近、最直接的结合和关系之中。这一状态特别反映在所有古老文明民族最早的文学之中。在印度的《摩奴法典》①中，宗教的立法不仅和民法混合在一起，而且它也开始与神学，与关于世界创造的学说和一种全部宗教学术体系的化身混合在一起。吠陀和其他神圣的文学不仅提供了关于神的特征的比喻，而且同时涉及所有艺术，讲述了天文学和医学学说，某些地方还讲述了战争技术的初步概念。按照这种形式，在其中散文和诗反复交替进行；正如印度史诗第一个时期的历史在十八首长诗中包含的那样。甚至后来的真正的、只关心被压迫的力量的世俗文学，也至少在开端上源自婆罗门，他们是第一批艺术创作者，并且是最初从事精神劳动的人。总体上到了宗教发展的第二个阶段才出现了在体力劳动和精神劳动间自觉、更为清楚的划分；如此，以至于一开始还处于其总体性中的精神劳动，就堕落到某个特殊的力量或阶层中了。这一过程中产生了一种神职人员的统治，这一统治能够在自身发现生命的全部丰富的多样性，但很快也会任意地试图屈从于他们所创造的规则。因为既然他们在之前凭借自身从生活和经验中构建出规则，那么生活如今也应该依照曾经确立和流传下来的规则。在没有更大范围内凭借新的知识的渴望和行动来唤醒更大的独立性，和这同时带来的对他们精神压迫的增长着的对抗的情况下，神职阶层也不能再继续他们的精神生产。古埃及神职阶层的统治，正如在他们身上表现出的与国王和武士阶层的斗争，因此与古印度的婆罗门相比表现得也不再那么绝对。同样，在后来的梅德尔人

---

① 古印度婆罗门教的经典。该书自述由梵天所作，由其后人摩奴也是人类的始祖传播到人间。该法典在南亚和东南亚地区影响深远。——译者注

和波斯人那里也出现了,与早期相比,神职阶层已经不再是不被重视的了。摩西首先只是忍受并促进了对他戒律的学习,与他的戒律必然相联系的是诗歌和一种贫乏的医术。但是在犹太人之间已经不再能看到文化教养阶层和世俗阶层之间的明显对立了。除了利未人以外,这一民族中有从事作为教师的富有激情的先知,而在利未人自己那里只有一部分人从事神职;与此同时,其他人作为法官、作家、律师和医生,以等级化的方式构成了在文化教养阶层和世俗阶层之间的间接联系。

希腊、罗马,和其他古代民族一样,对最早出现的文化的保护和维持都是由神职阶层进行的;但是在多元的有利关系下的推动性竞争之中,很快在更大范围内就有竞争性的力量产生、活动了,以至于国家自身作为这种力量的内容要将自己提升到有限的神职之上。神职宗教的发展也因此变成了国家和人民的事务;希腊的诗人要比神职人员、人民的教师还要多,以至于对后者来说,相对于宗教的继续发展,要愈发担心宗教形式主义的保持和维护。在雅典,第二执政官巴塞勒斯位于领导宗教仪式的四个人的顶端,其中两个是由人民选出的,与此同时,其他两个则是作为尤尔莫浦斯的神职阶层的继承者,掌管着商神杖。这一组织清楚地展示出,在这里宗教的侍奉者在何种程度上已经变成了一个单纯的国家管理阶层。在更高程度上,宗教在罗马还变成了一种政治工具,它甚至比其他的国家官员在帕特里克手中保留得还要长;直到最高教职荣誉落入了皇帝之手,并直到基督教的统治下国家和教会相互分离。然而希腊还是拥有大量继承制的教职阶层,因而也有更多的独立的,但与此同时相对更为依赖的合作组织;然而这一阶层在罗马则大多既非被选举,也非由贵族阶层从自身中补充。

希腊人的艺术精美,因为个别的工匠就可以创造出属于他们自身的独特流派,也越来越摆脱了神职人员的强迫和宗教的传统。但是它们仍然与民间信仰有着松散联系,在这种自由联系之中达到了它繁荣的高峰,并且沉浸在共同的、日常生活的壮观与装饰之中,因为它自己最终也会创造出生动的信仰。正如从礼拜堂、神庙中可以产生出精美的艺术一样,神的语言,诗歌,精彩绝伦的丰富精神创造也会在语言和声音中出现。器乐最初只是歌唱和高声讲话的一个补充,而它与声乐的分离直到亚历山大大帝之后才实现。自此它便成为独立的音乐,因而也得到了更完美的发展:亚历山大维持了一支著名的器乐乐队,对音乐的爱好因而也日益扩散。然而很快人们就陷入对单纯技术的完美性的欣赏之中,以及那些采取了东方音乐的猛烈的和叫喊的特征的音乐,因而从前那种和诗歌的结合便分离了,并且追逐、要求达到一种超重的不平衡。这种声音世界的独立化及其从在语言中被宣告的思想世界的分离,它如此强烈地回忆起现代音乐和对音乐的爱好,在当时标志着一种瓦解和一种逐渐变得意志薄弱的柔弱。在希腊,诗的领域里有荷马的和英雄的史诗,它们在和从亚细亚生活中产生出来的神圣的和神秘的历史故事的接触中,分解为特殊的,首先是抒情的和哀歌体的诗歌类型之中;最终这种戏剧性的诗艺,作为一种对诗歌元素的最高结合,到了一定程度就成为个别类型形成的前提,从而得到了它的完美。然而这种生长——这也完全适用于精神生产的进步——并不以代替的方式,即诗歌的一种特定方式必须走向成熟,而是在这之后完成的过程只能刚刚开始。但是例如在阿提卡的剧本是非常古老的,甚至还有菲律尼库斯①,和后来的埃斯库罗斯及其追随者一样,将最新的历史搬上了舞台。这个从诗艺产生出的更早的分支,已经拥有了幼芽,从中又产生了新的分支,并借此远远走向了新的高度。正如一棵大树承载它的分支,而且作为在远古时代的精神来诉说知识的大树,它已经预测到了精神生命运动的规律。

只有在这一完全相似的意义上,正如人们将工业和商业称作农业的小兄弟,当人们在与诗进行对比时,将历史和修辞学,以及最终将哲学认作不断发展的文化的最年轻产物,也是正确的。在每一个国家生

---

① 菲律尼库斯(Phrynichus),古希腊喜剧诗人,生活在公元前4世纪。——译者注

活中都必须处理国家事务，在考虑到未来时，也必须将当代从过去区分出，一者与另一者的关系是怎样的。因而始终存在着历史的和修辞学的元素。一旦民族生活自身的过去和现在有意识地相互分离，并被作为特殊对象而被对待历史学和修辞学也就个体化为科学的独特领域。自此，修辞学在希腊就成了总的国家科学的全部，而且既然国家要求全部的力量和活动，那么它对于每一个追求政治效用的有教养的人来说都是必不可少的。作为其结果，大量的教授雄辩术的学校就产生了。

在民族生活的最初阶段，哲学还是和宗教这一将占据支配地位的信念的最高级、最普遍的东西统一到自身的东西不可分的。从信仰的学说和文化之中，从宗教的精神和身体之中，特殊的科学和艺术被创造出来，而伴随增长着的独立性和自我活动，征服一种精神的新世界；最终产生这样的需求，伴随着和对每个特殊科学一样的、对信仰学说的非依赖性，生活更为丰富的多元性在新的原则下被聚集起来。这样产生了一种与神学关系并不密切的哲学，它源自对统一（Einheit）和一致（Einigung）的要求，其产生却同时是一种已经进一步发展的扩展和分化的标志。因为它的产生，民族宗教在对最高真理的占有上已经变成世袭的要求，至少不再被完全认可了，因此它恰恰在其独立性的第一个时代，与统治性的信仰进入到很快被认清的矛盾之中。这在希腊的第一批自然哲学家那里，在伊奥尼亚、伊利亚特和由留基伯创建的原子学派那里表现出来，以至于这三个学派的追随者都被视作神的否定者而受到迫害。在多样化的等级分化、败坏和净化中，希腊哲学才萌生出精神的生命并扩展自身，直到在柏拉图和亚里士多德那里达到顶点，以至于后世的基督教文化还要再次与这两者联系起来。柏拉图，这位诗人哲学家，理念和精神化的人，在哲学上、在根本上把握住了多样性中的统一。正因此，他已经教导这样的学说，即人的社会是完全与人及其结构相一致的，它们因此成为不同的、有着或低或高的能力的一个联系着的统一体或者相互结合的多样性。他关于商品和裙子的共性的观点，同样显示出他这种对聚集和向心力的偏爱。相反，亚里士多德则是一个大分析家,他通过逻辑学的深厚教育,通过将自然哲学与真正的数学相分离,或者通过对算数、几何学、立体几何学和对力学、光学、天文学和音乐的划分,通过他的作为政治学基础的伦理学,以及最终通过他不同的国家科学作品——通过这些,亚里士多德在古代将不同的科学如此完美地划分为世界的不同部分——以至于对他来说,在将它们在各自的划分中运用和强化以外,没有任何剩余的东西留存。在这位伟大的斯塔基拉人的国家科学文献中,还有对于他和他的朋友们都熟知的国家的历史描述。按照西塞罗的描述,他在其中叙述了人民的生活方式、组织安排和宪法,因而也提供了一种统计学;而因为他同时在他的书中也论述了国家,其组织在现存国家之中是最好的,因而他也在这些统计之上建立了他的政治学。为他的方法奠定基础的观点,即政治学要建立在对国家生活的当下与过去的完整认识之上,至今仍被认为是正确的;就比如柏拉图的这一思想,即国家是人的一个类比,借助这一类比国家的个别部分在当代统计学的考察下又在思想上被组织在一起,成为近代的财产。人们因而可以宣称,最近政治学的全部科学的未来,都建立在对亚里士多德和柏拉图元素的结合之上。正如在化学中对两个物质的结合所产生的第三个东西很少与前两者等同一样,人们也不应忽视,这同样作用在科学的结合之上:在这里很少会带来一种不同原则的单纯机械的混合,而只会带来一种更高的第三个原则的渗透和融合。

此外,亚里士多德所有的洞察力还不能将国家科学在一定程度上拆解为它个别的学说,正像在最近的时代里发生的那样。科学的这一状态符合希腊政治生活的实践,那时还不如今天这般如此频繁地为公共活动的一个特殊分支寻找特殊的专业训练,这种专业训练持久地、优先地要求个体的力量。尽管如此,在那时,首先在雅典的共和国晚期,在日常生活中只有那些没有自己的职业,而只是以科学的方式准备公共活动的人,才出现在公共领域。但是这种活动的共同领域还很少分解为个别的部分,因此从一个职位换到另一个职位也很容易,它决定了我们今天的概念看起来完全不同的能力和教育方式。今天还是扶犁的人或者担任司法职务的人，可能明天就成了领兵打仗的人。也是出于同样的原因，一些人被委派了一些职务，这些职务在我们的时代看来只有那些有特殊技能的人才能够允许委托；正如雅典的十大统帅或者将领，他们中的首席副指挥官和两个骑兵指挥官就是从公民中选举出来的。

从内在的对于真理和美的创造性兴趣中——在没有使用太多外在手段的条件下——可以创造出什么，在自由和独立的希腊已经达到并获得了。然而自亚历山大大帝开始作为唯一的权力掌握者而掌管全部国家权力起，艺术与文学也就陷入了对君主的依赖之中。接下来，除了对直接、唯一的实用性和便利性以及合目的性进行考察之外，考虑更多注重的是辉煌与壮丽，纤细与精巧。这种物质利益的统治甚至在艺术与科学的领域也展开了。但是在这一方向上越来越排斥精神的生产，并在多样的技巧性及其特殊教条上达到了其完满，以及在所有历史的雕塑、数学、自然科学的搜集和学院化研究上达到了完满。这一繁荣时代的硕果是如此丰富，以至于阿拉伯人，基督教欧洲的第一个老师，直到其可以从希腊的源泉中自己创造东西时，也只获得了那些果实的一部分，并且只有在少数领域才能够扩展这些获得的东西。从已经由亚里士多德起草的自然科学的轮廓中，特别更为清楚地出现了医学、天文学、生理学、化学和植物学。从欧几里得开始，亚历山德里亚在此之后也产生了近一千年之久的研究数学科学理论和实践的高等学院，在其中阿基米德和喜帕库斯①（Hipparch），古代世界的伟大天文学家，也是空间三角函数的创造者，开辟了新的道路。自然科学和数学的发现，也伴随着它们更进一步的在战争以及和平时期的技术上的应用的发现。亚历山大大帝已经拥有了在今天意义上进行组织的总参谋部，战争的

---

① 喜帕库斯（Hipparchus，约公元前190—125年），古希腊天文学家，方位天文学的创始人。——译者注

战略技术在广阔的领域里也达到了一个特定的完满程度。从征服者德米特里①开始，保卫和防守的技术，也就是战争的技术就变得愈发完善，为此他们在更高的程度上讲，人的理智听从于自然的无理智力量。而在这同一时期，希腊过去的共和国人民军队受到了君主的雇佣军的挤压，因此更多的人只是作为机器而被使用。对于日常生活的需要来说，技术的手艺也以同样的方式变得更成熟；精细的工具和机器在更大的范围内代替了人力的位置。这就是数学和力学运用的一个成果，以至于首先在东方，手推磨被风磨和水磨代替，直到来自小亚细亚的庞倍——在小亚细亚米特里达梯大量建造了风磨水磨——将其带到了西欧。

科学向特殊领域的这种肢解——这是致力于自身的科学一定会提出的要求——在没有脑力与体力劳动的完全划分，因此而带来的在教育者和未受教育者之间的划分更加明确地贯彻的条件下，事情的本性也无法展现在眼前。这种划分使得为知识的生产做新的、更大范围的联系成为可能；凭借物质劳动肢解为要素从而使得大工厂成为可能的同样方式。这样一种扩大程度之上的联系，这种对精神材料进行积累的巨大仓库，这种用于其加工处理的宽敞作坊，这种用于加工操作的仓库，最终，甚至为有教养的伤残人士提供的看护机构——就是亚历山德里亚的博物馆和图书馆，以其为榜样，一系列相似的机构被建立起来。这种托勒密博物馆构成了国家之中的一个有教养的工业城市，在这之上，固定的商品收入被确立起来，并且是如此封闭和自立，以至于甚至相关的机械生意，以及棍杖的镀金和扭曲，以及在这之上的滚轴被发明出来，在一些教育机构（Anstalt）的房间和大厅中被运用。在其中还展示出通过更大的拆解以及更大数量的元素变得可能的结合，宗教再次

---

① 德米特里一世（希腊语：Δημήτριος，前337年—前283年），安提柯王朝的国王德米特里一世在前294年至前288年这段时间登上马其顿王位。他在瓜分亚历山大大帝遗产的继业者战争中，是其父安提柯最主要的帮手，同时他是希腊化时代初期著名的军事统帅。——译者注

与科学紧密地联系起来。因此在斯特拉波①的时代,在基督降临前的一个世纪,所有的科学至少在埃及再次变得神圣化了;在亚历山卓的博物馆里,神职人员再次站在了教育机构的顶端,而且后来埃及的神庙在此将整个学者阶层统一到它的殿堂下。同样在这一再次结合的时期里,早期时代的历史重新被更多的神话和童话掺杂。尽管如此,它也没有退回到那种最初的文化状态之中,在这种文化状态中宗教还将科学囊括于自身,统摄科学。除此之外,托勒密王国的建立和维持,依照它独特的位置,在作为希腊和埃及文化的中介,以及在最高的权威之中,立足于希腊和埃及的祭祀仪式的中介之上——人们试图通过多种多样的艺术来得到这个中介;因此,已经扩展开的特殊科学通过与宗教的单纯外在的再次结合,也不会失去其已经获得的独立性。更确切地讲,宗教由科学而世俗化了,而非科学被宗教征服了:人们将其更多作为一种自己的事情,从而将这种古老的希腊宗教,这种民族精神和民族需要的直接创造,转换为一个神话的新形成的科学。

　　罗马短剑被铸成了犁,在更为广阔的土地上翻耕土地,在其中成熟的东方和希腊的文化灌溉着它们的种子,因而使之在经历了来自北方寒冬的风暴之后,在人民生活的一个新的春天里还可以蓬勃生长出一个新的国家。在精神上,被它曾征服过的希腊再次征服,罗马人成为科学上的模仿者,或者是一条已经中断的道路上的后继者。同样的情况也发生在他们静美的艺术上,只有他们的建筑上以及他们的市民生活上,还承载着固执的、不畏惧任何困阻的印记。唯独在农业以及家政学(häusliche Oekonomie)方面,特别是在民法学上,他们是有创造性的。通过不断变化的生活而得到的教训,他们始终准备着将所有新的情况和过去存在的情况敏锐地区别开,同样,在处理这些新情况时也以令人赞叹的坚定回到已经确立了的法律原则之上。被聚集在一堵城墙之内

---

　　① 斯特拉波(希腊语:Στράβων,前64年或前63—23年),公元前1世纪古希腊历史学家、地理学家,生于现在土耳其的阿马西亚(当时属罗马帝国),著有《地理学》(Γεωγραϰικά)17卷。——译者注

的来自不同种族不同阶层的人,同时与所有其他的国家相敌对,也一定不得不看到,在公民之间的法律关系之中,直到他们最为细小的分歧,没有任何东西可以被怀疑。罗马作为由公民战士(Bürgerkrieger)所构筑的营垒而矗立,以它为根据地——它不应从内部被攻破——全世界都一定要被征服;而在所有阶级之间及其军队的等级之间法律关系的不确定性,也使得混乱和无纪律不断发生。与之相反,希腊则是以最为多样的方式和方法的国家组成的一个松散联盟,它们在政治状态的不断摩擦和比较之中,必须发展出一种国家法的观念和概念的丰富宝藏。因此,今天的欧洲人民在其私法领域依然有大量的罗马的观点和表达,而在国家法上则有很多希腊的观点与表达。希腊和罗马——这是基督教化的日耳曼新时期非常关键的标志——相反都不能为今天意义上的民法提供任何借鉴,因为对于他们来说,人类(Menschheit)还没有到达一个更为独立的行列,尽管如此,还是被划分成相互联系的民族的更高统一体。罗马人在处理国际关系方面只有非常贫乏的学说,这种学说不仅不承认国家间一种持久的法律状态,也不承认在短暂的休战期间与其他民族所指定的外在的行为规则。

　　自从希腊文化涌入后,自从西塞罗的时期之后,罗马就和希腊一样,哲学与语言学就和法律科学及修辞学融为一体了;而且在罗马,正如希腊一样,将国家的经典作家的解释提升为真正的科学。在这之后自然科学得到了推动,正如罗马人是一个守秩序、团结的民族一样,在凯撒的统治下也产生了大量的教科书和手册,以及一种百科大词典。这种百科大词典是老普林尼①的自然科学史,是对三个世纪的详尽汇总,但并不是和这种百科全书的更新汇总那样一种合作以及协力的联合的著作。老普林尼和他的缩写者索利努斯因而也为博韦的樊尚和其他人——他们在中世纪试图做同样的事情——提供了几乎唯一的源

---

① 盖乌斯·普林尼·塞孔都斯(Gaius Plinius Secundus),生于公元 23 年(一说 24 年),卒于公元 79 年,古罗马学者、官员、百科全书式的作家,以其所著《自然史》一书著称。世称老普林尼(与其侄子小普林尼相区别)。——译者注

头;意大利人也以同样的方式这样做,因为他们在古代科学的基础上,从老普林尼出发建立起了新的科学。此后罗马帝国已经有了期刊的最早雏形。由凯撒所推行的元老院卷宗公报在奥古斯都治下被取消了;与之相对,发布了日常事务(diurna)或者日常活动(acta populi),以及元老院备忘录(commentarii senatus),即在人民面前商讨事务的明细。而且在西塞罗时期,就有人依靠搜集奇闻轶事来赚钱,对于之后的爱好者来说,那些神秘的消息,特别是皇帝宫廷的故事,特别具有吸引力。最终这些真正的娱乐文学——它在我们这个时代也非常繁荣——在风俗和帝国同时都在堕落的时期里被更多地培植起来。卡塔戈学派的阿普列乌斯①,就已经凭借他的《金驴记》而创建了一种形式的小说;后来这一类文献开始增多,在这些文献中,爱情的交易构成了历史的节点。于是就发生了这样的事情,对公共事务的参与都被禁止了;人们或者是妄想狂,或者沉浸在纵情享乐之中;来自平庸生活的诗歌也日渐消失;只有那些关于捕鱼、打猎等的诗被发表,而诗人的诗篇,以及演讲家的演讲,只是从过去时代的已经稀释了的残篇里拼凑出来的。那些和诗歌与散文结合或者混合在一起的小说,将抒情的、史诗的和戏剧的东西结合于自身,或者能够做到统一,因而表现为不同诗歌元素的一种更为丰富的联合。然而在堕落之中也产生了一种对从前已经分裂为特定结构的东西的再次结合;这种再次结合,在其中确切划分了的东西软化并融化。在罗马帝国晚期的这种小说和全部这些娱乐文学,在这之后就是修辞学和历史的混合,恰恰可以被视作瓦解的征兆。

每一个当下都会消逝为过去,因此每一个时代可能也会在怀疑和嘲讽中拥有并说出对其正确性的意识。但是当世界历史的全部阶段走向终点时,这种死亡的感觉也更多地涌来。正因此,首先由皮埃尔·贝

---

① 阿普列乌斯(Apuleius,123—170),古罗马作家、修辞学家、哲学家,著有名篇《金驴记》。——译者注

耳①所多次提及的赛克斯都②,就作为主要的怀疑论者同占统治地位的时代精神相对立;以及卢锡安,他一开始作为成熟的诡辩家而服务于时代精神,后来却用嘲讽来与萨提尔做斗争。而这一斗争在接下来的几个世纪里仍在继续,一直达到这样的程度,当基督教赢得了扩张,旧异教徒的和新基督教的文化不断地相互怀疑和嘲讽。早在更为古老的基督教学说之中,就探讨了天国和尘世之国,对只沉湎于唯物主义的人进行了持续的严肃嘲讽。在关系到信念或者本能时,嘲讽必须消灭陈旧的东西,才能使新的和更好的东西被建立起来,施罗瑟尔③才将过去的卢锡安和更近时代的伏尔泰作了恰当的比较。而尽管伏尔泰产生影响已经几十年了,这几十年再一次为欧洲人民的生活带来了清新的空气,与此同时,在卢锡安之后,旧世界的垂死挣扎仍持续了几个世纪,因此在那里面也有一些相对的东西。因为甚至不看那些,即总的来说在更近的时代里发展的危机更为迅速地消逝了,法国大革命也只是开启了新时代的一个新段落;而这也足够说明了,基督教化的日耳曼世界从异教的罗马世界里脱胎而出之后,也经历了更长时间的孱弱多病,必须经历战争和阵痛。在主要还是由异教徒统治的罗马瓦解的和恍惚的垂死挣扎的另一些标志,就是哲学、宗教和诗学的再一次结合;肆无忌惮地追逐享乐的扩散,或者与迷狂和神秘主义,与迷信的结合,与愚钝、冷酷的奴隶般的仪式侍奉的结合;对占卜、梦和释梦的青睐,以至于许多人扮演了先知和圣人的角色,尤其是大量的哲学先知出现了。因此人民拥有了充满朝气的童年和一个孩子般脆弱的年纪,在其中信仰和知识还混合在一起,或者重新混合;他们有他们的晨梦(Morgentraum),也有精疲力竭之后的夜梦(Abendtraum);从这些梦中醒来后,他们就进入

---

① 皮埃尔·贝耳(Pierre Bayle,1647—1706),法国启蒙哲学家,百科全书派的先驱,代表作有《历史与批判辞典》。——译者注
② 赛克斯都(Sextus,160—210),古希腊经验主义哲学家。——译者注
③ 弗里德里希·克里斯多夫·施罗瑟尔(Friedrich Chiristoph Schlosser,1776—1861),德国历史学家,曾任海德堡大学教授。——译者注

越来越明亮的白昼,在进入世界历史的一个新时期之前,还必须经历解决了漫长思想的、让人入睡的夜。

涌进来的希腊文学也首先唤醒了罗马文学,罗马的文学尽管在本质上还停留在模仿阶段,但是仍然达到了古典时代的全盛。在这之后的希腊文化,首先是贵族阶层的文化,在某种程度上就拥有了一种不断增长的优势,拉丁的研究自图拉真①之后就主要转移到高卢、西班牙和非洲了;甚至在高卢的马赛城,长期以来还保留了一个有雅典人造访的昌盛的希腊文学和教育机构。更为决定性的是在罗马帝国,这种拉丁主义在罗马帝国主要局限在西方和南方的一部分,在哈德良和之后的皇室的保护下,希腊的精神教养凭借不断增长的偏爱而被促进和保护,如此以至于帝国早在它政治分裂之前就已经分化为两个文化部分。这种陌生语言和文学的传播使得更高等级的教育已经成为贵族阶层和富有阶层的一种奢侈品,也更助长了更高、更有教养的阶级和粗野大众或者下层民众之间的矛盾。社会的这种分裂因为罗马市民生活中古老的贵族元素而加剧,这些元素在时间流逝中根本未曾被完全克服,而只是被调整了。在更为教条,同时起码相对更好的皇帝的统治下,首先是在哈德良和安东尼的统治下,科学的原则对国家产生了显著的、直接的影响,直到他们越来越退化为一种完全的本本主义(Stubengelehrsamkeit),学院与生活也相距越来越远。从现在起,正如在人民的儿童时期一样,情绪和偶然事件再一次夺取了国家的缰绳,从而使之鲁莽地奔向深渊。然而随着科学的扩展与分解,文学和科学交往的规模也愈发增长了,以至于它延伸到这个无比庞大的帝国有教养的阶级。自提贝利乌斯②—

---

① 图拉真(Trajan, Marcus Ulpius Nerva Traianus,53—117),罗马帝国皇帝(98年—117年在位),罗马帝国五贤帝之一,公元53年出生于西班牙贝提卡的意大利卡,是第一位意大利以外出生的罗马皇帝。他在位时立下显赫的战功,使罗马帝国的版图在他的统治下达到了极盛,他曾经建立图拉真柱记载自己的功绩,元老院曾赠给他"最优秀的第一公民"(Optimus Princeps)的称号。——译者注

② 提贝里乌斯(Tiberius,公元前42—公元37),罗马帝国第二位皇帝,朱里亚·克劳狄王朝第二位皇帝,公元14年9月18日至公元37年3月16日在位。——译者注

直到安东尼①，纸张的生产因此都得到了发展，以及图书交易自韦斯巴芗②以来在诸多省份传播开来。在各处，特别是在亚历山大，文章的复制通过誊写而在形式上更符合批量生产的要求，并且其他城市，如里昂，成为不断扩大的图书贸易的集散地。大约与此同时，对艺术对象的交易也发生了增长；只是随着它的扩张，一种日益变得轻浮的艺术爱好也发生了更多的增长。

运动与退化的同样规律在希腊以及在其后继者罗马的教育领域也得到了保存。亚里士多德说过："人们习惯使用的四样东西：语法、体操、音乐和美术。"正如现在在训练场上要公共地、公开地训练身体一样，也没有一个自由的希腊人可以逃脱共同的训练，因而所有人通过将语法和音乐展现并运用在由语言和声调流传下来的文化中，以及通过将绘画艺术展现并运用在对造型艺术的理解中。这因而是希腊人民精神的总收获，这些收获也应被传承给每个个体；只要每个个别的人的所有力量和利益都属于共同体，那么这里所发生的就是国家的事务。来古格士③和梭伦④在他们的立法中，亚里士多德和柏拉图在他们的学说中都已经确认了国家对教育的必要管理："对教育的管理必然不能交给私人，正如现在出现的情况，因为每个人都会让孩子在自己的家中学习

---

① 安东尼·庇护（Antoninus Pius，86—161），罗马帝国"五贤帝"中的第四位，138年至161年之间在位，在他统治时期帝国达到全盛顶峰。安东尼在位期间，继承哈德良的政策，对外防御，对内调整各方面关系，与元老院保持良好合作，并且大力发展经济，加强对行省的监督和管理，促进了行省经济和帝国的繁荣。——译者注

② 韦斯巴芗（Vespasian，9—79），罗马帝国第九位皇帝，"四帝之年"（四帝内乱期）时期第四位皇帝，弗拉维王朝第一位皇帝，公元69年7月1日至公元79年6月23日在位。——译者注

③ 来古格士（Lykurg）或译为吕枯耳戈斯（Λυκοῦργος，前700年？—前630年），是古希腊的一位政治人物，为斯巴达的王族，约活动于公元前7世纪前后，传说中斯巴达政治改革、斯巴达教育制度以及军事培训的创始人。听闻克里特的国王善于法律，思用其法以图治。——译者注

④ 梭伦（Solon，Σόλων，约前638年—前559年），生于雅典，出身于没落贵族。古代雅典的政治家、立法者、诗人，古希腊七贤之一。梭伦在公元前594年出任雅典城邦的执政官，制定法律，进行改革，史称"梭伦改革"。他在诗歌方面也有成就，诗作主要是赞颂雅典城邦及法律的。——译者注

那些他们认为好的东西。"——由此产生的结果是，大约在同一时期，当堂皇的私人建筑开始建造，人们不再像以前那样在壮丽的公共建筑上花费力量时，公共的和共同的教育也成为越来越私人的事情，被打碎分散到家庭和个人的教育之上。自亚历山大大帝开始，在希腊化的托勒密、塞琉古等君主国里，教育的目标已经不再是一种普遍的人的或普遍的希腊式教化，而只有为了个体的和特殊目的而进行的身体上和精神上的训练。同样，对特殊技术的专门知识的占有或身体的职业训练，也要与精神的知识与训练清楚地区别开，然而这些人自己越来越变成有教养的驯兽。

相似的是罗马人教育的进程，只是他们在最早的时代里，就已经将家庭教育的元素始终更为明确地强调是为了国家以及国家的利益；与此同时战争对军事的教育，以及在论坛和元老院中的斗争对于政治的教育都必然提出要求。在罗马和在希腊一样，因此也有公共的演讲者，作为公共教育的大师和百科全书家，同时也是人民公共意见的代言人以及公共的主要教师。特别是西塞罗，他对于历史文化传说的普及化的贡献是多么大！除了这些公共生活的学校，个体间的竞争也开始了，比如老加图就已经通过他的奴隶契洛建立了一所普通学校，或者为希腊语法和修辞学而建立一所高级学校。然而几乎只有异乡人作为教师来讲授课程；首先只是希腊人，他们在和共和国末期在罗马建立起来的第一批医学学校一样的第一批教学机构中传授特殊的专业。授课方面的这种分工，在皇帝的统治下还在继续增加，因为只有以同样的方式，正如和我们时代一样，国家，或者确切地讲君主，与个别的团体及个人在国家以及地方学校的设立、维持以及监督上进行竞争。许多学校在今天是国家拿钱资助的，与此同时，团体捐赠给那些由私人设立的学校。在此意义上，老普林尼想要让他的臣民为他在科莫建立并资助的学校的教师承担薪水，臣民因此也有权利选举这些教师。直到韦斯巴芗时期，有固定薪水的公共服务总体上还很罕见。报酬和生存只能在私人业务中寻求，正因为每个个体都被要求在任何时候都听命于国家，所以按照基本法律，只有特殊的不耗费时间的活动，以及在公共事务中的耗费才能得到资助。但在皇帝统治时代的后期，教师也获得了薪水，以至于在私人教师之外还形成了一个特殊的公共教师阶层，并很快分化到各个阶级之中。同时针对学生的奖学金也设立了，基金会成立了，图书馆也建立起来。和罗马与意大利竞争的非洲、不列颠、西班牙，特别是高卢，建立了多种形式的教育机构，它们直到 4 世纪初还为数众多。在更高级的科学课程的教学机构方面，人们后来就在针对个别的专业学院之外，使这些学院联合起来，从而形成了大学。当时，这些高等学校包括除了神学外的所有院系。在由政府奖励的这种类型的教育机构里，法学是主要专业；除了法律的讲师之外，在其中一个小一些的国立大学一般还有三名诡辩学家或者哲学家，三名语法学家或者语言学家以及历史学家，最后还有五名医生。然而同时也产生了一种有教养的例行公事的做事风格以及一种固定的大学奖学金；与此同时，在贵族的家庭教育中，对孩子的娇惯，对培育高贵外表所进行的精神上的哺育和训练，简单地讲，在贫困阶层精神和道德的堕落之外，教育这一奢侈品就占据了优势。

到目前为止，我们所考察的旧世界历史末期前后的精神生产过程中的环节，为我们展示了无数和当今相似的地方；因此这种考察或许会显得肤浅，更近的历史将被人口迁徙打破的线索慢慢重新捡起并继续推进，而没有在对精神劳动的元素的分解，和为了精神产品的生产而对这些元素所做的**结合**中，发生某种本质上的变化。但是早在书籍印刷机的匮乏之中，在整个古代，甚至在其教学制度以及最活跃的文献交流的最为正式的教育的时代，其文字上的教导相对口头上的教导在比例上一定是更落后的。在我们最近的博物馆、赌场之类的地方，许多东西被阅读，然而很少被谈论；在雅典却有服务于特殊目的的大量基金会（俱乐部），通过友好的用餐来学习，并进行科学探讨。此外希腊的学术研讨会也成为罗马人效仿的对象，这样的研讨会贡献了更为明确的、严肃的、富有启发性的交谈，比起如今的宴会和社交聚会来说——这里自由的娱乐性的交流大多只是为了服务于轻松的氛围，这正表明了当今社会里物质和精神的享受已经在总体上彼此明确分离了。这种考察过程还显示出，先不看古代晚期科学的分解，他们的扩展仍然没有进展到今天教育层次所达到的程度；因此精神生产的个别元素的科学结合不会像今天一样多样和广泛，这种结合尽管并非始终真实，却变得可能。除了这些主要是量上的差别之外，还有非常本质的质上的差别，其主要原因在于日耳曼的民族特征，但是这样就要到基督教的精神和特征中去寻找，而且是在更高的程度上。

基督教在精神生产所有领域的这种影响，自戴克里先①和君士坦丁②的时代起就表现得更明显了。从那时起直到狄奥多西③，最早产生了在整个中世纪都占据统治地位的退化了的异教诗歌、修辞学和变成了辩证法或者玄想的异教哲学，与基督教信仰和基督教概念的混合。基督教的作家，和亚历山大的克雷芒④一样，寻找对他们宗教的辩护以对抗那些异教哲学家的攻击，将他们的信仰和他们宗教的观念作为唯一正确的诗和哲学，作为所有古代的热情歌唱家和世界的学说来理解和辩护。同时期的异教作家，亚洲化和埃及化的希腊人，将他们异教的

---

① 戴克里先（Diocletian，拉丁语：Gaius Aurelius Valerius Diocletianus，244—312），原名为狄奥克莱斯（Diocles），罗马帝国皇帝，自284年11月20日至305年5月1日在位。他结束了罗马帝国的三世纪危机（235—284），建立四帝共治制，使其成为罗马帝国后期的主要政体。他的改革使罗马帝国对境内各地区的统治得以存续，最起码在东部地区持续了数个世纪。——译者注

② 弗拉维•瓦莱里乌斯•奥勒里乌斯•君士坦丁（拉丁语：Flavius Valerius Aurelius Constantinus，274—337），常被称为君士坦丁一世、君士坦丁大帝，罗马帝国皇帝，306年至337年在位。他是第一位信仰基督教的罗马皇帝，313年与李锡尼共同颁布《米兰诏书》，承认在帝国辖境有信仰基督教的自由。——译者注

③ 狄奥多西（Theodosius，347—395），即狄奥多西一世，379年至395年间为罗马皇帝，是东西罗马分裂前最后一位罗马皇帝。他开启了罗马的狄奥多西王朝。——译者注

④ 亚历山大的克雷芒（Clement of Alexanderia），名为提图斯•弗拉维乌斯•克雷门斯（Titus Flavius Clemens，150—215），基督教神学家、基督教早期教父、亚历山大学派代表。克雷芒出生于雅典城，从小研习希腊哲学思想，深受柏拉图与斯多葛主义的影响，因此，他在信仰基督之后将基督教信仰与希腊哲学思想融合。著有《异教徒的劝勉》《导师基督》《杂记》等。——译者注

哲学和东方的迷狂与沉思结合起来，并借此为后来的基督教神话与经院哲学奠定了基础。除此之外，犹太人被驱散到四处，每个个体——如斐洛和约瑟夫斯——的努力，给予了犹太教一种希腊的色彩，也给予希腊的教育以一种犹太教色彩。我们因此看到，最终在庞大的罗马帝国内，所有时期和民族的文化都相互交织和混合，与此同时，通过精神元素的新的混沌消融为一种新的神的精神，而且在基督教之中，新时代的有层次的和结构化的世界灵魂（Weltseele）已经诞生。

正如每一个重大历史阶段一样，在基督教的新时期，宗教、诗和科学的融合也开始了，它们再一次在一种新的信仰的外壳下聚集为一个萌芽。然而这个萌芽同时也是过去漫长历史的一个果实。精神生产的元素的统一因而并不是蒙昧的，相反是内容更为丰富的，因为它以人民生活为源泉，从一切时代和空间而来，并汇聚为一股潮流。其中首先可以强调的是，在基督教神学的统治下，伴随着新鲜的力量，一个全新的创造性艺术产生了，它在建筑中展现了一种独特的风格；在音乐和绘画中——在其中首先显露了内在的精神生活——也达到了古代的最高峰，直到基督教信仰不得不将这一对在膝下庇护长大的女儿，放到世界之上。在同一时期，哲学以及所谓的精确科学，被神学承担起来，如果将但丁和彼得拉克的作品，与 15 世纪的柏拉图主义者，甚至与开普勒的作品进行比较，就可以看出来了。

数学及其多方面的运用，自然科学以及在国家科学所属的至少是民法学说，在古代都得到了发展，这些发展到了后来也没有丢失。埋葬在衰落的罗马帝国的废墟以及野蛮人的脚印之下，或者只有在新的人民生活的表面之上的贫乏的残余之中才是卓越的，它基本上被再次发现了，并且通过阿拉伯人及其基督教的学生，才被从古老历史的土地中挖掘出来重见天日。它因此必然不是被创造出来的，而是被发现出来的；如此使得科学扩展的曾经远远更漫长的过程，在近代被大大缩减了，通过这一过程，生产首先只是作为更为迅速的再生产而出现的。与对过去的这种更为丰富的继承相应，与这种更为丰富的精神资本相一致——在这之上基督教国家建立起了他们后来的独立生产,民族的独特性要素出现了。由此在欧洲北部和西部的国家发生了那种流传下来的研究性的学校教育与原初的民族性的文化活动之间的斗争,这些北欧和西欧的国家是罗马文明的附属,因而这些国家也首先在教育上更深地断裂了。这一斗争,特别伴随着诗歌领域的多方面的波动以及在法学领域中的斗争,表现为古典与浪漫主义诗学之间的对立,罗马法与民族法之间的对立,带着清晰的痕迹进入近代的晚期,而没有成功实现长期敌对的分裂的东西之间的完全融合。

从另一个角度来看,近代还孕育了一个更为丰富的发展萌芽。旧世界已经走到尽头,基督教借助于它在生命上一种过渡饱和的快速传播,刚刚幸存下来的人在无数个方向上获得的对无意义与无耻的信念,这些是人们试图摆脱的,通过或者以斯多葛主义的方式结束、磨炼自身,或者陷入感性的享受或迷狂之中。因此,基督教在其表现的第一个阶段也回避了属地的和尘世的东西。在其中产生了尘世与天国的那种分裂的二元论,这种二元论在魔鬼尘世的帝国之外还要建立一个神的精神帝国。这一尚还片面的宗教人生观,作为最高的目的——这关系到对天国的希望而产生的平静和内在满足,现在尽管还因与尘世的联系而被束缚在此岸世界,试图将自身从属于整个政治史。它因此产生了一个由安波罗修①以及主要由奥古斯丁②修订的学说,它将"上帝之国"建立在柏拉图理想国的基础之上,并从这一方面与过去联系起来;与此同时,它也为教会与国家之间的斗争奠定了基础,这在从前根本没有,或长期以来没有在类似的程度上出现过。而当神的国家依靠它的僧侣统治集团在尘世上组织起来,并在教皇制之中为更大范围的人民

---

① 安波罗修(Ambrosius,约340—397),米兰主教,4世纪基督教最著名的拉丁教父之一。他也是天主教会公认的四大圣师(Doctor of the Church)之一,故被称为"圣安波罗修"。——译者注

② 奥古斯丁(Saint Aurelius Augustinus,354—430),在天主教中被称作"圣奥古斯丁",古罗马帝国时期天主教思想家,欧洲中世纪基督教神学、教父哲学的重要代表人物。——译者注

寻找到了统一的结合点的时候,这种斗争——从它的摩擦之中产生新的火花——更加激烈地爆发了出来。在神职人员统治的早期,国家在教会中产生出来;在希腊和罗马那里,神职制度只是政治的一个工具,直到基督教才实现了国家和教会之间完全的分裂——但这也只是它发展的第一个阶段——因此也从一开始就造就了物质的和精神的生产之间更清晰的分工。具体来讲,最初的和自由的基督教学说并非将所有信徒描述为具有平等权利的兄弟,而是同时作为全部是精神的和教职化的。直到更晚的时候至少牧师的就职仪式还没有更高的权力;宗教的牧师、神父、主教也变成了通过教区被分配的职业,与之相区别,使徒是通过基督而被授予的。但是很快在"神之国"之中,对宗教工作上更大分工的需要以及因而这一国家在世俗和宗教上的分裂也发生了。这应该在该撒利亚的优西比乌①的一个学说那里就已经这样了,即在世俗国家里如何从市民阶层上升到贵族阶层。安波罗修和奥古斯丁的学说为世俗阶层与自身就等级化的僧侣阶层之间的划分做出了贡献。这样,与普通教徒相对,教职阶层中产生了一个新的力量,但是它仍然没有彻底拒绝它的民主根源。在基督教中,尘世的僧侣阶层的最后一点痕迹也消失了;而僧侣阶层也保留了这样的权力,社会的所有阶级中,人民生活的全部土地上,都容纳了与之相应的精神和道德上的力量,而那些过去在尘世之国最底层的人,也可以在宗教之国被提拔到最高的等级。他们因而要求一种权力,那些如今为宗教之国努力追求的人,最终必将有所获得。因而宗教的僧侣阶层组织之中,有一些对于尘世之国的未来榜样;而这也变成了同样的权力,将所有宗教的浆汁汇入河流并在他们最好的位置上必须完全地贯彻,在它与教会在更高的联合秩序之中的分裂重新消失之前。

　　基督教会自身所承载的民主要素,增加了它的力量并首先使宗教

---

① 该撒利亚的优西比乌(Eusebius von Cäsarea,约260或275—339或340),是巴勒斯坦地区的该撒利亚的教会监督或主教。由于他对早期基督教历史、教义、护教等方面的贡献,他被一部分后世人认为是基督教历史之父。——译者注

阶层成为一切精神生产的主要承担者。而且这是通过原罪学说,因为原罪人只有通过教会的中介才能够被拯救;并且利用这种学说将所有尘世科学的虚妄来与天堂相对立,使前者日益成为依赖性的侍从者。因此牧师就对教育产生了越来越大的影响:教会,也只有教会,再次将学校纳入自身,学校在异教的希腊和罗马是国家和共同体的事务,是处于个别公民特殊的共同影响之下的。从基督教的宗教立场出发,马尔提亚努斯·卡佩拉①通过他的百科全书,然后在西方尤其是卡西奥多罗斯②通过他的宗教示范学校以及他的著作,影响了直到18世纪的整个中世纪学校制度。因此,教堂和修道院在毁灭性的民族迁徙大潮之中变成了废墟,在废墟之中,科学的遗迹被拯救出,每个类别都有如此之多,以至于科学可以保存自身并继续生长。从这些避难所中也发展出了最早的寒酸的人民课堂(Volksunterricht);此后从它们的领导,从基督教神学中发展出的特殊科学又再次划分、合作。正如教会自身一样,个别的教义也获得了它的修会、修道院和协会:中世纪的学院产生了,它在东方的学说涌入后得到了大幅增长,甚至于单单在16世纪的意大利就至少有550家。但是它们的最高代表还是具有四个学院的大学。这样就接近罗马帝国晚期的状况了,只是这是在更为丰富的联合中,罗马时期的三个院系现在补充了一个基督教神学系,它在这三个系之外,作为主体和这三个系结合、统一。

正如中世纪在其更高的授课组织上,除了这些基督教神学的补充之外,只是再一次达到了旧世界最终达到的程度,在对科学材料的占有上也一样。一直到宗教改革——如果将胡斯算作宗教改革的开端的

---

① 马尔提亚努斯·卡佩拉(英语:Martianus Capella),活动于公元5世纪前后,古罗马后期的拉丁文散文作家,出生于阿尔及利亚。他坚持新柏拉图主义,对基督教采取积极态度,以对话的形式引入主题,在当时曾产生了一定的影响力。——译者注

② 卡西奥多罗斯(Cassiodor,英语:Cassiodorus,490—585),中世纪初期罗马城的政治家与作家,出身于贵族家庭,早年即博学多才,后参加政务。不久转攻基督教事务,曾因为被东罗马帝国的军队俘获而在君士坦丁堡滞留,获赦后重新进行基督教事务,他的著述甚丰,影响了中世纪初期的基督教发展。——译者注

话，在整个科学领域和对主要用于精神生产的工具的应用方面，基督教的日耳曼民族必须在根本上限制在继承、吸收过去的遗产之上。新产生的精神世界还需要从古代吸取养分；正是伴随宗教改革而开始的那一系列发明和发现——它们引导了新科学的独立性和独特性，而它们同样也受到旧科学的划分——作为在宗教领域之上的一种新的划分已经通过基督教的统治而获得了地位。

诚然，没有哪种新的精神生产不是植根于过去之中的，因而精神的生产过去和现在都不断地从历史的土地及其继承之中源源不断地吸取着浆汁。因为恰恰在这一时期印刷术被发明，这一同化的过程被扩大和加速，这使得从东方帝国的首都拯救来的旧文献的保存和吸收成为可能。只是这种根本上的新因素——它补充了从前的因素，继而使得更为丰富的精神生产成为可能——和宗教改革的时期几乎完全同时发生。大约从火药的发明和应用开始——因为它，更大国家的形成被打断了——直到格劳秀斯①（卒于1644）这位新的民法的创立者，由新精神创造的内容和意义所引发的惊奇是如此之大；它们指出了一种更广阔的、后果不可估算的领域，从而也有信心宣布，基督教的日耳曼阶段只是它进程的开端，它相比从前亚洲民族的文化生活，或者是希腊人和罗马人的文化生活来说，还有更为远大的未来。在这一引人瞩目的时期，科学中更为迅速和全面的发展，与更大规模的宗教和政治的运动联系在一起；这样正如既往一样，当精神生活走出了僵化与凝固，再次流动起来的时候，就会涌向各个方向。正是以同样的方式，在法国大革命的同时或者在它之前，一系列重要的发明、发现诞生了。当宗教中的这种转变以对基督教的否定开始时，它在宗教迄今的进程之中只是一个新的时间段的开端，而更为深刻的洞见现在已无法回避，即怀疑在这里

---

① 胡果·格劳秀斯（Hugo Grotius, 1583—1645，原文中舒尔茨错写为1644年），出生于荷兰，基督教护教学者，亦为国际法及海洋法鼻祖，其《海洋自由论》主张公海可以自由航行，为当时新兴的海权国家如荷兰、英国提供了相关法律原则的基础，以突破当时西班牙和葡萄牙对海洋贸易的垄断，并反对炮舰外交。——译者注

只是一种更为生动地前进的信仰的推动力。

但是任何否定都有它的立场,路德和其他的改革家——在他们身上,运动的思想经历长期的酝酿之后涌现出来——只有通过对迄今为止的等级制传统的否定才能回溯到更纯粹的积极的基督教之上。故而改革同时具有一种复兴的特征,这一点正如在每一次政治革命中所证明的一样;他们于是在教会宪章之中,或者在为了基督教宗教发展的精神劳动的组织中,以同样的状态回溯到基督教的第一个阶段。尽管对于改革时代的尝试,建立一个出于信仰而存在的、纯粹民主的教会的尝试,仅仅部分成功了;然而随着在神圣的文献中自由地检验与研究的全面被认可的权利,也赢得了一种教会的民主原则,以至于甚至协和信条、奥格斯堡和赫尔维奇信条和路德的宗教问答手册,只是作为这种权利在不同时代的奏效方式而表现出来而已。基督教自由的基本原则与天主教教会相对立,在天主教教会中,宗教学说的继承和发展只是分派给了一个与社会相脱离的神职人员阶层,而基督教自由则从新教这一中心为更为丰富和全面的扩展奠定了坚实的基础。因为在宗教生产的领域中,通过改革,自由竞争的体系就已经被建立起来了;这远比这一体系在物质的工商业部门里发生得早,所以在总体上,宗教上的变革对于所有其他社会领域来说具有一种预言的意义。大约两百年以来,在和天主教的持续斗争中,新教的神学如今变成了一种僵化的教条主义和枯燥的经院哲学。这是一种军事阵列的方式,为了保持一种整体的序列来和敌人遭遇,这种序列在每一个还在发生着的派别斗争中,如果这一斗争只是使用精神武器的话,就最终构成了符合自身需要的东西。当这种争论逐渐减少,在捍卫新教的自由竞争中的那种体系的自然果实就会日渐成熟,这部分是出于分裂出了新的派别,部分是出于科学论战的原因。在这期间,天主教为了和新教神学进行理论论争,也必须更多地运用科学,特别是耶稣会,为了辩护和重新征服,它也建立了辩护士体系。单是天主教中间就很快产生了耶稣会和詹孙教派①的分裂；这是外部和内部多方面摩擦的必然结果，教会的统一的教条，正如人们试图坚守它外在的统一一样，在拥护者中分裂为多元的观点和质疑。

基督教自由的原则，正如为了在基督教启示的基础上的宗教教化改革所承认的一样，同时也加速了艺术的独立性，并预示了世俗科学从教会和神职阶层的脱离。和新教神学一样，天主教神学也至少是沉默地保留了更进一步的统治权，因此凭借"我就是真理"（C'est la Vérité moi）的信条而继续反驳其他的秉持同样声明的科学。作为基督教学说的分支，新教也背负了其母体的精神于自身，并且尽管有时会与它们相冲突，新教还是会凭借在对立的斗争中而增强的力量不断为其母体提供帮助。而哲学尽管在经院哲学的最后阶段逐渐脱离了神学，在改革之后还是为基督教做了很久的服务；但是它已经不再是奴仆般的服务了，而是一种在精神的世界创造的成果之上所进行的、有着自由意志的合作者的服务。哲学的完全独立或许可以以培根和笛卡尔为标志。在他们二者中，培根——可以被视为新时期的亚里士多德——第一个按照观察和经验的方面来对科学及其发展进行划分；他因而指出了既存的世界，这个世界既可以在精神上接受又可以在精神上再生产。而笛卡尔则相当于柏拉图，是一种唯理论哲学的创始人，对这种哲学来说，自我创造者的精神同时也是可以创造世界的精神。人们因此可以将这两者视作哲学之中女性和男性的原则。而进一步的发展，从女性方面来讲，在这一方面外在的和内在的经验的世界构成了生育的角色，通过洛克、休谟、康德和他们众多的学生从主观的、批判的和分析的方面推进了；而男性方面则通过斯宾诺莎、马勒伯朗士、莱布尼茨，从客观的、教条主义的和分析的角度推进了，这一方面还有费希特的更晚近的哲学教义——他的主观唯心主义哲学将世界视作从我而设定出来

---

① 詹森主义（英语：Jansenism）是罗马天主教在17世纪的运动，由康内留斯·奥图·詹森（Cornelius Otto Jansen, 1585—1638）创立，他是荷兰乌特勒支省人。其理论强调原罪、人类的全然败坏、恩典的必要和预定论。——译者注

的——以及最终通过谢林和黑格尔进行的推进。

在这些系统地构建起来的反应和思辨哲学之间,自贝耳以来,18世纪百科全书学派之中还形成了反对个体的宗教的和政治的怀疑;而特别是对教会学说体系的具有摧毁力量的讽刺,则在伏尔泰那里达到了顶峰。人们在一方面用理性所摧毁的,会在另一方面竭力补救和坚持;正因此,在上面提到的那些以外,一种感性的哲学也出现了,这种哲学在德国正是以雅各比和其他人为标志的。但是在这些精神之子中,这种发展也不是单线地进行的,而是通过不同精神种类的交合以及多方面的交织,从中产生了哲学中的大量混合派别。既然他们在不同的方向上扩展自身,并将生命的所有兴趣都投入到他们的研究中,他也就越来越影响到他的特殊学说;以至于和从泰勒士到亚里士多德和柏拉图时期的古希腊相比,在这两百年的进程中聚集了远远更加丰富、多样的哲学创造。在这种自由的哲学竞争的扰攘之中不断从这里或那里发起了进攻,也要在这里或那里进行辩护和自卫,因此神学也同时分化为更多的派别。几乎没有哪个新的哲学体系一开始是不被基督教神学体系批判的,但是这些新的哲学体系很快又被某一个神学派别收编,用以对抗它的对手。因此,笛卡尔在詹孙教派中拥护者尤其多,以及主观理性主义者聚集在康德批判主义的旗帜下,而客观理性主义者则聚集在黑格尔体系的保护下,建立起了他们的第一个形成阶段。过去,哲学必须借助神学的帮助,而现在这种关系颠倒过来了,因为科学的自由竞争使得只有它们之间自由自愿的联系才是可能的。变化着的哲学体系时而将重点落在感性上,时而更多落在超验世界上。因此,人们在发展过程中会形成或多或少完善的唯物主义,正如在18世纪的法国人那里那样,特别是由爱尔维修和拉美特利所开创的唯物主义。在此期间,人们注意到了更新的和成为统治性的哲学,正如感性论最终成为康德的理性学说,斯宾诺莎主义生长为黑格尔的唯心主义的泛神论;人们或许可以宣称,可以追溯到古代的或精致或粗糙的伊壁鸠鲁主义的唯物主义,至少在最近的科学领域上,很快就被克服了。在精神生产的发展中,正发生着在物质生产的发展中发生的事情:人的精神日益服从于外在自然,因此,必须在理论上学会承认和保护它更高的力量。人的精神如此这般,最终达到对自我的过高评价以及自我崇拜;但即便是这一退化也证明了,基督教的唯灵论在整个新时期以来是多么深刻,甚至渗透到了它自身的反对者之中。

占据支配地位的宗教和宗教教育,作为人民生活的首要精神食粮,通过人内部的每一根血脉,渗透到他全部沉思和思考方式之中,因此它在很大程度上决定了这些学说和艺术的发展,在这些学说和艺术之上,肤浅的观察者甚至很难发现它们和宗教之间的关系。人们尽管很少谈论希腊的和基督教的数学,但是人们以或多或少的热情投入到研究一种或另一种数学的原则之上,促使人们这样做的冲动,部分是由人民精神(Volkesgeist)的整体运动特殊的不同人民信仰所提供的。在希腊,几何相对于算数更多地发展了。然而几何涉及的是明显可以描述的量,相比算数更多承载了一种感性的环节于自身,算数以纯粹任意的符号表示了并能够表示出不连续的量。算数之于几何,正如被赋予了更多精神的字母文字之于象形文字一样。算数更大规模的繁荣通过奈皮尔①和布里格斯②发明的对数,以及一种新的简化的算数文字而实现。然而牛顿的微积分(Fluxionsrechnung)和莱布尼茨这位唯心主义哲学家的微积分(Differential-und Integrarechnung),被视作全部数学科学最超验的原则,首先为数学开辟了全新的道路。对希腊人来说大地就是世界,它的彼岸性只是此岸的投射。和这种观点密切相关的是,托勒密学说几个世纪以来就宣称地球是宇宙的固定中心,人们也一定会同意,哥白尼体系即尝试寻找地球之外的运动的中心点并成功了,这一发现更多是作为一位基督徒而非希腊人而成功实现的。开普勒发现了行星

---

① 约翰·奈皮尔(John Napier,1550—1617),苏格兰数学家、神学家,对数的发明者。——译者注

② 布里格斯(Henry Briggs,1561—1630),英格兰数学家,改进了奈皮尔的对数运算方法。——译者注

运动的规律,关于这一伟大发现他是这样表述的:"我写这本书,就像下了赌注。这本书将会被我同时代的人和后世的人同样多地阅读。更有可能的是整整一个世纪也没有人阅读它,既然上帝自身也在六千年里没有被一个人注意到,我也是这样的。"此后伽利略发现自由落体运动规律,修正了哥白尼体系,并为牛顿建立和完善他的理论提供了条件。但是这些体系难道同时不就变成基督教的标志了么?基督难道不也是感受到被拉向了光的中心点,即真理的**必要**标志了么?他难道不是要承认,同时一种超越了裂隙的力量是和他保持距离的,他使光的源头极少到达地球,而由争吵着共同发挥作用的力量推动的地球甚至能够抵达太阳?

是什么帮助生活在僵化自足性中的封闭的中国人发明出指南针的?据悉他们没有使用过指南针,因为这应归因于那种富有活力的离心力,凭借这种离心力,基督教放飞了人民的精神,那种对于远方的热切向往,那种对于已经获得的和已经达到的东西的**真正的基督教式的不满足**,正是它使得哥伦布发现了新世界,使得达伽马发现了新航线。又是什么使得中国人最早发明了火药呢?火药在中国人那里一直是一种对孩子来说危险的玩具,直到最近的时代,它还是一种对自己的伤害比对敌人的伤害要多的东西。因为人们还必须观察火药最大范围的影响并学会测量这种影响,从而为其破坏性的精神配备合适的工具,从而为其找到相应的身体。伴随着对火药的这种发明与再发明,欧洲同时也开始了一系列伟大的研究与发现,它们为我们打开了对这种灵活的作用的本质的认识,并使得这种稍纵即逝的物质服务于人的目的。如果我们思考一下,我们是如何使蒸汽成为物质生产和交通的强大要素的;我们是如何使光穿过我们的双筒望远镜、天文望远镜和显微镜进入到我们的双眼的,借助于它们目力可以达到在其他情况下不可看见的范围,或者在原本近乎不可见的渺小事物带着全部生命展现出一个新的世界;正如我们最终通过银版摄影法,通过一种新的光感材料,这种不可估量的物质使得那些以往只可以被认识的对象,同时也可以被翻印和复印出来；正如我们对电力的彻底研究，使得上古的宙斯完全走下了神坛，因为我们学会了如何抵御他凭借完全肆意的情绪而投射出来的雷霆；正如我们也赢得了使电磁学成为我们的合作者的能力；正如化学不再单纯作为分解和挥发物质的分离术，而是变得越来越具有创造性和联合性，正如有机化学，它探寻最为复合型的生命中最为精细的物质的效果本身，也探寻人类的机体——这样至少那片独特的领域通过一些边界点被勾画出来，在这一领域中新的自然科学也发现了它们的新世界，而且已经占领了这世界的一部分。相反，这一世界另外的发展可能作为它们的一种单纯的扩张和发展而被观察，这在古代就已经开始了。这不正是在基督教中使更早的感性宗教超脱出来的同样规律么？这种规律使得在勘探、渗透和完善地培养之中日益变得强大的精神，难道不是超越了可通过外形把握的和可塑的物体，直到达到超越尘世的短暂易逝的精神么？

一切科学的有机联系所带来的，是在它们不断发展的扩展之外发生的相互接受和生产的一种稳定关系。如今唯有在这个意义上，精神和自然科学中巨大的分别才被把握，然而这种区分的原因在于，生命的这一或另一方面首先成为研究对象。国家的科学如果被作为整体来考察的话，那么相反同样也涉及在政治上结合在一起的物质世界和精神世界，以至于对他们来说国家的形成和发展本身表现为一个巨大的物理和心理过程。因此政治的学说首先建立在所有其他学说的联系和认识之上。但是因为同样的理由，它也具有了其他科学的全部缺点，因此，关于国家和社会的科学，关于合乎自然和精神的结构与发展的学说，相应也是最为落后的，比起国家实践安于现状的传统所梦想的还要远远落后。

对于私法、刑法和国家法来说，中世纪的一个主要任务，就是占有罗马的传统。因此从一个积极的基督教教会立场来看，教规不是单纯地建立一种新的教会法，而是同时参与所有其他的法律原则；与此同时，日耳曼的民法也最终宣布出台并尝试实施。最新法律史的这三个主要部分到现在为止变得越来越以机械的方式混合在一起，以至于我们距离它对真正有生命力的国家法的贯彻与划分越来越远。

马基雅维利是第一个勇敢地切断了政治学和神学之间，以及和法学之间的脐带的人。他从中创造了一种关于智谋且只有智谋的科学：宣称或扩大他自己想要的权力，不论他是君主专制的、寡头制的还是民主的，都始终是他学说的主题，他眼里没有更高的主题。国家和国家的关系问题就是他的政治学，这在古人那里就是如此。但他走得更远，因为甚至在内政的领域中，他也并不敬重罗马法的基本原则——"即便世界毁灭，也要有正义"（Fiat iustitia et pereat mundus）；在他看来，对市民和国民权利的保障与爱护仅仅是实现目标的手段。马基雅维利和他的门徒将国家视作某种既成的东西。之后的孟德斯鸠则更广泛地考察了历史和统计学的基础。他将在他那个时代以前所产生的宪法分成了几个主要类型，为每一个主要类型寻找其特殊的形成和继承下来的原则，并从这些个别观点出发提出他智谋的准则。但孟德斯鸠还没有将国家的产生和消亡以及国家的宪法放在世界历史的长河中加以考察；他还没有穿透这一运动的统治性规律，直到他所有原则的原则。所以对他来说，历史上最繁荣、强大的国家的最年轻展现，即大不列颠的宪法和法律状态以及法国的封建君主专制，同样都成为国家的理想型。因此，人们在下议院的办公室里将他的《论法的精神》像政治的福音书一样保管，在其中"鲜活的思想，被称作英格兰"被彰显了出来。但是孟德斯鸠自己没有预料到这一鲜活思想的持续发展，以及古老的法国封建君主制的颠覆，因为他在考察封建君主制的过往时，尽管注意到了内战，但是没有发现国家的革命；他同样也几乎没有料到一种新的宪法类型，即代议制民主的迅速诞生。作为一种系统地发展了但同时也稀释了的马基雅维利主义，边沁和他的学派最终在更近的时代里创立了他们的效用原则。边沁的道德学说还是那种古代的智慧道德的单纯发展，正如它被西塞罗所提出时的那样，因为这种学说仅仅是出于对消极的后果的考虑而反对掠夺的冲动。和一些现实主义者所奠定的马基雅维利主义相反,国家科学很快被理想主义者和乌托邦主义者发现,因此产生了一种关于纯粹主观本性的政治的虔信主义类型。正如虔信主义一样,政治的虔信主义成功地按照教条而组织,追求由他们自己创造的事物的秩序,并因此在对自由的损害上变得不宽容。托马斯·莫尔,这位自由主义信念的殉道者,在他的《乌托邦》中提出对任何关于政府事务的表达都要以死刑来禁止。以同样的方式,在新时代的第一批共产主义纲领中,一种专制的新闻强制和教育强制出现了。

　　同样是反对马基雅维利的智谋学说,以及反对主观的感性政治,在将所有的科学目标一时间都重新被纳入自身的宗教运动的影响下,自宗教改革以来一种神学的国家科学学派产生了。在路德之后仅仅一百年,胡果·格劳秀斯就为国家科学增添了一个真正的新元素。他通过尝试建立一种普遍有效的法学原则,不借助于实际的习俗,并与道德相分离,创立了一种更先进的哲学的法律学说;这一分离无疑在后来是由基督教完成的。托马修斯①将法律定义为以理性方式的强制性力量,这就变得完整了。格劳秀斯还是一种民法的创造者,这种民法在希腊和罗马人的与外界隔离的市民生活中是无法产生的,只有在由基督教所中介的人民最高的精神利益的共同性之中才有可能。正如当今宗教哲学和神学的关系一样,法哲学对历史法的脱离,很快就转变为与社会实际条令相矛盾。这一部分发生于占据优势的否定之中,如借助于百科全书派和他们具有瓦解力量的哲学,或者在一种唯心的自然状态或理性国家的反驳性的对抗之中,如卢梭、康德和费希特;部分是发生于博爱主义者半是多愁善感的政治之中的积极方式之中,如菲兰杰利②、

---

① 克里斯蒂安·托马修斯(Chiristian Thomasius),1665年出生于莱比锡,1728年逝世于哈勒。德国法学家、哲学家,被视为德国早期启蒙运动的开拓者,德国启蒙运动之父。著有《自然法教科书》(1687)、《希望哲学导论》(1688)、《对精神本质的探讨》(1699)等多部著作。——译者注

② 菲兰杰利(Gaetano Filangieri,1752—1788),意大利法学家、哲学家。著有《立法的科学》(1780)。译者注

贝卡里亚①等人。抨击也带来了部分是对法哲学领域自身的辩护。克里斯蒂安·沃尔夫②就已经试图为在教廷和国家之中发挥作用的教义辩护,从而再次和自宗教改革而产生的神学学派发生联系。后来,伯纳德③、德·麦斯特④,以及一段时期内的拉梅内⑤,此后则是 A. 穆勒⑥、弗里德里希·冯·施莱格尔⑦和哈勒起来反对所谓的革命学派支持基督教教义以及由它所决定的历史权威;与此同时,黑格尔学派在其最初阶段借助新教的学说概念而将现实推断为合理的。最终在法哲学和对既有法律关系的单纯描述之间,产生了实证的法律哲学,或者从一种历

---

① 切萨雷·贝卡里亚(Cesare Beccaria,1738—1794),意大利法学家、哲学家、政治家。他以作品《论犯罪与刑罚》(1764)而闻名,在此书中他深刻批评刑讯逼供、酷刑与死刑,成为现代刑法学的奠基之作。——译者注

② 克里斯蒂安·沃尔夫(Christian Wolf,1679—1757),德国法学家、数学家,德国启蒙时期介于莱布尼茨和康德之间的重要哲学家,曾任哈勒大学、马尔堡大学教授。——译者注

③ 伯纳德(Louis Gabriel Ambroise de Bonald,1754—1840),法国的保守主义哲学家和政治家。法国大革命中,他和好友麦斯特同为保守主义者,为传统的政治宗教及其背后的思维作论证。伯纳德的许多哲学和政治思想虽在政治上保守,但是很有远见的。他可以被视为社会学的先驱之一,他对语言在社会与人性中的根本作用有深入的把捉,并在此基础上论证上帝的存在。——译者注

④ 约瑟夫·德·麦斯特(Joseph de Maistre,1753—1821),法国哲学家、作家、律师及外交官。在法国大革命之后的那段时间,他挺身为阶级社会与君主制辩护。麦斯特是萨丁尼亚-皮埃蒙特国王的臣民,他曾任萨伏依参议会议员(1787—1792)、驻俄罗斯大使(1803—1817)以及在首都都灵担任首相(1817—1821)。代表作有《论法国》(1796)等。——译者注

⑤ 拉梅内(Hugues-Félicité Robert de Lamennais,1782—1854),法国天主教神父,哲学家、政治理论家。他曾是法国复辟时期最有影响力的知识分子之一。拉梅内是自由天主教和社会天主教的先驱。——译者注

⑥ 亚当·穆勒(Adam Müller,1779—1829)是德国文学评论家、政治经济学家、理论家,德国经济浪漫主义的先驱和政治浪漫主义的主要代表。亚当·穆勒出生于柏林。1798 年至 1801 年于哥廷根大学学习法学、哲学和自然科学,曾求学于古斯塔夫·雨果。回到柏林后,他被朋友弗里德里希·根茨说服而研习政治学。——译者注

⑦ 弗里德里希·冯·施莱格尔(Friedrich von Schlegel,1772—1829),德国诗人,文学评论家、哲学家、语言学家和印度学家。与他的哥哥奥古斯特·威廉·施莱格尔是耶拿浪漫主义的主要人物。施莱格尔是印欧研究、比较语言学的先驱,以格林定律闻名。年轻时的弗里德里希·冯·施莱格尔是一个无神论者,激进的个人主义者,后皈依天主教。——译者注

史上既有的原则中出现的实证法律的发展。孟德斯鸠没有仅仅从理论方面对原则和规定进行归纳和演绎,因而是这种实证的法律哲学的第一批代表人物之一。这种解释摆脱了一种从前被视作有效的原则,同时承载了所有和它相一致的辩护特征;为特定的现实状况辩护,同时却无法超越已生成之物达到更高阶段上的潮流,是孟德斯鸠和所有那些所谓的历史法学派的追随者所共有的,而今,他们首先要研究的是罗马的、德意志的、教会法的或者其他那些法学的东西。

在关于竞争力量的争论之中——这些力量立足于不同的出发点而努力跨越国家科学的圈子——单个的教义也得到了进一步的特殊化和发展。国家权力和人民之间的对立到处都日益变得尖锐;借助于国家将其自身及其特有的利益和需要变成反映的对象,在这些地方,国家也不再是自然形成的了:一种特殊的财政学很快就出现了,这种财政学恰恰伴随着对问题的回答,处理的正是这些国家需要的合目的的满足。在罗马帝国,特别是在从戴克里先到瓦伦斯①之间的这段时间,废除了一直沿用的自然的供给,开始按纳税登记册的方式依照一定尺度来征收人头税、地税和营业税,这在整整 15 年里一直被采用。这一税制给社会状态带来了重要改变,也在此过程中建立起了一种特殊的税务科学。相反,在基督教的日耳曼国家——这是更新的历史所产生的土地——在整个中世纪占据主导的都还是无意识的植物性特征;财政系统也是一样,人们在其中可以发现它仅仅属于实践,还没有被反映为特殊的科学,并且借助于这种特殊化进一步反过来影响公共生活。同样在中世纪,随着不断的划分和不断的合作产生了一种仅仅是本能一般地形成的国民经济学体系;甚至在古代的文献之中也仅仅留下了关于这种科学稀少的、初步的、完全不完备的轮廓。最终封建国家的警察手段(polizeiliche Sorge)对于抵御强大的力量和克服那些阻碍——这是

---

① 弗拉维斯·埃弗利乌斯·瓦伦斯(Valens,拉丁语:Flavius Julius Valens Augustus,328—378),东罗马帝国皇帝(364 年至 378 年在位)。——译者注

115　个别的力量无法做到的——来说,更多只是一种偶然的实践;后来由政府加以干预的那些事务,还由个别的共同体和团体来主掌。在警察和财政的科学得到彻底贯彻,同时与之相伴,现代国家几乎完全成为赤裸裸的警察机构和财政机构之前,人们肯定在个体上更加体会过这种散漫状态的不便。

在人们达到一种国民经济学(Nationalökonomie)的科学之前,以同样的方式,改革时代伴随其之前时代里的国民经济学的实践而出现的新发现和发明,也打破了最初的空缺。这一科学一部分和警察——人们从他们自身的角度常常将它转换为政治——一部分和财政科学混合在一起,还要经过很长时间,直到18世纪才开始单个学科的更进一步的划分;而一种特殊的法律警察或者预防法律的分离,以及纯粹的国民经济学与被称作国家经济学(Staatswirthschaft)或者货物政策的对象相分离而成为对国家和生产之间的关系的指称,则是在19世纪初发生的。国民经济学中,大约16世纪中叶出现了重商主义体系(Mercantilsystem)。商业体系中根本性的东西就在于,一个国家在和其他国家的对比中具有一定优势的生产的单个分支,被特别地强调和关心。因此它也是一个垄断的,但也正因此是个别化的系统。如今来看,自18世纪起出现的重农主义的学说是对重商主义者的反应,同时也是由特殊向普遍的一种进步,通过将原初生产(Urproduction)作为被衍生出来的产品的普遍性来源,而为国民经济学奠定了基础。作为普遍化的更进一步发展,最终大约在18世纪末前后,工业的体系为亚当·斯密所把握,因为他将劳动一般(die Arbeit überhaupt)作为生产的全部分支的共同因素,从而将其作为出发点。这一体系同时要求所有生产力(producirenden Kräfte)的自由竞争,因此中世纪在实践上产生作用的劳动体系被否定了。几乎与此同时,伴随着国民经济学、财政科学和警察的相互分离,统计学也从政治地理学、政治史和实证的国家法中独立出来。通过德阿维蒂①，统计学记录的偶然报告一开始只包含了一些科学的痕迹；而在海尔曼·康令②那里，统计学还只是更多地和地理学与国家法混合在一起。最终由阿亨瓦尔③在 18 世纪中叶给了它以特殊的名字和独立的存在；而通过施略策④并非原创性的定义，但是更具说明性的"静止的历史"(stehen gebliebene Geschichte)的称谓，统计学的科学特性被更为强烈地强调出来。

国家科学更广阔领域的进一步划分受到了更严格的限制，在所有个别科学之中都有更确切的理解范围，这也使得对更为丰富的材料的研究成为自然的结果。但是这一展开的过程同时也成为对科学的树干和根脉的分解和背离。为了在温室之中培育这棵大树的各个枝芽，认识的大树被肢解了。尽管所有外在的学科都在园丁的修枝剪刀之下，或者在严苛的、专制的立法的重剑之下，在关于国家和社会的学科中，也正如在社会自身之中一样，出现了越来越多的矛盾和无序的情况。当中世纪的僧侣和骑士阶层，城市和公会的力量变得日渐消亡、日渐无能之后，国家以一种以警察方式的上司和保护人的名义而成为唯一继承人。国家变成了仅仅通过外在强制将相互分裂的因素聚合在一起的容器，国家使得人为构建起来的管理机构变成了机器，在这部机器中释放为蒸汽的物质仅仅依照操作员的意志发生作用，在专断地画出的路线上横冲直撞。因此欧洲大多数国家出现的管理集权和警察管控的过

---

① 德阿维蒂，据估计为法国 17 世纪统计学家、地理学家皮埃尔·德阿维蒂(Pierre d'Avity)。——译者注

② 海尔曼·康令(Hermann Conring, 1606—1681)，德国 17 世纪著名的博学家、法学家，德国"国势学派"奠基人，统计学先驱。——译者注

③ 戈特弗里德·阿亨瓦尔(Gottfried Achenwall, 1719—1772)，德国启蒙历史学家，历史法学代表人物之一，国势学派的继承者，正式提出了"统计学(Statistik)"这一概念。——译者注

④ 奥古斯特·路德维希·冯·施略策(August Ludwig von Schlözer, 1735—1809)，德国启蒙时代的历史学家、法学家、作家，国势学派的代表之一。曾在威登堡大学和哥廷根大学求学，后先后在瑞典和俄罗斯担任家庭教师，后担任哥廷根大学教授。代表作有《论远古时代商业和航海的一般历史》(1758)等。——译者注

剩，确切来讲只是一种外部的止痛剂，但同时也是内部的瓦解和无政府状态的征兆。

生活中发生的一切也清楚地表现在科学之中。警察国家(Polizeistaat)这个概念甚至被费希特推到一个最高的位置。国家科学与宗教和道德的分离很快就走得如此之远，以至于人们完全忽略掉宗教因素、道德的甚至知识的力量的政治意义。在此过程中，那种首先作为新时代产物的国家科学学说，就归属于那些干瘪的刚刚萌生的植物。在人们在国民经济学中开始给予精神生产的力量，特别是那些对物质生产如此深刻地发挥作用的道德推动力一个决定性地位之前，在干巴巴的物质状况的数据统计试图和知识及德性的文化统计学联系在一起之前，经历了多少岁月！这种结合到了今天除了一些纯粹外在的结合外甚至已经所存无几了。在公共生活中的反应和骤变最终表现为更新的代议制宪法(Repräsentativverfassung)的产生，与此同时它同样作为建立在一种相互信任和国家权力的机械的权衡之上，在根本上具有一种机械性特征。在科学领域，这种骤变表现为由谢林所提出的观念，即国家并非被决定的手段，而应当是绝对生命的有机体和可见的图景，而黑格尔将国家视作完成了的理念。因此对于国家科学来说，依照生活的观念和物质的方面，至少再次要求具有完整的内容；尽管对于令人满意的处置和管理，以及对于质料的实践性激活来说，其条件是必须使哲学自身再次登上一个更高的位置。

对于日益增长的文字交往来说，更大刺激了个人交往的是邮政的推广，以及对于印刷术的发明来说具有先导性的雕模技术，还有保证它们的有效性的破布纸的发明。因而在其中可以看出印刷术是一种民主的技术，它将被人轻视的垃圾变成了精神的承载者。既然印刷术赋予了精神以继续生长的几乎无穷的能力，印刷术也同时将这种精神引入到它完全成熟和男子气概的时代之中。一切形式的书籍和文章数量的增长，日益增加的知识人口，必然最终脱离修道院和宫殿的有限空间，脱离学院和高等学校，也会存在于市民的家中和穷人的茅屋之中。中世纪时,书写的技术和非常稀少的读物仅在修道院之中保存,而一些书籍的抄写本也只有很少数量在流通。在大学特别是博洛尼亚大学和巴黎大学产生之后,坐商(Stationarii)才再一次做起了书籍生意,买卖世界各地的文献,部分是在那些高等学校的看管之下。但是直到印刷术发明之后,一开始伴随着书籍印刷者自己的出版社,直到图书交易作为一个特殊行业分离出来,文献交往才日益获得了更大的独立性。更进一步的分工将图书交易划分为出版交易和图书零售交易;一直到在更近的时代,因为出版交易多数都直接服务于和从属于印刷业,出版交易才形成了一个新的协会。知识的多样化可能性被大大提高了,它也在更大范围内得到了传播,这也就使文学的特殊分支进入生活中,而这在古代仅仅处于胚胎之中。很快,更新的新闻学就随着出版业产生了,它在古代就已经存在,16世纪中叶的威尼斯就出版了文字形式的报纸,因而报纸伴随着印刷术的推广而获得了繁荣,并获得了一种意义,关于这一意义,邦雅曼·贡斯当①曾经说:"印刷机是知识的主人,知识是世界的主人。"这一意义或许可以被视作旧的世界史和新的世界史的分界岭。

在那些经历了宗教改革的国家,因为精神上的事物在地位上的变化,一种新的因素进入精神劳动的机体之中,这一新的因素——尽管某种程度上还只有薄弱的痕迹——甚至都已经影响到了天主教地区。因为改良主义将自由研究的原则普遍有效地运用在神圣文献之上,新教的精神性也变成了教会的共同精神和共同思想单纯的共同代表,与此同时,天主教牧师却宣布了一种唯一代表性的地位。新教教会和天主教会一样,都补充了来自所有人民的精神性;而在新教的传教士家庭中,有时职业的继承性经过数代人而在实际上出现,并且在今天仍然会表现出来,尽管不那么频繁,这并不与自由竞争的基本原则相矛盾,这

---

① 邦雅曼·贡斯当(Benjamin Constant,1767—1830),生于瑞士的法国作家、政治学家。马克思青年时代在波恩笔记中摘录了他的《论古代宗教》一书。——译者注

一基本原则在生产的其他分支的运用同样也影响到家庭生活的传统。单是对不婚规定的废除就使得新教的精神性更深地和世俗世界的操劳与利益纠缠在一起,并且相对于国家也更为独立。这种依赖性的感觉有时也变成了奴性,并且在更近的时代时而合法,时而非法地变成了各种各样的责难和指控的主题。天主教会的等级制当然能够与国家相对,大多数时候保有一种自豪的独立性。这种等级制是一个有力的,同时封闭于自身之中的链条,这一链条凭借最繁琐的划分环绕出了一片领地(Petri),在这片领地上,它还试图同时束缚住国家。与之相反,新教教会则同时被载入国家之中,并且伴随着对个人切身利益的担忧,新教的精神性也必须同时经受波动,并且更容易受到生活和科学中的每一个新潮流的干预。因此毫不奇怪,新教神学在无限制的专制警察和管理国家之中常常是专制的和奴性的,在改革后的瑞士地区是市民的和贵族化的,在大不列颠则是半贵族半民主的,而在北美则是民主的和时常可见的民主的谄媚。不能误解的是,在新教之中教会的世俗化,这种摧毁和分裂在成千的社会利益之上也会呈现出一些不一致的地方。但是恰恰在其中存在着对教会和国家之间的分裂的不断的扬弃,存在着通过宗教而对世俗世界的神圣化,存在着天国和尘世的不断被人渴望的和解。

一个完整生命的必要要素的不断分裂,一再制造出对一个更高的统一体的需要和可能性,直到这一更高的统一体自身再次变成从中可以产生新的分裂的萌芽。基督教中所发生的教会和国家、天国和尘世之间的明显的分离通过宗教改革已经部分地完成了,与此同时,生命向着不同的方向继续进发。因为伴随着科学不断的独立和扩张,文献的增长和文字交往的扩大,自宗教改革以来学校脱离于教会的所谓的解放也很快完成了。值得重视的是,这一在其中道出了一个机构不断脱离于另一个机构的名称只是在最近的时代才出现的。事情本身很早就发生了,因为并不缺少学校和教会之间的斗争和反抗的详细记录。在人们推动个别现象仿佛聚集起来并被概括为一个概念之前,单是这些记录一定构成了一个更为庞大的序列。即便是在宗教狂热居于主导的时代,和在破坏性斗争之下的16世纪到17世纪中叶,分裂都还没有更明显地发生,但是它从上向下越来越直观地表现出来。新教的高等学校在或直接或隐蔽的神学统治下出现了学科的划分,即以一种学院式的并列存在的、具有同等权利的组织。同样,科学院(Akademie)也在其组织的外在形式上,失去了那种早期修道院的划分,1635年,由黎塞留①资助建立的法兰西科学院,成了真正的国家机构,在其中不同阶级都大多或者始终学习神学,但是政治的科学还是被排斥的。中等的课程相反,它一开始是服务于专业学习的纯粹预备课程,却长期地保持了传统,在所有专业之中的这样一些课程只是或几乎只是通过神学而被传授的;而在人民学校中,神职人员或者自己就是教师,或者就是教员的主人或师父。在文法学校之上建立了一个等级化程度较弱的学校管理层,因为在神学家之外,还有其他次要专业的老师,但是很快主要专业也发生了这种情况;这样精神性和世俗性混合起来的教师组织或协会就形成了。最终人民学校也从神学的监视人之下脱离出来,或者至少为此采取了更为普遍的努力。这现在涉及课程的材料,科学中的进步也在大部分高等学校发生了,因为精神世界中的所有新发现,在这里一般都首先得到传播。按照事物的本质,在更高科学领域的这些变化要到以后,当它们影响到中等课程时才能表现出来。这在根本上始终是语文学的,大多指向了对古老的文化语言和文献的认识,而这些始终被视为科学四个支流的主要源泉。宗教改革之后,这种指导就很少以片面的神学的兴趣,而是以一种普遍的科学兴趣为基础了。此外,单个一门科学向更高领域的独立发展也具有其他的影响。这样人们就需要

---

① 阿尔芒·让·迪普莱西·德·黎塞留(Armand Jean du Plessis de Richelieu,1585—1642),法王路易十三的宰相,天主教枢机,波旁王朝第一任黎塞留公爵。他在法国政务决策中具有主导性的影响力;执政时期爆发三十年战争,通过一系列的外交努力,为法国赢得了相当大的利益,为日后法国两百年的欧陆霸主地位奠定了基础。——译者注

为中级课程不断增添新的专业,最终就超越了这种组合方式,做出了文法学校和实科中学的新划分,甚至在小学之中人们也会发现和实科中学中一样的情况,更为细致的划分被引入。

使教会失去对学校的统治的这一方式,多数发生在国家层面上,而且只有那些新教国家,在那里,中世纪的学院经过宗教改革只是在名义上作出改变却很少触及实质,如在英格兰,在这一过程中很长时间是一个例外。因此在此之后国家就成为主要的学校管理者,尽管在精神生产中普遍自由而全面的竞争一定会很快带来精神再生产,也就是在课程体系中的自由竞争。在此基础上也产生了一个为数众多的不同类别和专业的讲师群体,他们为满足私人工业(Privatindustrie)的各种各样的投机和联合之中,以及寄宿学校之中非常不同的阶级和职业在知识上的兴趣和需要,尝试更高的或更低的教育机构一类的东西。在这一方向上,在对个体竞争的不受约束的自由热情之中——这股热情也支配了同时期的物质生产领域之中,博爱主义者们走得如此之远,以至于他们甚至想要将国家从教育体系中完全排除出去。然而在实践中,仍然有对于统治的主要焦虑,统治现在主张将各种各样的提供特殊教育的特殊学校,在国家预算中特别有用的能力和专业知识运用到生活之中。然而现代的警察国家完全和它臣民的利益相分离,所以必须将课程体系调整为那种所谓的为了生计的学习(Brodstudien)①,调整为那种片面地服务于国家和阶层目的的驯兽术(Dressur),卢梭对这一传统的教育方式给予了彻底的否定。因为人还是被作为这种或那种的职员或者商人,而不是作为完整的人来看待,所以,这种教育方式完全忽视了人的身体锻炼。和希腊的繁盛时期相反,伴随着中世纪阶层的划分,已经不再有大众化的、全面的身体锻炼了,而只有一种属于特定阶层的:骑士操练比武,市民打靶或者打鸟,大学生和工匠则练习剑术,东奔西走。

---

① "Brodstudien"这一概念现代德语已不再使用,其前缀 Brod 应为德语"面包"(Brot)的一种拼写方式,Brot 一词也有"生计、饭碗"的意思。Brodstudien 即为了生计和饭碗,以考试或获得某种职位为目的而对特定的知识或技巧的学习。——译者注

更广泛地讲,人们在身体上进行的是片面的塑造,因此也会随着每个特定的职业类型而总要带来必然的缺陷。在精神冲突的时代,支持或反对改革也很少能够传播到一所被控制的文法学校,直到洛克、卢梭和其他博爱主义者再次令人们注意到它,直到法国大革命使那些最终显而易见的学校的没落,通过生活而让人们更为明显地感受到。此外,中世纪的独特性还不仅仅体现在它没有真正的合乎方法的身体教育,因为伴随着精神秩序的一些例外情况,它根本没有教育的真正方法,这一方法直到宗教改革起,才通过路德的同时代人,斯特拉斯堡的约翰内斯·斯图谟①,以及在天主教会方面则是通过耶稣会会士们开始的。

正如基督教先于民族大迁徙,近代的精神已经被接受了,在新的大众生活的身体变得可见之前,对于近代世界历史的第二阶段来说革命的改革也走在了前面。正如那些已经准备了很久并已经预告来临的东西,发生在它集中、聚集在改革者的思想和行动上之前,革命将18世纪分散了的光线聚集在分离点上,成为一束光,它同样照亮、闪耀和令人振奋。它加速了那一早已开始了的运动,它同时在两个不同的方向上抵达了最外围的界限,在那里,反作用必将再次开始,通过潮流和反潮流,历史的长河将冲刷出一条新的河道。对在变换的政党斗争——这一斗争也扩张到宗教、艺术和科学的全部领域,在其中所有精神的灵动都在同时代人之中不断地纠缠——中的状态以及迄今的成功的观察,是精神生产组织目前状况的统计学对象。

---

① 约翰内斯·斯图谟(Johannes Sturm,1507—1589),德国人文主义者,学校改革家、学者、教育家。1538年在斯特拉斯堡创办德国第一所文科中学,学校采取分级教学制度,按固定课程和教科书教学。他极端重视古典语文学习,对欧洲的教育体系产生了重要影响。——译者注

精神生产·统计学的考察

一切精神生产,只要它超越了对一次性习得的东西的重复,就在近代和在当今世界人口还不到三分之一的基督教民族联系在一起。只有在那些不仅仅以女性的方式接受自己的命运,而且还以男性的方式创造自己命运的基督教民族那里,才会同时出现更为强烈的需要,将过去、现在和未来这三个不同环节的历史、统计数据和政治学以科学的方式区分开来。相反,在所有其他民族那里,变得僵化的传统只是用昨天来以一成不变的单调无聊生产今天,历史是和统计学同时发生的。假如对中国这个中央帝国臣民的全部人口进行有规律的计算,这种方式只会带来统计材料的堆积,不会创造出科学。只有把握住当代精神状况的构成,在其合规律的前进运动中和过去区分开的时候,科学才会产生。精神劳动有机体的统计学因此可以被恰当地限定在基督教人民之中。它们的三个主要组成部分——日耳曼人、罗曼人和斯拉夫人——同时也是从事于精神世界创造的劳动者的三个部分,它们相互支持,然而与此同时,三个民族承担起了不同的使命。在这整个范围内,也同样只有个别的主要民族处于领先位置;不仅不同民族处于一个序列之中,而且殖民地也一样有的领先有的落后。对精神生产全部领域的审视,可以让人们想起少数的工人师父和他们的工人之间的关系,后者只能从事次一级的工作。但是一直以来——这里和古代有着本质的区别——也没有某个民族可以在一个时代成为文明的唯一承担者；人们因此可以在民族自由联合的理念成为现实的新时期，至少更为接近共同的精神创造。

日耳曼民族最为富足的过去和当下确保了同样富足的未来。如德国，作为欧洲的心脏，它的新鲜血液不仅流淌进了僵化的罗马帝国的每一个血管，而且还继续向东流淌，涌入了斯拉夫人生活的地区；与此同时，它在没有失去民族特征的本源的情况下，也获得了古老世界的文明，并吸收了凯尔特人和斯拉夫人的元素。德国处于两个罗曼的主要民族，以及斯拉夫人的众多分支，还有匈牙利人之中；它在其南端，并通过它南部的主要支流而同刚刚觉醒的希腊民族以及东方更紧密地联系在一起。此外，它在当前还以直接的政治统治影响到罗曼人和斯拉夫人的国家与地区。因此，德国不仅是文明的领头羊，它照亮了簇拥在它周边的无数人民，而且还和那些承载了独特教化的民族，或者是那些最迫切想要融入德国的民族有着最为亲密、直接的接触。没有哪个国家像德国这样被如此富足地环绕，这样处于多样的精神付出与收获的多姿多彩的相互关系之中。德国是新时代的普罗米修斯。正是在那从天国盗来的火之中，它融化了束缚在悬崖上的锁链，他的儿子们用以嘲笑父亲的武器，征服了尘世。然而只是它的臂膀仍被束缚，没有哪个民族的精神像它一样已经囊括了世界上最广的范围，并有着炽热的信念，它所呵护的圣火最终将捆绑人的锁链融化、炸毁。只有德国处于这样的位置，它能够将新的人民生活的思想完全接受和加工；也正如德国将会成为新的国际法的必然诞生地一样，它也将如最终冲破枷锁的普罗米修斯一样，在他心中再次燃起超越一切分支的愿望，或早或晚在一定方向上以协调的方式矗立于民族之中。在此期间，它的分支，不列颠人、北美人、尼德兰人，也为日耳曼的元素及其不断增长的影响在空间上打开了最宽广的道路和大门。如果我们以一个整体来看这些日耳曼种族的话，我们就会看到，尽管罗曼人的种族当前在数据上还不足以考虑，然而它已经在更为扩大的范围内在塑造（Gestaltung）与创造

(Schöpfung)上带来了更为丰富的多样性。在他们的领域中,天主教还有一大片区域,与此同时,新教则在成千上万的不同方向上扩张自己。从它们出发,艺术和科学始终像新鲜的萌芽一样生长,直到成为最为精细的和独特的枝芽。它是绝对的君主专制和绝对的民主的承担者;最为多样的等级制的和代表制的君主专制;最终,代表制的民主作为宪政最年轻的方式,拥有最光明的前途。但是最为贫瘠的还是斯拉夫区域中的落后文化。凭借这些就可以开始对精神劳动组织的当前状况进行考察了,以便像此前历史学的方式一样,以统计学的方式,从更低的层次上升到更高的层次。

亚细亚东方的僵化状态一直延伸到我们世界的东部,因为它的中心才是一个温暖的、有力地涌动的民众生活的位置。这尤其体现在宗教和教会之中。在以政治的方式统治的伊斯兰教的中心,横跨欧亚的土耳其,拥有大量基督教知识和教派的残篇;随着在耶路撒冷建立了一个新教最年轻的主教管区,甚至这个形式上虔诚的具有炫耀性的奢侈,也尝试将那些少数一些分散的,大多只是偶然到来的新教徒建立起一个教会的统一点。但是宗教的这种融合只是一种外在的相互并列;在东方没有大量的教派,因为它不像天主教那样和西欧的脉搏相连,拥有一种不断发展的内部生活。它们中的每一个都只有通过对其他信仰的恨和相互之间的斗争,才是一个在世俗上政治的宗教,它仅围绕在由法律或者传统承认的财产状况的周围。这既体现在为数众多、分布在广阔空间上的亚美尼亚人那里,也体现在土耳其亚洲部分的一些小的教派之上,这些教派一共只有几十万人而已。然而所有这些教派在基督教产生的最初几个世纪就已经出现了;它们之间的差别在根本上建立在只是对外在的把握,因此也没有进一步发展能力的三个划分,或者基督教三位一体的人格之间的关系的不同看法之上。

这些更小的东方教派是不同观点最初的混乱所剩下的残余,这些残余反映出基督教的传统很早就受到分裂的威胁。但是出于所有内在的生命力,从混乱自身之中又再次产生了统一的需要,这样基督教的观点就分化为两个方向,然而因为教化能力上的巨大差异,它们的汇集点就在希腊和罗马的天主教,这两者同样凭借着对普遍性的要求而分化并相互对立。在欧洲东南部,逼近的伊斯兰教从外部挤压着希腊教会的空间,并已经在俄罗斯帝国的广阔地区建立了它们的统治。直到君士坦丁堡被占领一个世纪之后,在 1589 年,俄罗斯的牧首在此期间被宣布为位居四个更为古老的牧首之后的第五个独立的牧首。自此以后,斯拉夫民族——它只有其西方的分支,即波兰、匈牙利和德国东南部,还和天主教以及新教混杂在一起——开始成为希腊教会的唯一继承者。它大约拥有 5 550 万到 6 000 万信徒,此外还有唯一处于例外状况的几百万希腊信徒,他们带有斯拉夫要素的民族性至少被很强烈地摧毁了,如果人们不想把他们直接视作斯拉夫后裔的话。俄罗斯帝国就有大约 4 800 万未被希腊教派统计的信徒,与此同时,还有作为大俄罗斯人的主要斯拉夫分支,或者和它有很近亲缘关系的小俄罗斯人;这样,没有哪个基督教信仰和它一样以如此程度和一个有限定的民族性联系在一起。在它之上,带来的是希腊教会更为强烈的单调性,因为宗教生产更为丰富的多样性部分是通过与之分享的民族性的差异决定的。

同样单调、僵化的封闭性和贫乏的特征,也反映在教条、文化和教会的章程之上。东方的希腊教会还停留在 730 个经过分类的教义概念之上,1632 年,当基辅的大主教起草了一个被所有主教都批准的教义时,它并非进步,而更多只是在稳定的利益之中,对长期以来已经存在的情况的成文处理。他们的主要教条,即圣灵并非来自父亲和儿子,而仅仅来自父亲,取消了三位一体概念中的真正的有机性和联合性,使其瓦解为外在的个别环节。总体上,希腊教会只是和少数教条及理论联系在一起;其上面很少有在特殊历史语境之中作为时代给予的东西的基督教宗教传统,《旧约》的大部分甚至圣灵的学说都被剔除了,而《新约》只是在一种特定的传统中被讲授。宗教传授也成为非常次要的工作,以至于只有少数人布道,甚至在俄国,沙皇阿列克谢一世曾下诏书完全禁止布道,因为它只会带来怀疑和胡思乱想。一个如此封闭的学说不能一次性提出竞争的要求,因为它只是将特定时代的、偶然形成的东西作为持久的和本质的而存在,因为逻辑的一致性完全停留在被一切次序的不断前进的发展而决定之上。希腊教会的反常之处还在于,他们将婚姻作为一种圣事来看待,并为第二次、第三次婚姻举办圣事,但不为第四次:他们将正式的牧师和更高等级的神职人员列入独身不娶妻的行列,低一级的牧师却有义务和一位处女完成一次婚姻。

与学说的贫瘠相对的,是仪式的数量相对于机械的善功得救来说过于庞大和压抑。正如在这一过程中所有内在性的东西越来越多地表达出来,那些象征也落到了它所表达的表面意义之上,信仰被分裂为对个别性和偶然性的迷信。希腊宗教的信徒较之天主教徒还更尊崇圣像而非圣灵自身,和其他那些基督教会相比,拜物教的这一环节因此在这一教会体系中被克服或置于背景之中的程度很有限。这样,这一整个文化就将一种纯粹精神修炼的特征变成了一种一成不变的规定好的规章,伴随着教会纪律的目的和影响,来施加于仍然粗鄙的大众。然而在总体上这可以被看作俄国的世界历史任务,使中亚的乌合之众更多地纪律化,在此过程中更大范围地创造出进步文明首要的外部条件。与之相反,它所有对西方的干涉都必须——既然它也是对更高文明圈的侵犯——将西方的民族同时视作衰弱的和劣等的,与此同时或早或晚地带来激烈的反映,然而或许他们也偶尔能够取得成功。此外,希腊文化仅仅拥有一种量上的形式富足,在质上却始终是贫瘠的。俄罗斯教会的宗教建筑艺术和绘画并没有超出拜占庭的风格,只有声乐被允许进入教堂,器乐却不允许,因此不同元素之间的结合和雕塑一样是封闭的。一个希腊格言却禁止了对每个圣人的描绘,让"他们的鼻子在两个手指之间能够被认出来"。

没有特殊的许可,在俄国希腊教会(神父)的高级教师不允许人头税的义务进入一个宗教的机构;既然高层的免税阶层很少会包括那些收入微薄的宗教阶层,因此牧师们在根本上只是被作为他们自己的补充。这带来的结果是，宗教学说基于以符合于习惯的方式传播、传承，而它改革的每一步探索都预先遭遇了。对此同时还有严格的检查，它谴责每一个迫切要求进步的想法。在这种环境的共同影响下，从希腊宗教自身中心向外的改革，那种从内向外的突破，如在天主教内部成功做到的并且一直到最近时期都在继续突破，在希腊教会中发生的可能性要小得多；而假如有光亮照进他们的屋子里，那也只能是透过从外部打开的缺口。既然它们的学说体系已经是完美无缺的了，那他们最高的牧师大主教也只是扮演管理人员的角色和对抗世俗权力的代表。但是一个世俗的首脑同时也是教会首脑的国家，必须在不断的冲突中或者将最高的宗教威严的代表撕裂为政治权力，或者将世俗首脑放置在教会顶端。这被彼得大帝天才般的直觉认识到了，他在俄国教会宣布独立一个世纪以后，才尝试降低存在于人民意见中的大主教的声望，之后很长时间大主教的位置都是空缺的，直到他1720年召开由更高的宗教的和一种非宗教的力量参与的"至圣指点宗教会议"，并给这一会议安排了一个和世俗世界具有同样级别的、同样被"指点"任命的委员会。通过这样，彼得大帝按照国家的方式，将教会放置在一个合议政府之下，沙皇则位居这一合议政府的顶端。在叶卡捷琳娜二世治下，她通过设立经济学院来管理教会的财产，并通过将神职人员的薪俸调整为工资来确立牧师的非独立性，明确规定了在教会学说的事务中不可能产生可供摄政人员直接使用的东西。沙皇在他的教会中作为最高执行者和裁判者来保管和维护既存的东西。作为神学领域最高的立法者，因为依照希腊教会的整体特征，它们在学说概念上不会有什么发展，沙皇无疑也没有什么好对外颁布的。但是在个别情况下，在涉及一个教条的看起来存疑的解释时，也就是涉及对一条宗教法律的可信的解释时，除了沙皇没有更高的机构可以做了，因此沙皇和完全依赖于他的宗教会议相对，被视作处理教会学说的最高立法力量。对宗教事务中地方摄政员的统治作出限制的，是1833年的叙拉传教士宗教会议的决定，它规定新的希腊王国的正教教会并不承认耶稣基督之上的任何更高者；但是国王对教会的管理，应当由他任命的大主教和神父遵照圣牧师会的宗教会议指引。

17世纪末，从正统的俄罗斯希腊教会中作为裂教者（分离者）而产生的教派在各地有不同的名字，但是近代以来至少一部分再次臣服于占据统治地位的教会规章；它们在根本上不是建立在不同的学说之上，而是建立在对古斯拉夫《圣经》翻译和古宗教仪式的固守之上，这不同于对礼拜仪式的外在形式中的一些非本质改革。直到一个世纪之后，独立教士也建立了一个在根本上不同的教会，它首先在帝国的东南部得以传播。他们只是将抗议宗视作信仰的源泉，放弃了三位一体的学说和服兵役的誓词，不想要任何特殊的教士和教会。它或许还停留在那里；根据新的统计报告①，在俄罗斯的希腊教会之中，现在还有五百万其他教派的人，特别是在顿河另一岸的草原上的哥萨克中，以及西伯利亚的基督教人口中，这些民族将目前事物的秩序解释为反基督教的统治，并拒绝向皇帝祷告——在这种扩张之中是正确的。一个政治反对派的渴望，它在国家之中无法有效实现，或许在他们那里，在信仰之中找到了庇护之所。但是如果有人想要在其中找到一种希腊式新教的类似情况，即他们放弃希腊教会的短暂传统，而唯一坚持抗议宗，那他就只能将这些视作更消极的和退步的。同样的情况，人们还可以在18世纪中叶，在瓦哈比教派的阿拉伯游牧民族之中兴起的学说上看到，这一学说只是部分地运用《古兰经》，并否定穆罕默德的神谕，它可以被称作伊斯兰教中的抗议宗。这一过程中不可忽视的是，那些地方到处还是游牧或半游牧的部落，他们无疑对一种完备的学说概念和祷告的需要程度很低；他们的本能使他们在教条和文化中也回溯到最为贫乏的水平，而它决定宗教的关系要和单调的、贫瘠的生活方式处于和谐之中。因为这些反正教仪式派（Duchoborzy）学说中有例外状况，此外，俄罗斯和希腊的教会之中还没有教条运动；而当俄国社会中的上层阶级

---

① Franzl Statistik. Wien 1841. Bd. III., S. 79.

开始接受所谓 18 世纪启蒙的浸染时，其中才出现了否定的开端，这一否定既没有冒险变得声势壮大，也没有支持人们生活中任何一个特定目标。

正如我们可以将伊斯兰教地区的瓦哈比教派比作新教一样，什叶派相对于逊尼派则类似于希腊教会相对于罗马天主教会。不同教派之间在主要学说上的差异，是小于在个别形式和习惯上的差异，以及教会传统的不同限制的。然而当什叶派向他们的阿里赞美荣光，"真主至大！愿奥斯曼、奥马尔和阿普杜勒永远被诅咒"，从而抵制他们所有的教规时；逊尼派也将《古兰经》之外的宗教传统限制在穆罕默德通过语言和行为所传播的明确学说，以及对他的随行者所说所做的事情沉默的赞同之上。伊斯兰教因此在穆罕默德的时代之后就彻底结束了，与此同时，天主教在基督教中不仅是在坚持的状态中的永恒持续，而且同时还承认不断前进的生活。只有在这一过程中它才区别于新教，它以贵族的方式，将神的灵感如电流一样仅仅在等级制的链条中传递；与此同时，抗议宗将新教的光亮比作阳光的照射，它的光亮可以平等地向所有方向放射。

天主教目前在欧洲有 13 000 万到 14 000 万的信众，这差不多是美洲人口的一半。天主教深入到了日耳曼和斯拉夫民族的区域，它更主要的是连接了横跨大洋两岸的罗曼民族。天主教和希腊教会相比，已经存在着无尽的越来越多的潮流与反潮流，瓦解与扩张。在希腊教会中，精神的事务只是宗教学说的看护者，而在天主教里，精神的事务同时还是宗教学说的培育者和塑造者。与之相关的，牧师之中甚至不仅出现了天主教的保守主义者，而且还伴随着不断重复的改革探索，出现了大部分的改革者和革命者。教派创立者波西尔，卡本纳里亚的梅诺蒂，沙泰尔神甫①，所谓的新法兰西教会的创建者，拉梅内，从狂热的捍卫者走向勇敢的抨击者，以及其他那些年轻的教会反对者，都曾属于或

---

① 费迪南德·弗朗索瓦·沙泰尔（Ferdinand François Châtel, 1795—1875），曾是法国天主教会的"高卢大主教"。——译者注

一定程度上还属于教士阶层。越来越多的普通教徒也参与到教会有资格的代表者之间的观点斗争中来。最富生命力的就是运动，最具多样性的就是观点，这里完全由最浓厚最富足的精神生活统治着，正如在德国的一部分和瑞士一般，在那里天主教和新教可以更为丰富地感受到，而法国则站在罗曼文化的顶峰。

在奥地利，因为它在语言和民族上的复杂性，占据人口大约十分之七的天主教信仰者是一个从内部的政治上连接起来的纽带。天主教同时也作为奥地利相对于俄国的特殊之处，而成为奥地利对抗外部的力量基础；这样，在北方和东部的哈布斯堡君主国的边疆省份对俄罗斯希腊教会的亲近态度，就通过在西俄罗斯省份对奥地利有利的天主教而平衡了。因此这种大国的保守政治是被如此更为严肃地筹划的，凭借着占统治地位的教会来保持友好的根基，甚至于这种政治试图在每一个异端的观点还处于萌芽时就发现它。这至少如此的成功，从这一国家的天主教神学文献来看，差不多每次冲突都得到了化解。但因为如此，和平的任何方面都没有被打破，也带来了如下的结果，即新教的地方神学（Landestheologie），甚至是犹太教的，通过为他们划定的圈子没有办法向外突破，因而也可能将天主教从平静中唤醒。因此奥地利的检察机关在处理新教或者犹太教的异端时，就不像处理天主教异端那么温和。在这一原则下按照其特殊的群体来衡量被承认的每个教派，但没有哪个特别不同的宗教精神，可以超过对每个教派都适用的曾经确定的规范界限，然而产生了对天主教的一种特殊的同情态度，正如在对不同教派通婚的立法以及更换教派的处理，因为改信罗马教会是轻松的，改信新教教会是困难的。然而未被那些仅仅对表面现象保持警惕的警察注意到的是，在各处人民生活的秘密的深层，一些宗教的分裂过程正在发生，它们在人们察觉到之前已经发展到了一定程度。人们可以回想起波西米亚和上奥地利的波舍尔教派，加尔诺伊基兴的公会及其新教学说，齐勒泰勒人和他们的移民，那么人们就很快会担忧政府和教会将那些试图分离的教派再次引回到罗马天主教会的重心之上所做出的努力,或者那些决定在精神上不再改变的教派,和他们曾经的天主教兄弟也保持了外在的分离。在匈牙利,政府的权力较小,在不同民族和语言之外还有不同的教派混杂在一起,相互交织,并以数字的方式处于一种关系之中,按照这一关系既没有哪个教派在和其他教派的对立中完全无意义地退出,也没有避免多少宗教运动和斗争。然而目前争论不仅将教条作为对象,甚至还——仍如对待不同教派之间通婚的激烈冲突一样——将教会之外的辩护及其仆从作为对象。

正如信仰在其最初形式的拜物教中是和个别与独立的事物捆绑在一起的那样,对现有宗教的否定也开始于对个别教义的怀疑,而没有要针对整体,并且挣脱掉这个整体。此后通过运动的前进,在决定性的信徒和狂热信徒及决定性的怀疑者和绝望者之间形成了一个传统信徒和中立者的宽阔中心,一片中立的土地,在这里流动的水得到了操纵,权利时而或多或少地溢出,时而再次被遗弃。这一情况一定程度上在意大利、西班牙和葡萄牙的宗教状况中都可以看到。与 18、19 世纪的宗教怀疑主义相对,这种怀疑主义主要产生在英国和法国,过去和现在都没有穿越阿尔卑斯山和比利牛斯山。但在更为宏大的潮流之中,这种否定的精神在法兰西战争和法兰西统治的时代就渗透到了山的那一侧,从而使教皇极权主义在最靠近自己的地区遭到了抵制;尽管处于不同的反对之中,它也并没有进步多少。

这尤其还发生在中等的和有教养的阶级之中;然而真正的人民群众并非没有接触这些,在过去几个世纪里,中立者以及怀疑者在全部天主教的土地上都增加了。卡本纳里亚的反天主教动向及其后来的分裂,在教皇的谴责训谕之中能够充分地看到;这一在现在逐渐消失的联系,在政治上表现得如此无力,它是否也能在悲惨的拿破仑革命时代将其成员发展到几十万,这作为一个宗教运动的标志来说总是能够获得重视。它拒绝了天主教神秘文化的外在形式,与此同时承认每个成员都有以其自己的方式侍奉神的最高权利。它宗教上的新教主义,与政治携手共进,因此在原则中甚至超越了 16 世纪时的新教。它在最新的时期不留痕迹地消失了，但这只是在人民生活的表面上，因为人们必须以最外在的手段与它斗争。然而人们必须始终认识到的是，意大利人大部分都是出于固有本能而自愿地依赖于天主教；宣布无条件的信仰自由在那里甚至会带来大量反对；意大利距离那种在历史的结构中进行自我否定的积极的基督教，如在法国所发生的那样，还有很长的距离。在最近一位意大利作家——他是对自己民族的准确认识者和不带偏见的评判者——的见证中，相反有教养阶级的大部分，尤其是教士阶级自身，是乐意进行教会改革的，具体讲就是在对原则的发散和阐释之中坚持教会和教皇的毋庸置疑的性质，但是同时他们在特殊情况下，如在开除教籍、发布禁令、监控等方面，也会体现出不可靠性。对世俗和宗教权利的彻底分裂，正在被这些相应的改革者推动。

在比利牛斯半岛，在西班牙和葡萄牙，对天主教会教条的严肃斗争同样也比较少。甚至完全相反的情况——现在的西班牙政府反对罗马教廷所做的事情，到目前为止还几乎没有超越国家教会法领域的界限。但是不能忽视的是，在讲坛之上以及在杂志中的更富生命力和激情的讨论，已经爆发出了一些意见和看法，它们直接与教会的学说概念相对立，这些意见和看法还被一些小圈子认同并采纳。如果人们回忆一下大城市中不断起义的上一次内战，占领修道院，屠杀僧侣，人们就必须相信，对一些教会机构的否定至少深深地存在于一部分人民那里。然而这些事情几个世纪前就出现过了，只不过在更大程度上是因为宗教的混乱和时代的分裂。说到底当某件事情不再能满足人的时候，人们更愿意学会憎恨它，而非认识和评价这个事情，站在这件事情的位置上来考虑怎样做是更适合它的。这样人们可以说，西班牙自由派领导者的随从的增加，更多应归结为对僧侣阶层的恨，而非对自由主义和1812年宪法原则的爱，后者对这些大众知之甚少，对于他们来说只是一些难以理解的密码罢了。

比利牛斯半岛的这种宗教状况，也将主要的特征反映在西班牙和葡萄牙所属的美洲地区了。在那些南欧的和那些横跨大西洋的罗曼国家,天主教会到处都拥有勃勃生机,来成功地击退来自国家权力方面的干涉,以及并非立足于基督教土地上的哲学的所有进攻。然而当在三个世纪前陷入停滞的改革按照主体和分支,在基督教个人自由以及民族独立的名义下,也在教会的和宗教的事物中,在有利的外在环境中通过某个充满力量的精神而再次流淌起来,他们无疑并不在同样的运动的大众之中进行对抗。无论如何都不能缺少的是,在这几个世纪的过程中,独有的罗马天主教的信仰狂热也消除了不少。此外,正如宗教运动的发展在天主教领域可能的样子,人们也可以带着确信等待,从前在法国出现的最重要的冲力,也将会传播到每一个天主教国家。因为法国曾经承受和正在承受的罪恶,又和废弃的改革有多大不同呢?凭借暴力的镇压手段,致病的物质首先以反天主教和反基督教的讽刺,作为灼痛的皮肤病再次表现出来,直到它最终传染到头部和心脏。这样就产生了革命的热病——这正是法国发生的事情,这种热病就如被塔兰图拉毒蜘蛛叮咬过一样,必须通过不断的运动才可能治愈。这一在其中民族时而被向前推进,时而又表现为倒退的运动,还没有走向终点,正如宗教发展也有很多阶段一样,这些国家也要在最迅疾的转变中经历这些。用对理性的尊崇来代替所有那些不同的对神的尊崇,这些国家将进入理性的自然论之中;而在拿破仑确立了古代教会的形式(Formwerk)之后,在复辟过程中就再次充斥了教皇至上主义和耶稣会精神。相反,早在七月革命之前就出现了一个显而易见的反映,它通过这一革命在反天主教的方向上表现得更加迅速了;直到在宗教领域中,正如通过政治学而成功实现了一种中派(Justemilieu)的方式,此后主要的斗争停顿了一段时间,而两个主要派别没有哪一个获得了胜利。近些年来,虔诚的神学家针对从事哲学研究的造词者(Neologen)的争论在个别点上再次出现了,却没有将那些冷漠地在他们的道路上彷徨的人群,那些呆呆地注视着的,打着哈欠或者笑着的观众作为特别重要的人来加以考察。这样的话,民族生活就和个别人生活一样,都很少有全部的循环;教会中反对派偶尔占据统治的观点,或许完全可以变换外表而加以转换,但是他们一旦离开了圣母教堂,就再不能回到圣母教堂的怀抱中。

人们考察一下法国只是推迟了,还没有被取消的宗教教派论争到目前的成功,就不会认识不到,在斗争之中力量甚至可以增强。一方面现在比起其他任何一个民族,天主教的意识更加有活力了,皈依天主教的热情更加高涨了,为天主教辩护更加有精神了,伴有教皇统治在其中心的意大利人也不例外。另一方面挑衅的部分将嘲讽的轻箭替换为了严肃的武器:人们感受到了纯粹否定的空无,要用一个积极的东西来对抗积极的东西。因此有了圣西门主义者和傅立叶主义者,以及新法兰西教会的追随者们再三失败但不断革新的尝试,之前还有一神组织(Uni Deo)的成员,以及复辟的圣殿骑士们的探索;此后还有哲学的努力以及勒鲁的努力,这些尝试都是严肃地要让社会再次为统治性的宗教原则的必要性而发出声势。所有这些运动伴随着所有波动和转化,在比利时,特别是在那些罗曼民族那里,在较小的程度上重复。当这些内部分裂只是偶然的或者在特殊条件下才能够表现出的时候,在天主教会走向自由派别的位置上,或者在反对共济会的教会之中——后者在本质上是一个古老的理性主义,和不断反对教会的不断分化的派别——就出现了时代的主要对立面。比利时大量的弗拉芒人还生活在政治和文化的单调方式之中,在他们那里,更为新鲜的精神生活的开端刚刚再次在个别行动之中出现,在这一过程中,将其继承和保存下来的信仰的全部重量都投放在了天主教的秤盘之中;以至于对天主教的抨击至少不像是在法国那样直接,而争论总体上还更多地停留在政治和神学的领域。

对于瑞士来说,还没有缔结奥斯纳布吕克合约①:天主教徒和新

---

① 1648年10月,神圣罗马帝国和瑞典帝国及盟友在奥斯纳布吕克签订终结宗教战争的合约;与此同时,神圣罗马帝国在明斯特和法兰西王国及其盟友签订了明斯特合约,两个合约合称为"威斯特伐利亚合约",它标志着三十年战争的结束。——译者注

教，以及新教徒和天主教的传道者，相互之间还处于敌对状态。教皇极权主义者，教堂司事和罗马随从者(Römlinge)——叛变者、倒戈者和无神论者——是最为放肆的标志，它们展现出了相互对立的两派天主教徒。借助于更为紧密的联系，通过在小规模的蛊惑煽动的技巧之中的经验和精明，那些所谓的教皇极权主义者必须在那里试图挽救它们日趋减少的数量。然而，偶尔一个人或几个人的鲁莽轻率，例如针对瓦利斯州的所谓"青年瑞士"的公告，就会继续造成比人们之前已经注意到的还要大的内部分裂。

此外，瑞士在主要的事务上还涉及了外在合法性。党派间的斗争因而也包括了肉体间的对抗，而且在来自两方面的政治拳击之下，人们也很少有时间来进行科学的讨论。整个日耳曼民族地区，特别是德意志对此听之任之。正如战争也需要借助于精神武器，来使战争的天赋表现并塑造出来，德国在法国之外，在最近的时代甚至成为作为天主教的最危险的敌人的最强壮先锋。这里发生了重装部队之间的战斗，这场战斗在根本上关系到最终抉择。在科隆的斗争中，天主教人口的绝大部分几乎都团结一致以抵抗外来攻击，但是这种团结也只是一种外在的团结。人们可以回忆起，从前在普通教徒和教士中间，例如在巴登和符腾堡，在普鲁士的莱茵兰以及在西里西亚，大量的派别至少是在对抗每一个天主教教会的机构，尤其是对抗独身不娶妻的神父；在这些斗争之上，一部分成功，一部分至少尝试过整个公社改信天主教；在这些斗争之上，改革礼拜仪式，在教会中引入母语的热情变得愈发巨大；在这些斗争之上，反对不同的罗马天主教信仰学说的公开解释，如1830年在德累斯顿的一股数量并不可观的天主教徒们所宣布的那样，等等——通过这些大可以期待，在新教阵营之中已经停止了的运动和争论，还将在天主教中更富生命力地重新开始。

在德国曾经发生过对天主教派内部分裂的安抚，也在英国持续地发生，在英国一种持续的至今仍未完全消失的世俗压力使得天主教人群凝聚为坚固的群体。在一个教会外部和平的状态之中，如此愿意以一种怀疑的立场尝试进行检验的精神力量,必将在英国转换为外在的力量,以至于在爱尔兰的天主教徒中间,在他们的政治解放问题面前,涉及教条和教会宪章的争论都没有彻底出现。恰恰是这种团结性,使天主教会以教会的压力(ecclesia pressa)来与新教对立,它那因为压力反而增加的张力,将会带来如下后果:它与新教的接触,使得大量改变信仰的人站到它这边;与此同时,在改变信仰之中,打开了与英国国教教会的分支的教条式联系。值得一提的进步还在于,在和其他教派的完全自由的竞争之中,北美诸合众国的天主教,在那里有更为严格的等级划分和从属关系,正如环境将会造成的特殊性一样,它部分地只是身处于新教的最粗陋的形式之中。在天主教会中的这些运动和波动,足够清晰地展示出,它也不能脱离人类发展的普遍规则,尽管它的看护者不断地考虑维护宗教观点的统一性。在更高的文化阶段,过去单调的类型,会越来越消失在人们的自然标志之中;以同样的方式,更为丰富的精神生活总是表现为一个形式和结构的更大繁荣。这同样适用于人民的信仰,因为总是有新的分支突破旧的、以单调的方式包裹着的外皮。这样,新教就从旧的天主教母体中产生出来了,从而使其分支宽阔地环绕着它们的种子,向土地之上生长。这一基督教的最年轻的枝芽在三个世纪以来被证明是富有生机的;而既然按照自然的一般规律,更年轻的兄弟姐妹会比之前出生的活得更长久,那么更为古老的教会的拥护者因此也没什么理由预言新教会很快走向终结。在欧洲的新教信仰者人数,新教在欧洲的两个主要分支,路德宗和改革宗的人数大约相仿,刚刚超过5 000万。在美洲这一数量刚刚是小一半的样子。但是新教较之其他两个主要教会拥有相对更高的增长率;它已经在世界的每个角落扎根;新教依照其基督教自由的原则,现在已经分化出了最多样的教派,并且按照这种方式,它将知识从自身中推导出来,这些知识在内在本质上和天主教或者希腊教会相区别。恰恰因为这种向着成千的方向的肢解,人们喜欢谈论新教的衰落或者瓦解。但是人们所认为的衰落,其实正是扩张;人们所认为的死亡标志,恰恰是勃勃生机的表现。这恰恰如那些最富力量的民族，那些赢得了精神和物质的民族——德意志人、不列颠人、北美人——在这些地方，这些所谓的向众多观点的分裂和宗教的分支阴影，实则是最长远的前进；而这在罗曼国家之中，恰恰是当属欧洲列强的法国，它在其宗教发展上又最为接近新教领域的发展。

分解为更大或更小数量的教派，是出自新教自由的原则，与人格和政治自由的阶段有着密切的关系，这一自由到如今在不同的新教国家都达到了。因此在瑞士以及在荷兰——它经历了政治结构的许多阶段，并且长期作为共和制的联邦国家而存在——都可以发现宗教上的大量细微差别。在英国，这一点体现得更为明显。在那里，自蛮荒时代起，公共生活的许多机构就开始共同发挥作用，以保障个体的自由，激发起人格荣誉感以及独立性；在那里，一部分新的教会就逐渐地从圣公会和长老会分离出来，另一部分则在不信教的人中逐渐通过进化和联合而发展出来。而这一切过去和现在都是源自最内在的必然性，并与一种现在还靠特权、权力、影响和财富来装点起来的国教相对立。这样一些在英国与国教相对立的教会，如浸信会、卫理公会，还处于少数，在北美则有大量的信众。在这里，我们可以看到22个主要教派的最为多彩的丰富性，这些教派伴着一些游戏方式，不断地从一个信仰蜕变为另一个，有着永不停歇的信仰蜕变。北美不同地区和文化形态的和平共处，至少在欧洲一些大城市里，如伦敦和巴黎，以及彼得堡，同样也在一些相对较小的地方，如日内瓦和巴登巴登都能够看到。这可以推断是因为旅馆行业，即便对于投宿的带有不同信仰的陌生人，其宗教上的舒适也要被细心照料。在美国，在那里的最为自由的竞争的宗教生产领域中，限制也被最开放地打开，所有一切无疑都存在于流淌的变化和明显的无政府的驱动之中，因为人们还是不想从属于教会组织，不想进入多元性的更高的统一体之中。但是国家并没有尝试将运动的生命——正如它在成千的变化结构中表现的那样——固定在僵化的形式之中，因而永远不同的宗教观点和无形的精神一样被无害地衡量；而且他们偶尔会有一种被幽灵吓退了的顾虑,因而他们在任何地方都不以危险的方式和国家发生冲突。因而,事实上,教派的关系同时也是一种自然的选择上的关系。但是这种结合往往消解得和它结合起来一样快,一旦潮流与反潮流的交替,使刚刚联合起来的分支与更具有吸引力的要素发生接触,共同利益的自私考虑无疑常常也在其中。既然所有宗教的观点或成见,倾向或者欲望对于所有方式的创造来说,都提供了最大的自由,而它大多并不缺少可塑造的材料,因而它们在最多重的分级之中也能够找到它们的代表。从一位论派信徒——它尝试将基督教带向最简单的理解模式——一直到浸信会或卫理公会个别分支最粗糙的感性,这些教派需要最刺激的外在兴奋材料,并必须保持全身心的虔诚,直到唤醒他们心中的对一种最高感性秩序的依赖性的宗教感。甚至直到否定所有积极宗教的彻底的怀疑也允许以全部的自由来开展其不幸的尝试,作为一个迷信的教派甚至外在地建构起来。

138　　大不列颠和北美还创造了不仅独特甚至是畸形的宗教思想,但立即就符合于其身体,因为它是在特定的教派之中塑造出来的。在那里现在马上就以肉体和生命而采取了外在进程的东西,在同样具有前思和反思的德国人那里愈发内在地体现出来,而非通常别的地方那样,在讲台或者在文章中表现出来。德国这一思想交流的巨大的世界杂志,较之其他国家,囊括了宗教观点的巨大差异性,大量的宗教思想的革新者与改革者;并且最多地将其他地方的思想典范作为榜样放在脑子中,这些在英国和北美只是部分地得到实施。在宗教改革的祖国,人们在新教领域中已经试图将最初的对立和分裂再次扬弃为一个全面的统一体;凭借这一努力,在1818年至1821年之间,德国的大部分已经达到了这一状态,路德宗和改革宗已经成为一个新教教会,因此从宗教生产的直接之中产生出了一个新的联合。宗教的生产尽管总还是带有单纯的机械增长的特征;但它在没有起码部分观点有交融的情况下,也根本不能达到这种状态,宗教的生产或许仅仅存在于——不会像在其他情况中那样——在两个教会之前的不同学说之上放置相同的价值。此外，对不同宗教观点的多元发展的特殊教派差别的克服，也不只是做一个登记。而这也是真的，在德国人们一般总是更喜欢**用想过来代替做过的效果**；在民族丰富运动的内在生活之中，在其付诸实施之前，思想和思想、观点和观点常常相互排挤；因而在文字上的教派分裂很少成为教会的分裂。正因此，德国和瑞士很少外在分裂为新的宗教差异。现在可以注意到，德国和瑞士的教会分裂主义者，往往并非完整地和持久地撕裂将把他们和主要教派统一起来的纽带；尽管在个别人和个别家庭那里偶尔会有宗教热情的极端表现，正如在苏黎世州的维尔登斯布赫以及其他地方，钉死在十字架上的故事也会出现。

相反，在德国以科学的方式支持或反对宗教争论的问题，更加仔细，更加勤奋，并且时而更加彻底地被讨论。因此这里在文献上更为强烈地凸显出了三个主要分支，它们在每一个进步的宗教发展中始终被凸显：正统主义，它完全沉湎于传统宗教的总的内容，也就是以特定的界限表现在客体的历史力量和权威之中，对于正统主义来说，同样是这些流传下来的东西，它站在或者去站在其最独特的中心意味着，成为统治一切的立足点，从这一立足点出发来审视世界和生活；理性主义，它试图将人类的理性及其在知识王国中的全部成就作为宗教的标准，或者纯粹是以批判的、规则式的，或者以推测性的决定性方式，因此，对于理性主义来说，宗教的启示并非光，理性借助它才能看见，而是被理性观察的对象；最后就是虔信主义，它因为一种积极的宗教传统而被吸引，但是这些传统并不包括在它的总体之中，而是个别地选取，并沉醉于这些个别的东西之中，这些个别的东西恰恰符合他们的主观感觉和倾向。当对他们来说奇迹足够成为信条，从而使模糊的感觉成为一种或多或少可以辨识的详细图画，并成功地成为景象时，虔信主义会变成神秘主义。

正统主义、理性主义和虔信主义在德国神学的文献之中混合为多种多样的混合音；只是大多数人并不能直接地接触这些文献的运动。大量无顾虑无思想的人很少关心一种得到辩护的宗教信念。这些人由无意识的唯物主义者和所谓的实际的人这两个主要群体组成，他们通过那些他们称之为可以满足他们职业的东西，以及通过屈服于时下流行的社会道德，同时还有那些宗教的要求来得到满足。以及从那些从父辈的信仰以及无法外化的、静止的遗产中得到的东西，这些遗产使他们在传统的控制之中承受着旧祭礼和旧文化。后面这类人通过通常的精神和道德收益一年又一年得到满足；因此后来者就意味着先行者所意味的东西，古法兰克法律的基本原则"死的抓住活的"（le mort saisit le vif）因此在这里，在精神领域中也得到了了充分运用。

在天主教会中，它总体上还坚持以分工原则作为更大的划界，并且将精神的生产仅仅交给教士阶层，在数量上自然是不受约束的，而且毫无疑问，一代一代的追随者变得更多，就像在新教领域中那样。恰恰在新教之中，虔信主义、理性主义和正统主义的对立和斗争与天主教相比更为明确，尽管对于天主教来说从未缺少过这些。与这一变得僵化、凝固的新教的正统主义相对，在早些时候，虔信主义出现了；直到两者将与它们更为年轻、有力，并不断取得成功的敌人即理性主义做斗争作为共同事务。理性主义在对它的胜利的享受之中变得衰弱，与此同时，正统派则找到了更为强壮的勇士。但是即便主观的理性主义也只有沉浸在睡眠之中，才能再次将自身提升为更客观的和更理想的理性主义。这种理性主义如今在青年黑格尔派中达到了巅峰，从这一立场出发，整个基督教都表现为一个已经被克服了的，或者很快将被克服的发展环节。但是在一个观点的矛头最终转向还未卸掉武装的敌人的地方，它自身就被迫再次变成更为有力的辩护；这一辩护将不再缺席，神学的哲学的争论更接近于再次出现的转折点，这在一些踪迹之中可以察觉到。一种哲学的绝对专制和对人类目前每一个更高教化阶段来说的现存宗教的否定，这在德国人们是在理论上完成的，而欧文想要在北美以社会实验来**实践**地完成。值得思考的是，这一探索很快就完全失败了；与此同时，同样由欧文资助的苏格兰的新拉纳克，建立在不同宗教信仰都具有完全平等的权利这一原则之上的社会，至少还在更长时间获得了最大繁荣。

在当前存在的所有宗教之中,只有基督教是生命力旺盛的,它活跃、努力向前,同时向外也是成功的和征服性的;与此同时,其他教派则处于稳定状态,以及顶多是凭借足够的惯性而处于反抗和防御之中。同时,伊斯兰教自古以来就有传播《古兰经》的虔诚奉献,它甚至在非洲内陆的蛮荒而稀少的人口之中也使一些人改变了信仰;但是这些可怜的进步跟基督教的全面进步相比就可以忽略掉了,基督教的信徒在过去几个世纪里至少扩大了 4 500 万;它已经走出了欧洲,伸展到了整个新世界;它已经逐渐环绕了亚洲和非洲,在那些沿海地区,除了偶尔在一些地方会出现退步的情况,总体上在不断侵入内陆地区。和其他宗教不同,它将一种生命和进步的原则承载于自身,因而我们在其独特的领域中遭遇了处于三重等级之中的稳定性和运动的对立。希腊教会在本质上是保守的,在其主要阵地俄国,国王甚至同时是宗教传统的最高掌权者和仆人。在这里因而还可以看到那种国家和教会的联合,正如在更低的社会阶层中所特有的那样;类似的情况也出现在奥斯曼帝国,在那里执掌穆罕默德之剑的哈里发继承者的绝对世俗权力,因为他们对传统教会法规的绝对顺从而在事实上被决定了。而因为在俄国,沙皇不受限制的权力也是建立在教会和宗教信仰的不变基础之上的,所以,政治利益反对每一次宗教进步。沙皇如果推动信仰事务中的改革的话,那么他就会反对他自身,教会的皇帝将会反对国家的皇帝。因此这样只会产生僵化的基本规律的结果,臣民的每一种异端,从希腊教会的每一次脱离,都被作为对国家的犯罪而被处罚驱逐到荒凉的西伯利亚。

俄罗斯教会的宪法是君主制的,天主教教会的宪法则是贵族制的或者寡头制的,既然整个宗教的立法和法律解释都是社会的某一个特殊阶级的,以及一部分从这些特殊阶级中产生出来的站在顶端的一些首领,因而在这里国家和教会分配了世俗的和精神的生产;在这里产生了一种时而不合时而一致,但永远不会统一的二元主义。教士是真正的教会领导者,而他们对于宗教的进步来说完全没有设置一个特定目标;但是这一进步被限制在仅仅一条路上,在这条路上僧侣等级制或许会推动普通教会,但是在这条路上它也可能是静止的,或者会退步。在天主教之中,每一次异端从这条路上的偏移都被视作对教会领导权的反抗。在此过程中,相应会发生的就是,教会对每一次背叛教义的警觉审视,就和国家对针对国家所做的或试图做的犯罪行为的审视一样;而他们对每一个坚持不顺从的人,假如他们同时也不愿意在世俗中做出臣服举动的话,那么就至少会在教会中被消灭或开除教籍。依然是在最近时期,公开宣布的异端学说,正如它在天主教教士和普通信徒那里出现那样,只有在他们特别引人注目的时候,才会被审查和严厉处罚;这样同样在这种宽容之中证明,一种专制教会的权威的独立公开观点,相反处于增长之中,正统派的异端已经变得强大。

伴随着对每一个个体自由研究《圣经》的权利的承认,新教必然与此同时将运用这一权利可能带来的后果,以及由此带来的宗教观点上的差异性,一直发展为最具决定性的怀疑和完全的否定,而非反之将其他手段服务于更好的教导和启蒙。因为新教恰恰在其根源上就预设了一种神的语言的至高权力和真理,它就只会用语言对抗语言,用观点对抗观点,与此同时,所有开除教籍之类的外在压力就与新教原则背道而驰。这是一种民主原则,因为教区教徒的意见在前进运动之中恰恰走向了真正的立宪和立法。相反,对于国家来说,它想要在新教的精神中采取行动,不论短时间内君主是否信仰和拥护新教,执政的、进行控制的权力只涉及这种忧虑,即每一种宗教的需要和利益在信众之中同样也能够外在地发挥作用,假如这些宗教的需要和利益没有危及国家目的自身,尤其是没有干预到他人的宗教信仰自由,那么它就以有害的和强迫性的方式干预了个体或者团体。但是尘世的世俗君主如果是新教教会的成员,那么他至少将自己和其他每一个成员一样都参与到宗教立法,或者教义的发展之中。在纯粹的新教共同体中,世俗国家和教会国家表现为同一个整体的两个方面,这区别于天主教国家,因为在那里,教会在国家之外处于中心位置。仅仅在真正的新教国家中,民主才是可能的,因为只有在这些国家中,政治生产的原则与宗教生产的原则是相互协调的。因此,自身清朗且不论会有什么后果都忠实于自身的新教徒,依照其政治方向就是民主主义者,宗教改革对于他们来说只是民主的序篇。它在农民战争中有明亮的光明的积累,它比宗教改革家更好地认识到了人民预见的本能。但是因为通过宗教改革,由世俗权力授权给天主教主教的裁判权再一次被收回;通过新教会至少带来或为国家和教会的一种充满活力的结合提供条件,这种看法必然会助长对所谓的君主主教等进行抹黑的做法。于是在一个德意志邦国内,在巴登大公国,新教的摄政自1821年起就被联合新教路德教会在形式上和文件上承认为主教。然而在其中还存在一种非常不发达的新教教会法规,它在合乎逻辑的发展中只能是民主的,甚至在思想之中也确立了下来,甚至新教教会的主教还允许是天主教的摄政官。

　　国家与教会之间的有机结合和富有生命力的自由联系——这正符合新教的精神,在本质上区别于两个机构仍未区分开的统一体,正如俄罗斯帝国和它的正教教会之间所发生的那样。在这里,世俗的拥有无限权力的世袭制皇帝同时也是宗教的首脑,与此同时,在新教教会中,所有的权力,甚至将新教执政官作为他们首批成员或者特别被委派为主教的权力,也只有从明确的或者缄默的教会代表团中才能够派生出来。按照俄罗斯希腊教会的基本法,教会信众被视为无物,而肉体的归属状态是与精神的归属相对立的。与之相反,在新教教会之中,宗教生产不是由某一个教会主教或者其他神职人员垄断的,而是采取了一种向所有个体开放的自由竞争法则。正因此,宗教理念的一种全面运动和表现就获得了权利和必要性。然而,在一个教会之中的宗教思想自身是流动的地方,宗教思想自身也要能使物质手段适应于它的声明,这种手段应当能够不断地适应于它的所有转变。这首先发生在它在教会的物质财产的应用之上。因此,天主教以及由天主教所决定的教会和国家的分裂,将一个特殊的教士阶层作为了宗教观念的唯一代表,正如完全符合于天主教信仰学说的更强的凝固性，与之相应，甚至教会的收入也降低到不动产中特别分离出的一部分；与之相反，按照新教的观念，教会财产则具有一种最大可能的流动性与可分性。这一点在北美发展到了最高程度，在那里，新教在其目前的阶段上实际上表现为按其原则所可能的最鲜明的结果；在那里，在最为多样的宗教学说之外还存在最为多样的民主的教会宪章；在那里，新教原则使得每个能够被精神把握住的精神性的东西，在许多教派那里都完全排除了特别的精神性职业，此外，精神性的整个地位也取决于它与每一个教区之间的协定。

基督教新教的自由原则同时也是宽容原则。这一点无疑时常面临矛盾之处；然而如果人们将不同国家的立法和他们人民的精神做一个比较的话，那就一定至少会承认，新教在实践之中是唯一一个在总体上面对其他教会的不宽容的报复行为时，没有发展为全面战争的教派。这种相对更为宽容的情况，同样也表现在新教对待自己具有敌对倾向的成员那里。当越来越多的新哲学的追随者表达出他们对于基督教的厌恶，并在形式上与之脱离关系，即便天主教会可以不以革逐和开除教会为手段的话，它起码也会认为一种摇摆不定是罪的。与之相反，新教教会将怀疑这一自由研究的原则视作固有的，并因此必然坚持这一观点，即其集体中的任何一个分支都不应被排除，从内在出发来超越任何怀疑并在此产生出和谐，因此，当新教教会不把那些宣称决裂的声明当回事的时候，只是保持了对自身的忠诚而已。

在探讨过三种基督教主要教会的特征以及它们对待国家的态度之后，我们现在来考察其各自进一步传播的不同能力和方式。希腊教会是从属于基督教纪年的最初几个世纪的，还没有改编基督教的纪年。希腊教会可以比作基督教生命之树上的根茎；与此同时，天主教则是树干和长子继承人，在其等级制不容拒绝地推动了它生长，且达到了一个高度后，新教就从它身上像枝丫一样向四周生长。在整体范围内，俄罗斯希腊教会只是在希腊教之中而被培育起来，因此就像是父母和孩子那样的自然遗传，同时也是一种最根本的继承权。如今在斯拉夫民族广阔而人口稀薄的区域里,人口正在相对较快地增长,因此希腊教的信徒每年还是有不可忽视的增长。在这种本质上是动物一般的传播以及对外在的交往手段的使用,就必须主要立足于教会的宣传,这种宣传拒绝任何一种文化运动,并且在领导宗教武器的无力感之中,它的维系和扩张只有依赖国家的世俗力量。在思想上恰恰是欠缺辩论技巧,这种技巧只有在宽容的名义下才可能产生,而这一点在国家和教会的同一之中,在借助于警察和强制措施来对神学进行公开的支持的情况下是不可想象的。希腊教会还有这样的规定,所有跨宗教婚姻诞生的孩子,夫妻双方凡是有希腊教会的,孩子就必须接受希腊教洗礼;在俄罗斯帝国,所有犹太人和异教徒的改宗,都是改为了希腊教。这样讲来,希腊教会是凭借世俗权力来进行扩张的,它将一切只要进入到其领域中的东西都紧紧控制在手里;它在入口处始终提供了一个小门,但是出口始终是封闭的。众所周知的,就是通过暴力或引诱的手段,1839年,400万希腊信徒以及立陶宛、奥尔沙和布雷茨的希腊礼天主教神父,退回到了俄罗斯希腊教教会之中。后者的神学唯物主义在这样的规定中最为鲜明地表现出来,一个人不论在什么地方出于什么样的理由,按照希腊教的礼拜仪式从某一个希腊教神职人员的手里接受了圣餐,如一块无酵饼之类的,那么这个人就将永远归属于希腊教会。后悔或改变主意是没有用的,因为它根本不依靠内在和外在的一致,依靠宗教上的信仰。灵魂必须遵从肉体,从前只在德国农奴制度中才运用的基本原则"只要碰到了我的母鸡,那你就变成了我的公鸡",在这一教会的精神压迫中得到了一致的使用。

　　这种宗教上的完全肉身化,在天主教中已经得到了完成,因为在天主教中已经跨向了一种更高的发展阶段。此外,天主教的教会核心也不再和一个庞大的政治权力核心联系在一起,正因此,天主教会的维持和传播借助的是其他一些作为纯粹的外在强制手段。天主教的宣传体系因此不同于希腊教会:天主教会若要对灵魂施加影响,那首先要争取灵魂。但是既然天主教在本质上只是为了在教会的权威之下来对信仰进行统治——因为按照天主教的学说，信徒要带着这种顺从发自内心尊崇宗教事务中的一切其他东西——既然对于天主教来说首先只取决于宣誓效忠的一种外在形式，那么天主教与个体相对，就将被运用为劝说的抑或一种惊异的方式，以及信念的方式，甚至感性刺激的作用也不可小觑。因此，从新教徒的角度，就对天主教劝人改宗的做法一再进行抨击。单是这一点就表现出天主教是对古老信仰的非法的叛变，这也足以说明，如果跟新教对待其他信仰的人的方式相比，天主教通过俘获叛变者的方式和方法，在天主教的立场上是没有什么不妥的。在18世纪的精神以及从这种精神中产生的革命的统治下，天主教基本上只是局限于保卫自身的存在并且失去了自己的根基。后来天主教参与了对腐朽力量的普遍反抗，并在上一个世纪再次变得进步了，甚至于在它的传教事业之中再一次出现了鲜活的生命和更强的活力。凭借天主教会在罗马每年一度的语言节（Sprachfest），它的宣传表现得如此恢宏，因为它将天主教会的绝大部分传教手段都统一到了一个中心之中。但是在最近一段时期，在天主教会和其他一些小的联合会以外，还形成了一个更大的天主教传教联合会，它的主要据点和兴起地点都在法国——法国首先是被天主教然后被整个基督教征服；因为这个联合会，法国第二大主要城市里昂获得了"第二罗马"的称号。在天主教领域中的新生发出的活动，远远超越了空洞的作品的神圣性（Werkheiligkeit），超越了对宗教的要求的单纯外在的补偿。然而这一教会的故事至今还在提及那些为数并不少的狂热献身信仰的英雄和殉道者，它将在贫瘠的国家里一切匮乏与危难，最艰苦的困境以及最折磨人的死亡都以无可动摇的追随讲述出来；与他们的受苦、牺牲与行为相比，我们时代政治上的殉难只有极少的事件才能达到那样的程度。

在天主教精神之中，它的宣传只有在一个不可分割的教会的权威之下才可能起作用，正如俄罗斯希腊教会在国家的权威下进行宣传一样。与之相反，信教者中却存在个别的，或者说自由的联合会，这些联合会自己关心自己的传播，而且是在没有全面集权的自由的影响下，发展出了并还将继续发展与天主教会相比规模更大的、范围更广的且更为成功的活动。从所有的特征来看，人们都可以将其视作一种进步的发展的传播，并预言了最为广泛的传播。对此，宗教形成史的比喻也从更低的层面说明了这一点。从梵天信仰中产生出来的亚洲的佛教依据最可信的研究，其原初的目的就是确立前者的纯粹性，并且和前者在其他方面也存在和新教与天主教一样的联系。梵天学说，是由站在宗教和所有精神生产的顶端的特殊的、世袭的祭祀阶层创立的，它设定并生产了影响深远的种姓制，这恰恰和社会的一种特定的、暂时的状态联系在一起的，这一点我们在前文已经论证过了。与之相反，佛教宣扬了一种人类平等的原则，因而拒绝种姓制。只有这样，佛教才能被塑造成各种各样的形式在亚洲的大部分地区传播，而且还流行于中亚（Hochasien）的游牧民族之中，以及那些定居的以农业和手工业为生的中国人和日本人那里。因为只有在不同的形式之中，才能适应于不同的地区性和民族性。故而它现在拥有的信徒是古老的梵天信仰的 4 倍还不止。无疑佛教和梵天宗教都没有能力避免亚洲人民生活的普遍的僵化，即便是天主教也并不存在世袭制的教士等级，并且远远落后于对抗罗马天主教会的各种形式的新教的扩张。仅仅在亚洲我们就看到了大约 2 500 年前就已经完成的结果，而在新教之中，则只有在三个世纪之前才开始的宗教运动。新教还有一个远未展开的目标等着它。基督教不断发展的传播的可能性恰恰存在于它的普遍性之中，正因此，对于其最高原则和外在表现的发展的最大的自由和多样性，就作为要求被提出，也正是因为这些，它获得了这样的能力，将非常不同的民族和个体融合在一起，与位于最低和最高教育层次的人建立友谊。新教凭借着源自基督教土壤的全面自由的宗教生产原则，现在已经成了更为丰富的多样性的生产者和承载者，这与天主教相对，天主教建立起了一个拥有传统风俗和习惯的特殊阶层。对新教教会和教派的观察马上就可以发现，新教对于所有异样的观点和形式来说都没有另外的思想中心，而只有对在新教徒中已经宣布的真理、爱和力量的个人的和生动的神的共同信仰；即便在其中也有一个中心，围绕这一中心也可以画出范围最广的领域。而相反，天主教设定了一个更狭窄的领域，天主教在那个中心周围要求的是对神的精神在其等级制以及教皇的封闭序列之中的持续不断的启示的信仰，这种信仰更为确定，因此也更为局限。既然新教极少制定任何条件，那么可以说，甚至连天主教都算在它的广义范围之中；至少是在如下的意义上，当对于真正的新教徒那些天主教徒也适用于基督教自由的新教原则，新教教徒也在事实上承认不同基督教会之间长期的和平的共同存在，或者至少不会将他的某一个唯一救世的教会的教义当作攻击持其他信念的人的武器。

在这一意义上，新教在天主教徒中也获得了越来越多的皈依者，而并不需要他们和天主教会做外在的分裂。同样，在和非基督教民族的关系上，基督教传教的任务也已经在最大程度上由他们所承担；这不仅归功于暂时的外部联系，而且还有从其内在所决定的可能性，从而使它将自身分裂为多种形态，以至少适应每一个民族的一个或其他的形态，适应每一片新的天地。暂且不看天主教徒几乎3倍的更多的数量，新教的传教和罗马教会相比的话，在量上是更大的，在效果上也是更强的，与此同时装备了更为丰富的世俗手段。仅仅从大不列颠，新教教会的传教联合会就向全世界不同地区派出了700名传教士和超过3 000名助手。他们的年收入大约是300万古尔登，与此同时，罗马教会广阔范围内为庞大的法国天主教联合会所提供的捐助总共只有300万法郎多一点。相对来讲派出更多传教士的是北美合众国，在那里罗曼的元素被不断发展的日耳曼种族挤压到了狭窄的范围内，与此同时，新教获得了更为广阔的空间。常常是那些更小的教派，特别是那些更为年轻的和更富青春热情的教派会做出特别的举动：麦里兄弟会尽管只有16万个信徒，并分散在多个国家，却维持了至少127个传教团。一个教会的热情往往会激发其他教会与之竞争的热情，因而当一个教会的努力有所松懈时，另一个教会又会强大起来。在英格兰，无教派者尤其是浸礼会教徒和卫理公会教徒这样的最富热情的传教者，甚至在他们的传教过程中还向有神父的教会再次展现出了更大规模的活动。

伴随着物质的和精神的世界交往，这种交往主要是由新教教徒做出的，新教教会也越来越容易将他们的信仰带到所有地区，在各处都能扎根，在广阔的地理空间上成为最早的占领者，以至于跟随其后的天主教徒常常只是扮演了一个新教对抗新教的角色。而且越来越多地向陌生世界迁徙的承载了欧洲文明的移民，长期以来其大部分也是由新教徒构成的。日耳曼国家较之于罗曼国家在人口上相对更强的增长，也对新教的优势起到了决定性的作用；甚至在那些拥有不同教会人口的国家，新教徒的人口增长也常常是占据优势的。我们看到，在1817—1834年间，普鲁士王国新教徒增长了27%，天主教徒增长了25%。这在那些天主教人口占据优势的省份，如波兹南和威斯特法伦表现得更明显；只有西里西亚在同样的时间段里，天主教的增长更大一些，然而它在1797—1834年间的数量也只增长了38%，与此同时新教教徒增长了56%。甚至在巴伐利亚、波西米亚和匈牙利，即主要是天主教人口的国家，以及在符腾堡，信教人口的增长相对都更高；所以在如此不同的地区，在如此不规则的关系之下，却指向一种更为普遍的原因。它首先不是别的，正是天主教人口中拥有更为富足的生活，因此其人口也相应地出现更快的增长，这又必然决定了新教教会一代一代的更快的增长。①

在一定程度上，这种现象或许还与新教教会的节日和庆祝日更少有关。在过去三个世纪里，神的节日减少，世俗节日和工作日增加这种情况大量地表现出来。新教废除了整个圣徒的贵族等级，它横加在神和人之间，而且正如在君主制国家中的世俗贵族等级一样，是以中介的

---

① 相对来讲，人口增长更加迅速的是犹太人，尽管没有基督徒会改信犹太教，而常常是相反。这可以解释为源自犹太人的早婚以及平均更长的寿命，这两者又与犹太人通过商业获得的更为富裕的生活相互关联。而且人们通过设立一些行业上的限制，使得犹太人被排除出了那些不健康的和危及生命的行当。这些行当因此自然就落到了基督教人口的身上，因此这就是对犹太人的压迫反过来向压迫者的报复。所以在这一统计事实之中，难道不是已经提供了服务于犹太人的最终解放的证据么？

方式出现的,但是只是以分离的方式。这样新教将神和人拉近了,将二者变成了一种直接的关系;新教因此在扬弃长期横亘于天堂和尘世之间的二元主义裂痕的方向上迈出了第一步。新教对世俗的不断增长的统治还源自产生于它最为独特的最高原则的最高主宰(Instanz)。自由就是其中不可分割的原则之一;自由向高处跃动的精神就好像火焰一般向一切方向蔓延自身。正是宗教改革从一开始就将《圣经》的权威放在了教会的权威之前。但也是因此,宗教改革削弱了任何一个权威的片面统治,并且确立了用《圣经》进行自由检验的权利,因此,除了这一探究最深、最神圣的秘密的许可,没有任何其他事物可以逃避最自由最全面的检验。故而从此以后就进入到了内在世界,正如在外在世界之中一切都处于人的精神统治可及的近处一样。所以我们看到,物质世界和精神世界的交往如今主要由新教的民族掌握,这确切讲来,一方面是利于新教自身更为迅速地扩张的工具,另一方面则是它独立自主的男性特征的结果。这种更大的自由给予了新教以更大的世俗权力;在空间上和精神上向各个方向生出分支的新教,因此尤其适合于为基督教的神赢得信众,同时将教会的更强的多样性带向一个范围最为丰富的整体。

在宗教改革的几个世纪里,非基督教的古代再次被更生动地理解和把握,与此同时,基督教的信仰热情也被激发得更为强烈,甚至因为新教的进攻,天主教也被迫采取了更有力的反应;在这一独特的、拥有伟大未来的胚胎的时代里,这是任何其他时代都没有的,艺术也在广阔的范围内再一次放出更为耀眼的光辉。伴着晚霞,中世纪下降到了新世界的地平线之下。当夜的黑暗笼罩了基督教方式的超验的浪漫主义时,来自教会的黄昏的艺术就再次迫切地走向全新开始的日子。但是在还不同寻常的光的照耀和眩晕之中,艺术手足无措地向无数的方向发展;然而,既然它已经无助地分解在了每一个世界之中,它就从教会的统治中脱离出来,落到了世俗统治者、宫廷的喜好与时髦的统治之下。正如法国在路易十四治下在政治上占据统治地位一样,一种几乎没有限制的鉴赏力上的统治也撕裂了；直到在革命之前，与前者相反的一种民族主义的反应就出现了，而这种民族主义的反应最终凭借政治的和美学的专制主义为自身的根基奋斗，热衷于这一根基。宗教改革使得艺术独立于教会，这样，宗教改革就将革命从城堡和宫廷带进了人民的生活之中。但是，既然在鉴赏力和美学批判的王国之中为全面的竞争打开了限制，随即就产生了一种努力和方向上的无政府状态，这种无政府状态在艺术创造的领域并不弱于宗教或者整个物质生产领域。然而在混乱的中心，始终还可以发现对于新的结合于组织的至少个别的可能。

再一次，欧洲的东部很少参与艺术的运动。希腊宗教是缺少推动力的，因此也从它的土地中生长不出什么独特的东西。在建筑和绘画上，俄罗斯的民族精神在早些时候并未超过对拜占庭风格的模仿，以及对一些亚洲民族的形式的融合；后来，彼得堡和莫斯科的壮丽的伊萨克大教堂和更新建造的沙皇宫殿，也没有超越对西欧风格的模仿。其他所有的艺术也都还是一些外国时髦商品之类的处于欧洲上流社会水平的东西。人们一定会把俄罗斯人的角乐视作具有民族色彩的独特的东西，但是，它不过就是驯兽的一个技巧而已，而非一种艺术创作，因而只是民族美学文化阶段的一个其他符号。一种更为鲜活的生活在最近的时代开始于过去只是由宗教推动的，因此受到等级制限制的诗歌之中，当俄罗斯社会的上层阶级至少产生了探索一种独特的具有民族色彩的诗歌的愿望，从而能够与其他欧洲民族的诗歌相匹敌。然而，俄罗斯诗人的数量更为庞大的声音，顶多是对西方的一种回响，俄国还没有在任何分支上做出真正的探索，从而为艺术开启新的道路。这一荣誉应授予位于罗曼和日耳曼教化的顶端的三个民族——法兰西人、不列颠人（他们至少是在诗歌的领域）以及德意志人。依照量和内容两方面对艺术的生产进行比较，可以很容易地再次发现，其主要方面都是新教以及进入天主教之中的新教元素做出的，特别是自大革命以来以及不久之前。

最近的艺术显然承受着我们时代普遍的弊病，如国家、教会和学校的分裂，如国民教育和高等教育之间的分裂，如公共生活的缺失以及社会生活的分裂。在建筑、雕刻、绘画、音乐和诗歌之上，人们陷入了那些形形色色的打碎了自身的折中主义，这种折中主义在所有世纪和所有民族的特征之中被塑造，被赋诗歌颂。在无数方向上的无数次探索还没有创造出真正意义上的新艺术。人们只是达到了将不同时代不同民族的风格相互并列，但是同时明显是相互分离的地步；既然人们凭借对历史更强的敬畏，不再像从前那样频繁地陷入那种畸形的增长之中，正如它尤其在法国大革命之前所特有的那样，这一阶段在美的领域之上，还有变化无常的专断和时髦的不断膨胀的统治。艺术的解体，在任何地方都是一种扩展，它既出现在艺术创造的主体方面，也出现在客体方面。在希腊和罗马，美的艺术理论正是在美的艺术已经消失了的时候才出现的；同样，中世纪只有其天才般的创造本能。如今符合本能的东西更少了，但是生产过程中对对象的投入也更少了；以至于内省也更为频繁地混合在生产之中，并且经常会产生足够的不幸的两性人。我们的时代要让一切都承载着意识。这也是它的权利与义务，将要、应当使美学的批判作为推测或内省而在艺术生产之外产生效果。正如近代以来，从一开始就立足于更为丰富的结合之上，在同样的个体性之中，大可以允许也能够让艺术家和批评家们联合起来。这样的一种结合根本不会损害一个歌德这样的人的创造性财富；然而只有这样，并且当他在诗歌创作的特殊行动之中不仅仅是一个诗人，而同时还作为一个批评家混杂在诗人的身份之中。相反，当在最近的诗歌之中，对对象的生产还如此经常地变成对于对象的反省，这样诗歌就只是证明了创造性的热情的衰弱和无能而已，这样的创造热情可以忘却它的对象，为了再一次从外部对其进行观察，而不是将对象作为一个新的东西从结构性上进行把握。这种所谓的诗歌的反省，因而在基础之上只是诗歌对自身的怀疑，一种对自身的否定和扬弃，一个内在分裂的象征。

中世纪的有机创作阶段和近代的分解的分裂阶段的对立还体现在

这样的情况中，这样的一些可能同时是油画和湿壁画的画家雕塑家和建筑师的大师变得越来越少或者完全消失。同样也很少的还有主要是为服务宗教而组织起来的更大的不同种类的艺术和艺术家，行业和手工业者的合作社。没有哪个地方还有像从前那样的为了共同的宗教赞美而进行的，由建筑和雕塑、绘画、声乐和器乐、诗歌、演讲术以及甚至是职业的戏剧元素和宗教场景构成的内容如此丰富的联合体；因为假如所有这一切天主教会在今天还保留着的话，那他们必须在根本上限制在纯粹的再生产和保存之上。近代以来为了美学的目的进行的最为丰富的结合就是为了戏剧和歌剧所进行的结合，在那里，诗歌的艺术、演说的艺术，以及得到雕塑家和画家支持的活动的雕塑和绘画的组装件统一成了一个整体的生产。重要的是，自从宗教改革以来从前那些主要是装点神庙的艺术类型开始被用来装饰世俗的神庙。仅仅是我们的世俗戏剧还较少以一种有机的结合向我们展示这种艺术，而常常是单纯的机械的混合。这种建造的艺术与演出的关系，就如画框和绘画之间的关系，反映了一种次一级的角色；与此同时，外在的舞台布景的装饰画和装饰物——这些东西很少超越纯粹的艺术品——还占据了太多的比重。在歌剧中，歌词一般都对应于乐器分类关系中的作曲。甚至在戏剧之中那些最有意义的诗歌创造恰恰常常是不适合舞台演出，也不应用作舞台演出的；因而诗歌和戏剧还是保持分离的，而且戏剧的诗歌艺术常常因为前面提到的原因而拒绝在我们的人民生活之中发展为完整的实体。人们因此必须承认，在现代戏剧中，统一的艺术还从没有按照这样的方式共同发生作用，即每一种艺术贡献出它最优秀的，而艺术的新的联合，与早期的服务于天主教文化的赞美的联合相比，还并不那么完善。

在美学生产中的一切混乱和分裂之中，也不能误解艺术的民族化和大众化的努力过程中所进行的统一和分化。世界史的每一个创造阶段都发生在模仿和再生产的时代之前。所以在它们再次成为一个新艺术概念之前，以往的艺术成就以及与此同时生活着的人民就必定表现为直观的演出。正如每一种新的生产都为一个消费提供了前提一样，我们现在首先要致力的就是将过去的艺术纳入我们这里，将它们转化为肉体和生命，从而最终可以再次创造出一种新东西。在所有的人民之中，正如在每一个个体上一样，这一主要是享受、刚开始消化的阶段还并非创造性活动的时间；而假如我们现在在所有时代和民族的品味之中进行建造、雕刻、奏乐、歌唱和作诗的话，这恰恰会证明我们生产力（produktiver Kraft）的欠缺。然而，我们还没有到达一种新艺术的庙宇，这样，我们至少平整了一片土地——在此之上，庙宇将会矗立——并凿出了通向这一庙宇的阶梯。我们不仅走进了一个物质和文学的世界交往的时代，而且还进入了一个艺术的世界交往的时代。正如每一个有力的个体只有在最全面的联系之中，在与其他个体的对立和充满竞争的斗争之中，才能完整地造就这种独特性，与此同时，特殊存在的偶然的两个角总是相互摩擦；就如因为革命战争和法兰西帝国而带来的欧洲民族的短暂融合，也正如战争的世界交往恰恰因此唤醒了更富活力的民族独特感，以至于世界交往将不同的民族都带向了敌对的冲突之中；更不要说和平的物质世界交往会带来全面的竞争，带来全部生产力（productiven Kräfte）的发展和提高：这同样也是伴随着艺术的世界交往，伴随着在每一个特殊民族本土之上的独具特色的艺术创造的移植和模仿。最为明显的就是正在发生的不同民族的诗歌作品的相互翻译。这里同时出现的还有无穷的平庸和肤浅的大众，因此，只有真正民族的作品——这些作品较之其他的艺术，更要求把握住本民族的和其他民族的特性的对立——才获得了最广泛的传播和最持久的承认。甚至对外国的艺术作品和艺术展览都不再有批评或者甚至没有简单的报道了，这些报道正是试图将民族特有的东西与一般的美学对象并列，甚至放在它们之前来强调；以至于我们不断地被要求研究其他的民族性，从而意识到自己的民族性。因此，尽管我们才只是迈出了几步，但已经接近了一种美学生产力的普遍联合，在这一联合之中，每一个民族都自觉地完成其自身特有的任务。

我们现在如果按照其主要分支来考察特殊的艺术的话,那么我们就会注意到大众化是一切领域的趋势。近代以来普及于每一个城市的建筑术,创造了宽阔的街道和广场;近代的建筑术还超越了被拆毁的城墙与土堤,扩展到了农村,以至于城市和乡村的外在景观也预示着城市和乡村生活的古老的明显差别在多大程度上消失了;这种建筑术还为个体和家庭建造了更充裕的住宅空间,这样,人们在所有的国家和地区之中可以住地最宽敞,在这些地方,人口是最稠密的,但更为全面的生产力的发展也是最快的;建筑术最终也使富丽堂皇的私人住宅增加了,这些住宅不少都可以和公共建筑相匹敌,并因而也证明了货币将所有其他社会差别拉平的力量。此外,这些现代的建筑术之中还片面地受到普遍原则的支配。这种普遍性的原则是遵循合目的性的,努力超越光秃秃的墙壁的简单性和对美的粗陋忽略,超越法国大革命的这种平等原则,再次将有用性和审美性结合在一起。在一切都为人世间的最大可能的舒适和安逸而思考的地方,教堂的建造就不会继续也不会再次成功了。但是我们时代的剧院的建造也常常是失败的;当它不再缺乏匹配与内在的布置时,还很少为剧院同时赋予一种外在的形式美。我们的时代还很少有献给这一类建筑作品的关于其本身的理念的描述。为了更可取的兵营和办事处,医院、工厂,以艺术的方式设计的拱顶,道路的建造,船的建造,在这些地方到处都具有适当的特定概念,而且不会变成用冷酷的进行检验的知性在所有维度上进行测量的热情。在希腊,政治是人民的事务,而在日耳曼的中世纪,宗教是人民的事务,因此人民身处其中的,是他们自己建造而成的国家建筑、庙宇和教堂。正如在现在存在的,个体只是自己也是为了自己而建造,并且他们的房子越是对国家和教会来说无所谓,他们就越是感到幸福。而且在古代也和现在一样,是一个社会瓦解崩溃的时代,当个体公民开始明显地倾向于自己未来生活时,这也会在他们的私人住宅上反映出来。正是这种离心的运动,这种个体从国家和教会的中心的分离,种种迹象表明又逐渐再次回到了一个向心性的运动之上。然而在总体之中,当人民成为国家和教会的共同生产者(Mitproducent),我们就再一次迎来了一个开放的和更高的建筑术的时期,它的结合的任务就变成了对神的理念和民族的荣光的同等的赞美。但是一段时间里流行的元素就因为对物质的和个人目的的追踪,而在建筑学中在所有方向上发生作用,在他们的作品再次向着天堂而显露出崇高的理念之前,才会在平坦的土地上铺设基石。

不能忽略的是雕塑和绘画之中也渗透了流行元素。在雕塑中表现为,他们的雕塑对象不再像从前那样,大多只有社会更高阶级的学术权威,而是开始赞美艺术家、诗人、发明家,即便是那些来自底层阶级的;而雕塑试图在当代重新获得权利,既然它将被他们刻画的人物,不像古代的或者中世纪那样脱去衣服或穿上衣服,而是以他们时代的完整形态出现。① 以相应的方式,现代的绘画明显最为幸运地在一个最为广阔的范围内产生,在这一范围之中绘画在不同的流派中运动,在这些在直接的当下选取的对民众生活场景的描绘之中,在那些人们可以将之称作绘画的民歌之中。对于历史绘画来说,既包括宗教的也包括世界史的和大众史的绘画,合适的时代还没有到来。也许最值得称赞的努力就是,将对各个民族最有意义的历史时刻以图像的方式展现出来。但是历史绘画只有在那些国家和教会在全部的分支之中都自觉地继续生活下去,而人民刚刚开始产生对这些绘画的意义的感觉的地方才能获得繁荣。因此这些绘画对于它的历史来说意义还很有限,而且在它们不再是一些描绘了一些特权阶级的死掉的物质,而自己开始创造历史之前,也将不会获得自己的历史。在各个领域不正是那些更为自由的人,将这些对于他们的过去来说具有更富活力的意义带到了当代之中吗?因此,正如在英格兰和瑞士表现出的那样,历史就存在于人民之中;也是这个原因,北美自从独立之后尽管根本没有多久的历史,但是与德国人对三十年来的历史的回忆相比,它的人民对七十年来北美的

---

① 参考《德意志季刊》1839年7月至9月,《近代以来艺术与政治发展的关系》。

事件和经历却有着更为鲜活的记忆。谁能够这样宣称，俄罗斯人的农奴大众会对一个生动的历史兴趣所触动呢？一直以来，所有民族都与他们的过去保持了较大的距离，而与此同时则更多关注于未来。在对绘画艺术的审视之中，或许有对速写的统治性的爱好。速写是我们这个还未确定的运动时代的象征，甚至是速写的草稿也能获得赞誉；想象通过想象，思想通过思想而不停地被排除、扬弃；那种热情的持久的力量还很少从自身之中进行创造，这种热情作为科学努力之母，确保了圆满完成。

对于造型艺术的未来，非常关键的是最新时代的发明，这些发明部分推动了美学的交往，部分将工具的艺术通过更大的创造性的艺术活动的分离而解放了出来，那些艺术活动那里只有再生产的机械活动，后者在更高的程度上落入无理智的自然力手里。这样的一些借助工具的活动，例如绘画和制图，只有掌握复制，并通过银版照相法和油印术这样的发明而变得更加流畅，否则就被限制在了更狭窄的范围内。雕塑作品的更为轻易的复制通过更大的或更小的非常便宜的环形铸造，以及不久前的电铸而实现，石印、钢板雕刻则是对于美学观点传播的更有利的运输手段。它们也是艺术的大众化，以及艺术意义的更普遍的激活手段，它们也使得一种美学的公共观点的塑造与政治杂志的传播和复制对于塑造政治的公共观念具有同样的意义。在同样的方向上，为了激活一种更为普遍的艺术的兴趣，为了使艺术逐渐从个别性的依赖中解放出来，艺术的联合在发生作用，并将会继续发生作用，只要民族联合中的不同地方联合找到了更好的中介点。

现代音乐，按照它的主要特征或者缺乏感性的柔弱，或者声乐的灵魂、情绪，被分解、歪曲为感觉的个别的呐喊，而不是将感觉完整地、纯粹地展现出来，现代音乐因此也是精神在当前普遍的胡乱的进一步结果和标志。但是音乐的矫揉造作，对它的理解决定了一种特别的有教养的坏名声，它的格调（Lust）和古代的音乐和民歌是相反的。这种格调还没有成为一种新音乐的源头；它可能更多的是一个反复无常的时代里无数的情绪之一,而非与其他多种爱好并立的一个纯粹的爱好。但是在这之中至少有一种预示着生命的对立已经出现在了音乐世界之中;而在当代,既然每一个民族都在跟唱着其他所有民族,并在其他所有民族那里回响,无论如何,一个更为丰富的音乐材料,当同时只在个别的断片之上集聚,就会以美妙的旋律和谐地流入到一条更为宽阔的河流,当有力的感觉的整体再一次有节奏地推动民族的灵魂的时候,这一阶段就不再是古老的教堂音乐阶段了。一个更普遍兴奋的所有后来的时代至少在音乐之中获得了创造的时刻,尽管在这种紧张的时间之后,就紧跟着更长时间的松弛。虽然人们在宗教改革时代常常只把世俗的民歌填进宗教的歌词,与此同时,在南方的天主教人民那里——宗教是他们生活的普遍统治的一个标志——许多教会歌曲同时就是教会之外的民歌。仅仅是宗教改革的独特的冲锋歌曲和胜利歌,比如《一座牢固的城堡》或者早期的胡斯歌谣①,这些歌曲甚至流传到我们这里,正是在歌词和方式上都是独立的和特有的。政治和民族的骚乱的最近成果也存在相似的东西,例如《马赛曲》和《Ça ira》②,德国 1813 年的战歌,一直到《波兰还未丢失》。毫无疑问,许多胡乱的曲调也夹杂在最近时代这些真正的民族歌谣之中;但是不能否认的是,相比例如《处女法兰西》这样的歌,《马赛曲》在更为广阔的范围内获得了持久的反响,前者只是一种音乐的模式,而后者则体现了时代对音乐的需要。

凭借这些伴随着法国大革命开始的抒情的政治音乐——它们在其方式上部分是对胜利的自豪希望,部分是呐喊出对现存的和对立的东西的怒火和诅咒,与抒情的政治诗歌至少在部分上携手并进,尽管抒情诗的音乐还没有走过所有的阶段,而且正是在最近时代的德国才落后了。宗教的和政治的狂热或盲目——两者总是相伴而生——席卷了全

---

① 产生于 15 世纪胡斯派的歌谣,歌曲风格受到当时的宗教和革命氛围的影响。——译者注
② "Ça ira"是法国大革命时期流传甚广的一首革命歌曲,中文译名应为《会好的》,最早于 1790 年被传唱。——译者注

人类，并且随之而来的是全面扩展开的精神生产仿佛再次聚集在一个核心和起点上。而当在往常的平静岁月，音乐和诗歌的生产相伴而生时，也恰恰在那些混乱的时代之中发生这样的事情，不少诗人成为作曲家，他们的语言和方式是同一个模子出来的。正因此，这些歌曲也与世俗历史的战争并肩战斗，并帮助赢得战役。音乐和诗歌的这样一种有机的渗透，我们甚至还可以在一些在德意志的独立战争或者不久前出现的囚犯身上注意到；而既然这些真正的独特的民歌常常是没有诗人的名字或者作曲家的名字，或者是两个都没有的，那么这恰恰标志着它们是从民族的精神中产生出来而同时被赋诗和歌唱的；诗人和音乐家或者是同一的，或者是没有似乎会存在的内在矛盾的。

　　政治的抒情诗之中极少有来自歌曲的。更极少有真正的民族作曲来帮助真正的民族歌曲，也就是说，诗歌和音乐的鼓舞汇聚为一种通过人民的心而传播的火焰。尽管如此，只有政治的社会抒情诗或者笼统讲政治的社会诗歌才是我们时代里独特的，或许是诗歌的大树之上生长出的唯一鲜活的枝芽。自然的诗歌和家族的诗歌——后者使特殊个体的生活成为对象——完全只是再生性的，而且已经融化为已经长久流通的货币，为了让它们带着更高或更低的合法性，也许带着新鲜的光泽，但是带着旧的印迹投入到新的流通之中。歌德虽然在《浮士德》中将"政治的歌曲这种不洁的歌曲"宣布为可耻的，但是他这一宣布的影响极其弱，这更证明了这种政治的诗歌与我们的时代是怎样一同生长的。同时，歌德对政治歌曲的革逐不仅在德国，而且在整个欧洲的诗歌中最为清楚地划出了一个阶段。在过去的阶段里正是歌德佩戴上最美丽的花冠；但是他还不是最高的巅峰，而恰恰只是过去阶段的终结的开始。过去两个世纪的儿子，各自处于不同的、对立的关系之中，歌德和席勒站在他们时代的诗歌的瞭望台上。一个将他的闪光射向未来的云雾，另一个以更为明亮的眼光抓住了当前丰富的内容。但正因为歌德是以诗歌的方式来利用他所面对的当下的全部财富的，他也更多地为后来的诗歌艺术打开了新的矿藏。他对政治诗歌的反对因此就表现为一位国王对他的继承者的带有担心的嫉妒，一种对诗歌艺术王国之中的新统治的预言。

在歌德所有著作之中，《浮士德》的第一部在同时代的人之中是最流行的，因为对他来说，时代甚至在帮助他创作。正如天主教在神的喜剧之中，在解放的耶路撒冷之中获得了它信仰的叙事诗，这位浮士德就是怀疑的叙事诗，它将对过去时代的怀疑以诗歌的方式凝练出来。正如歌德和怀疑的但丁一样，拜伦也和怀疑的塔索一样。正如解放的耶路撒冷已经进入了胜利的新教，我们也以类似的方式接近了一个怀疑的时期。以诗歌的方式进行否定已经不再值得这么做了，因为这些否定已经在最勇敢的创造中同时完成了；而且，甚至当哲学也部分地参与这种创造，将否定带入一个体系之中，这就只不过是一种入殓和安葬罢了，它如此确定地保证了一种生动的信仰的重生。

凭借着大规模的诗歌运动的其他的大量征兆，显示出了这样一种宗教的复活，尽管在个别之上是大大不确定的。当破灭了所有希望的革命只留下血淋淋的残损的躯干，诗歌的艺术也一同感受到了残损的痛苦。而当18世纪的怀疑哲学也走向了怀疑的轻佻的嘲讽的一面时，这种怀疑哲学如今就上升为一种怀疑的诗歌，成了站在流沙的荒漠中的呐喊，一切固定的信仰的东西都被松散了、粉碎了，而徒劳地向一片更为稳固的土地挣扎。这一风暴还未将天堂变得清朗，而是当第一片乌云已经飞走，天空又蒙上了阴暗的灰色时，也打碎了从前以饱满的和弦歌颂天堂的统治的竖琴——它的最高荣耀就是人在神的威严之下的屈从。只有在个别的绷紧的弦上，才发出尖锐的声音。这就是那种现代世界的伤痛，它从嘲讽（Ironie）中产生出来，之后怀疑以它自己的真实性，并最终甚至变成了讽刺（Spotte）；但是这种嘲讽至少在拜伦和雪莱的诗歌之中还是一种真理。他们的诗歌创作因此还有一种普遍的，至少是一种欧洲的特征。一个特殊的政治的、社会的方向，如在谷物法之歌之中,在柯勒律治①的诗之中,在宪章运动叙事诗之中,相反却在英国出现了后来的诗歌的反对派,并且在英国表现得如此尖锐,因为它是与上流阶层的特殊文学、时尚生活的文学是相对的。从一开始,这样一种特殊的政治潮流就特别体现在由布朗基所代表的法国的叙事诗之中,在法国伴随着波旁王朝的建立,就在形式上产生了一种反对革命期望的矛盾。因此在最近一段时期里就产生了一种人们称作无产阶级的诗,因为这些诗的创作者是那些社会的底层阶级。与这些人民的歌颂者相反,乔治·桑②将法国上流阶层的叙事诗人,除了布朗基、拉马丁③和 A. 巴比尔④这些个别的例外,足够恰当地刻画为这样的一些人:"他们的钟表走慢了,并且当他们在镜中观察自己的时候,忘记了给它上弦。"无产阶级诗歌中的大部分还是相当无害的,而且常常接近于对上流社会读物的回忆。这些诗歌一直努力把贫穷和富有,受压抑的苦难与一种向上奋斗的教育愿望之间的世俗差别变得直观;正如底层阶级的这种不懈地为获得更高教育的努力——在他们之上就已经是一种在现代社会之中的分裂,以及通过一切方式来摆脱这种分裂的努力的标志了。在德国,爱国主义的政治诗歌自独立战争起,一直到大约 1820 年才提上日程。此后就产生了那种富有吸引力的混合的诗,人们可以在海涅身上发现这种诗的某些首要的和独特的东西,但是这种诗在模仿之中很快就变得令人反感了,因为它的目的在于在每个成功之作中

---

① 此处原文为 C. Cole,疑为误拼,可能是 S. Cole,即柯勒律治(Samuel Taylor Coleridge)的简写。柯勒律治(1772—1834),英国著名浪漫主义诗人。——译者注

② 乔治·桑(George Sand, 1804—1876),法国著名女小说家。著有小说《爱蒂亚娜》、回忆录《我的一生》等。乔治·桑是一位高产作家,一生写了大量文学作品。雨果这样评价她:"在我们这个时代具有独一无二的地位。其他伟人都是男子,唯独她是伟大的女性。"——译者注

③ 拉马丁(Alphonse de Lamartine, 1790—1869),法国作家、诗人、政治家,浪漫主义文学先驱。著有诗集《新沉思集》《诗与宗教和谐集》,小说《一个女仆的故事》《圣普安的石匠》等。——译者注

④ A. 巴比尔(Henri Auguste Barbier, 1805—1882),法国剧作家、诗人。他受到法国七月革命的鼓舞创作了大量诗歌。——译者注

都要在世界上要放置一半圣人一半小丑,他们的每一个运动都是从一种悲剧的立场开始,并且以一种滑稽的跟头结束。这是一种严肃和玩笑,肯定与否定的混合,一种不像任何地方的决定性的诗歌的陈旧系统,这一系统正如政治的系统一样,将微不足道的事情作为结论。而且这一海涅的阶段至少超越了德国叙事诗的个别代表,首先就是G.海尔维格①:它不再游戏,它是激情;它以一种严肃而真诚的态度对待他们的愤怒,如同对待他们对于未来的信心和信仰。但是只有鲜活的政治诗歌,它在严肃与嘲讽之中切中要害地抓住了每一次特殊的机会,在这些机会之中也从不缺少政治实践的愚蠢,现在也被提上了日程。与之相反,仁慈的天堂又保护了我们远离德国蹩脚诗歌的那种广泛的自由主义施舍;这种蹩脚诗已经用海尔维格的那种装腔作势来炙烤我们了,并还将炙烤那些在他这种以及少数他人那里作为燃烧的激情而被鼓舞的人。

以诗歌的方式反对已经存在的和正在发生的状况,首先是在大不列颠的历史土壤之上反对历史上的小说。它为整个欧洲所知,但是只有通过将这些诗歌的反抗当作一种流行的元素纳入自身;它试图描绘以往时代的全部大众生活,而并不只是上流等级的行为和欲望。甚至对过去的这些描述只是推动了当代的意识,最终推动了真正现代的政治的、社会的小说。最近的英国和北美的小说家,从库柏②到鲍沃尔③、马里亚特④、狄更斯和希尔斯菲尔德⑤,他们几乎传播到了现代世界的

---

① G. 海尔维格(G. Herwegh, 1817—1875),德国诗人,青年德国运动代表。——译者注

② 库柏(James Fenimore Cooper, 1789—1851),美国民族文学奠基人之一,代表作有《最后一个莫西干人》。——译者注

③ 鲍沃尔(Edward Bulwer-Lytton, 1803—1873),英国小说家、诗人、剧作家。代表作有《庞贝城的最后一天》等。——译者注

④ 马里亚特(Frederick Marryat, 1792—1848),英国小说家,代表作有《海军候补生伊齐先生》《新森林的孩子们》等。——译者注

⑤ 希尔斯菲尔德(Charles Sealsfield, 1793—1864),原名为Carl Anton Postl,奥地利裔美籍小说家。——译者注

各个地方。在其中,那种恰恰是在大不列颠和北美存在的喧闹在每一个个体上留下了清晰的印记,因此,这些著作就凸显了那些整体上是不列颠和北美的特征的东西,通过敏锐的直觉和所有外部的和外在把握的生活的表现的感觉。但是对最小的东西的描绘经常翻转为狭隘的东西:在我们时代的尘世现象之上飘荡的并不一直是时代的精神,当代的真正生活因此常常更多地消散,而非被理解和总结。

比诗歌更高的还有法国的社会题材小说,它不仅将当代的暂时性定在,而且同时还将其对于未来的努力作为对象。既然相对于其他国家,法国和它的过去已经决裂了,因此法国很少有真正的历史小说。社会的目前状况创造了如此多的东西,以至于诗歌的创作也必然会指向它们。人们因此立即就走向了社会小说以及社会戏剧,因此——人们从那一时代获得材料——它就大多只是在现代的意义上被加工处理。当人们的希望一再破灭之后,甚至诗歌也只是沉浸在腐烂的气味之中,甚至它也咒骂这个时代的精神和伦理的分裂状态,咒骂带有最执拗的脾气的最明显的利己主义,也就是自然的了。最终人们受够了这种无政府状态,对于一种创造性的和秩序原则的思想,以及对事物的一个新秩序的预感就出现了。这至少可以在乔治·桑的最新著作中看到;法国戏剧在经历了一段癫狂的时期——人们将这段时期看作生产力的再次复兴——之后,就表现得完全耗尽气力了。庞萨德①的《卢克莱修》最终是否会是一个进入更好阶段的转折点还有待观察,但是大可以对此持怀疑态度。劳动阶级的成员在叙事诗领域以及在小说领域做出的探索是值得注意的;这些无产阶级的著作,与那些占统治地位的狂热的过度兴奋相反,至少在目前还表现出了质朴、诚实,甚至是借助温和的特征,与此同时社会的分裂及其巨大的矛盾也仍然成为他们的主题。

---

① 庞萨德(François Ponsard, 1814—1867),法国戏剧家、诗人、作家,曾任法兰西学院成员,代表作有《卢克莱修》(1843)等。——译者注

162　　　整个德国领先于其他民族的，只有在叙事诗之上生发出的新的萌芽。它当代的长篇小说和短篇小说，正如它在对纯洁的瓦尔特·斯科特①的狂热之后，首先以青年德意志而显露出来；此后它的社会戏剧——古茨考夫②作为它的主要代表——相反则只是时代的迟到产物，然而它也以自己的方式一样独立地阔步向前，但是更早出生的产物则在莱茵河另一侧产生了决定性影响。这种对社会状况的反抗在德国仍是诗歌发展的一个必然产物；它因此迫使相反的反抗，如一部分在蒂克③、史蒂芬斯④等人的小说中所表现出的，成为对他们自己的根基，对今天社会根基的斗争。因此，在这一过程中，当合适的时代已经到来时，为社会小说和戏剧提供的时间并不多。介于过去和未来之间的两面性的当代在纯粹诗歌上的反映，决定了在未来占据统治地位的思想至少会有巨大的发展，从而为它的具体的未来情况确立一个更为清晰的蓝本。唯一能够满足科学的任务还没有完成；因此只有关于一个新时代的怪异的梦，才能在当代的图像上面投上它隐隐约约的影子。然而戏剧在世界历史的戏剧性循环再次完整地形成之前，在世界的命运再次完成之前，是不会迎来全盛时期的。单单是法国大革命这一引领了一个新时代的实践，甚至仅仅是将线绳交织在一起打个结的第一个活动，然而还没有解开这些结。正因此，这一暴力的实践也没有激发起任何完全让人满足的戏剧；但是我们也看到了源自大革命的戏剧性场面，一部分是具有最富生机的内容的，如乔治·毕希纳的《丹东之死》。

---

　　① 瓦尔特·斯科特（Walter Scott，1771—1832），英国著名历史小说家和诗人。代表作有《艾凡赫》《惊婚记》等。——译者注

　　② 古茨考夫（Karl Gutzkow，1811—1878），德国作家、戏剧家，德国青年德意志运动的重要参与者，早期现实主义的重要代表。代表作有《乌里尔·阿考斯塔》《达尔杜弗的原型》等。——译者注

　　③ 蒂克（Ludwig Tieck，1773—1853），德国小说家，德国浪漫主义文学运动的重要代表之一。代表作有《金发艾科贝尔特》和《穿靴子的猫》等。——译者注

　　④ 亨利希·史蒂芬斯（Henrich Stefens，1773—1845），挪威裔德国哲学家、自然科学家和诗人，曾任布莱斯劳大学和柏林大学校长。文学作品有《瓦尔赛特和莱特一家》《四个挪威人》等。——译者注

但是，责任并不在天才的诗人身上，而是在时代自身之上，没有那种多样性之中的同一性，它在 I 上面标上了一个点，并制造了戏剧性的 Ich（我），这个"我"将被解体了的分支又拼合为一个整体。

此外喜剧的一个新的繁荣期，一种勇敢而自由的幽默的阶段也到来了，对于它们来说，否定的、始终有意的和反省的讽刺只是一个先行者，帮助开辟了道路。永恒的理念必须再一次通过国家和社会的一个更为确定的和更令人满足的塑造，来为自己获得一场胜利并借此也将自己变得确定，在它把握到在令人愉快的玩笑游戏之中，与有限的东西和特殊的东西的对立之前。这一游戏在一个从根本上让人们在社会秩序的保护下更自由地张开精神翅膀，人们既不畏惧自然也不畏惧人的时代到来之前，是不会开始的。如今可以预言，在此过程中，家庭戏剧将会失去影响，与之相反，国家和社会的戏剧将会发展。正如现在行省和地方站在了国家的对立面一样，一种人民生活的状况也构成了真正的国家喜剧的前提；在人民生活之中，乡土主义及其特殊的方言并未消失，而是已经如此广泛地相互融合，从而变得让所有人都能听懂。人民因此可以把在最近的时期变得越来越频繁的地方喜剧——这些喜剧正是最好的和最鲜活的，它们根本不是在喜剧专业中被创造的，而且它们至少对于一个更小的圈子来说展示了社会的地方性矛盾——看作喜剧的一种更高类型的先行者。

对于演讲术来说，除了公共生活以外没有任何别的训练机构；它更早的时候作为说教口才至少在教堂中还有一席之地，在它从古代到现代的过渡之中，因为现代的文牍国家（den modernen schreibenden Staat）而越来越被压抑。它只在英国产生了；它再一次在法国和其他新的代议制国家产生了开端；在瑞士，演讲术更为繁荣的发展所处理的却是细微的利益；最终演讲术在北美合众国找到了一片广阔天地，但是在那里它一开始只是像野草一样茂盛，还不是作为艺术，而是作为粗糙的艺术材料表现出来。即便是在欧洲最自由的国家大不列颠也不能例外，在此期间，议会的雄辩术还没有流行，而在统治者和服从者，有教养的人和粗鄙的人，高贵和低微之间的这种截然划分之下也不可能流行。这种流行的口才，自法国大革命以来仅仅在一个更为普遍的政治骚乱的短暂时刻才出现过；但只是断断续续的，更多还带有出于激情的表达含混的呐喊的特征。对于真正属于大众的演讲术来说，它只有在希腊人和罗马人那里才温和化和高贵化了，在那里市民的所有阶级都持久地参与到共同体的事务之中。相反在最近的时代它只涉及这种参与共同事务的权利；因而对国家事务的商谈在一段时间里将只是一桩生意，或者一个没有艺术享受的艺术。

艺术家的努力的形形色色的混乱之中，似乎也并没有为未来打开令人欣慰的前景。既然情感和情感还在对立的创造性斗争中纠缠在一起；各种各样的欲望和声音——它们从未被一种国家的舆论的整体所承担和把握——都出现了，为了留下那些极少被注意的痕迹。从艺术的圣坛上燃起的虔诚的神圣火焰被熄灭了，而它四散的火星在各处只会点燃那些短暂的激情的快速闪烁的火焰。大师已经不复存在了。诚然，我们拥有无数的天才，一片洒满小星星的天空，它们以快速的变化从地平线升起又落下，它们还想用在大地上的一切水面和水洼之上折射的光再一次照射它们之外的东西。但是我们徒劳地从寒冷并继续变冷的夜晚，再次看到了一个或许能够同时放出光芒带来温暖的太阳。我们再一次变成了学生；我们复制所有时代和所有民族，而且还做了如此多的事情，来将所有时代和民族的颜色研磨、混合，但是我们从没有进行绘画和创作。可是它缺乏那些独特的、解释了最新的艺术的东西，而缺乏的东西主要是在诗歌和艺术之中，在这些用词语和声音创作的艺术领域，以最自由、最灵活的材料，在精神上印上了它最初的典范。和教会的统治一样，宫廷和个别贵族在品味上的绝对统治不再出现在更早的大众之中；但是在他们的位置上，一种变化着的时尚和多种多样的业余爱好，带着混乱的相互否定的要求和需要而出现。这是一种品味上的新的贵族统治，和财富的等级制类似，并且和这种等级制是同时发生的。它和从前比完全是更灵活的和更广泛的，但也还是一种等级制;因为正如在国家里一样,在艺术中人民的投票权,他们对美学立法和美学裁决的充满活力的参与还没有实现。就算人民同样拥有了这样的权利,他们也没有使用这一权利的手段。

然而,在美学生产的所有分支之中也始终不能忽略一个显而易见的努力,它部分是伴随着人民的生活在生动的关联中出现的,部分是从分裂而来走向一种新的结合。我们还没有像希腊人那样的民族节日,在希腊所有方式的才能都以最生动的社团和最富激情的竞争热情而展现在人们面前,所以我们超越了纯粹的家庭幸福的时代,或者对宫廷气的娱乐活动的被动爱好(Gefallenhaben);而且至少对于共同节日的兴趣再一次被唤醒了,各种艺术也为这些节日的装饰或多或少地提供了帮助。只是毫无疑问的是,这些节日之中还有很多碎片的东西;而所有这些地方的和小城市的音乐节、歌唱节、艺术展、建筑和雕刻作品的剪彩仪式、射击比赛等还没有通过它们最好效果的统一而构成一个更大的整体。人们在雕塑作品展览馆和绘画作品展览馆中为造型艺术建造了一座新的庙宇。这在从前只是为了将雕塑和绘画的珍宝放置在室内,在室内这些珍宝只是为了得到保存并被展示给观众;这样,思想如今恰恰就成了行动,即这些造型艺术中的任何一个都不能缺少其他的造型艺术,它们相互促进、提高、解释和说明。在这一意义上,人们或许还没有做出值得称赞的探索来把建筑和雕刻,就像和绘画一样,不只是按照一般的合目的性的理念,而且还按照美的合目的性和谐地联系在一起。在向更高阶段的前进中,人们在更为宽广的范围内尝试化解一时还如此明显的一般的有用性原则和美的原则之间的矛盾,并最终努力达到更为普遍的信念,即艺术与工业,正如灵魂与肉体一样,只会不断地区分,从而再次统一和实现。正如我们现在已经在更大的庭院之中,通过装点上建筑、雕塑和绘画来努力美化自然,但还靠着贫乏的、可怜的方式;这样一个更晚时代的创造精神才能够在雕塑和绘画上钻研全部领域,也就是将所有的土地和整个尘世作为一个要不断被完善和更新,同时包含了美艺术和有用性的艺术功效的作品。

在音乐之中特别是德国人,凭借着长而大的管风琴已经创造出了乐音最丰富的复音及音域最广的结合;同时在诗歌领域之中,流行小说也和叙事诗、史诗和戏剧的元素统一起来。既然现在在小说之中散文形式还居统治地位,那么它就没有将有节奏的运动的方式排除出去,并且将诗歌的发展和最多样的联系纳入自身。最近的作家,如 K. 贝克已经用诗行的方式来创造小说;而在莱瑙①、J. 莫森②和其他人的作品中已经混合了史诗的材料,同时还有叙事诗和戏剧的材料。这种混合常常还是一种纯粹的相互结合,它说明的更多的是我们现代的分裂性,而非一种争取整体的有机统一。但是每一个更高的组织之中,还有一个相互混合的运作机制作为基础;而当这一组织被诗歌的生命火花所烧焦时,诗歌的大地之上就会再次长出更丰富的、更有活力的形象。

目前为止,在这一切之中只能察觉到一些可怜的开端,那些无力的、不可靠的和矛盾的探索;人们同时也可以为艺术预言一个新的世界,按照这一预言,它还没有抵达它自身的界限。在希腊,所有艺术都是由全体自由公民共同存在、共同创造的。对于有教养的阶层来说,没有美学的生产和美学的享受,为了向他们进行传播,也许正需要一种吃力的、非常牵强附会的博学,正如在分裂的现代社会中那样。所有的艺术和诗歌过去都是人民的艺术和诗歌,而它们现在已经不再是这样,而只是一部分人的。同样在中世纪和君主专制的时代,艺术和艺术的享受,艺术的生产和艺术的消费——它们是相互决定和相互生产的,只是属于在政治上独立的和自主的,在国家之中居于统治地位和参与统治的阶级。即便事实上在政治上拥有特权的阶层已经失去了他们过去的地位,人民也还没有赢得对于他们来说在文化史上的恰当位置;同样真实的还有一种新的艺术需要一个由自由和自由创造的人民组成的国

---

① 尼古拉斯・莱瑙(Nikolaus Lenau, 1802—1850),奥地利晚期浪漫主义作家。奥地利 19 世纪最伟大的抒情诗人,德国文学"世界之痛"(Weltschmerz)流派的典型代表。——译者注

② 尤里乌斯・莫森(Julius Mosen, 1803—1867),德国诗人、作家。——译者注

家。他们知道这场胜利中所能够完成的东西,获得的他的价值只是参与到了战斗之中;那些身处争论之中却埋头于田园诗般的平静中的人,那些在和平面前就满足了的人,都只不过是为自己的锁链镀上了金的奴隶,他们能够佩戴在额头上的不是桂冠,而是睡帽。

和艺术生产一样,科学生产不仅仅按照个体,而且还按照国家进行分工;尽管每一个民族通过它在活跃的物质和精神的世界交往中的竞争而属于文明的承担者了,它在思想活动的每一个分支上也都有一部分,因此变成了对于每一个还处于任务的特殊范围的民族来说的全面的补充。到目前为止,德意志的诗人和思想家的人民在对土地和财富的划分上做得太迟了。当西班牙人、葡萄牙人、法国人、荷兰人和不列颠人自宗教改革以来就开始在世界的所有地区夺取财产,在各个地方进行征服和创造的时候,从它的日耳曼和罗曼的属国那里继承了还年轻的富有生机的身体的德国,还相当程度上立足于它的哲学考察之中的古老部分之上。既然它的超越世俗的梦想和思想并没有放置世俗的痛苦,那么最终变成了对落后的更为苦涩的感觉。这在青年黑格尔派那里,带来了一群反对灵魂不死(persönliche Fortdauer)的信仰的哲学暴徒,他们也反对具有人格的、有生命的上帝本身,作为世界精神的上帝以无名的方式开始,而且这个上帝假如立刻"戒除了笑"的话,那么考虑到冲锋而来的巨人的话就能轻易地习惯了。既然人们误以为,人可以以头立地,从而进入天堂;而如果人们在思想极乐的眩晕之中就做出了行动,于是人们希望不假思索地通过对一切超验的东西的彻底否定来确保尘世的东西,并且为凭借理论的喧嚣带来一种实践上的世界变革保存一些时间。实际上情况看起来是不一样的。即便是追随着生命以及生命的展开的哲学,也肢解为了数量更为众多的哲学类别。所有特殊的学派,以及每个学派的特殊阶级和特殊差异在多大程度上表现出一种孤傲的样子,并且彼此否定同时发生的作用和意义;那么考虑到哲学家和哲学论断之间的争论和越来越多元的分裂,在实际上就注定要发展出一种必然的折中主义。这在成百上千的有教养的、有力的精神之上变成了准则,只要在哲学研究的主要结果上被拉回自身,并坚持"在它们的果实之上应当能认出它们自己"就好。我们现在在精神上也和在肉体上一样,更多依靠由一切地区和气候所混合起来的食物为生,这对于虚弱的体质来说无疑常常是有害的,而对于强壮的体质来说则是有益健康的。为此,伴随着政治上的专制主义,哲学上的专制主义现在与其他时代相比不再那么普遍,并且长期来看都可能这样;与之相伴的进一步的结果是,被最新的哲学评价得非常低的现实和所有科学中的"坏经验"在当前的情况上升得越来越高。

在全部德国哲学的救世学说的并存之中,不能忽略的是,到现在为止,所谓的左翼黑格尔派发展出了一种显著的能量,它在与僧侣阶层、伪善、玄想和习惯性的下意识的顺从的斗争之中做出了积极的努力,并因此获得了相对很大的影响,这一影响在一定程度上还要归功于一种笨拙的迫害,这些迫害帮助这些左翼黑格尔派在一些地方进行了一场舒舒服服的殉道。而且毫无疑问,推进哲学的工作,也是德意志精神特别的主要任务之一;但这一任务被推进到了这一点上,即哲学的工作再一次通过辩解而和基督教的主要学说相一致,在这一点上哲学的工作在理性之光的照耀下重新焕发出荣光的宗教,对于社会关系来说,再一次变成了物的一种新的和更高的秩序的创造性的富有生命力的原则。不仅不管一切否定和反基督教的反对意见,而且借助这些,处于合乎规律的进步之中的思想着的精神运动走向了这一目标的反面,当人们不再让他的自由运动与外在的阻碍相遭遇,当人们不再将心爱的神不断面对亵渎,而是为了安全地将神安放在警察的保护之下的时候,就会向相反的方向走得更远。在康德之后,纯粹理性和实践理性的领域被区分开了,但是那个无法被认识的物自身还未被解决;后来的哲学家从根本上将重点放在了所谓的纯粹理性之上,但是他们现在不再将纯粹理性理解为纯粹的规则性,而是尝试把它作为对全部生活来说具有建构性的东西。他们因此必然要把康德主义中遗留下的无法消化的东西清除掉,这样也将无法认识的物自身化解于理性之中,把它变成透明的流动性。费希特提出了他的绝对自我，谢林在他哲学发展的第一个阶段，提出了只有通过精神的直观才能把握的绝对这一观点。然而，当人们在更为持续的上升之中发现了思维和存在的同一性时，它的结果就是同样要排除掉这种对绝对的直观，而仅仅将所谓绝对的和意识自由的思维，在其辩证的自我运动之中作为一切生命的根。而正如现在哲学为了在真理之中成为建构性的和创造性的，就不允许设定任何前提，因此，哲学通过黑格尔，在进一步的发挥过程之中走向了思想的所谓的纯粹以太，走向了被表达的和表达自身的无，无应当走出自身，作为自然释放出来。这样，基督教有生命的人格神就被否定了，虽然这一结果到后来才被彻底毫无遮掩地表露出来；这就是对灵魂不死（die persönliche Fortdauer）的否定，甚至一个叫路德维希·费尔巴哈的人还宣扬这样一个世界，他恰恰通过把生命视作虚空的玩笑，而认为死亡并非虚空的玩笑。一种哲学竟然可以从无意识的精神走出，走向的不过还是无意识性。

通过哲学上的黑格尔主义将自身沉湎于流动的思维潮流以及由此构成的运动之中，这一运动不是同时从一个完整的生命胚胎发展而来，它就在这一运动之中获得了一种不断增长的对抗现象的一切假象的力量，反对一切自身无意义，然而无理地想要成为一个本质性的和永恒性的东西。没有哪种哲学像黑格尔哲学一样执行了这句话："所有现存的一切，都有走向根基的价值"（Alles, was besteht, werth ist, daß es zu Grunde geht）；基督教也接受了这句话，它将神的本质认作与每一个特殊的尘世现象的虚无相对的东西，而且只有因此才能证明自身是一种持久和必然的进步学说。因此，黑格尔派发展出了一种具有巨大腐蚀性的力量，一种尖锐批判的具有溶解性的浸液。这恰恰是它所作出的最重要的贡献，即它将那些因长期使用而肮脏的东西在思想的潮流中洗干净，尽管这一学派的一些追随者在其他的意义上也扮演了洗衣匠的角色，特别是在那些它们潦草地对待现实的政治领域的地方。

在这一反对的方向上，黑格尔派还因为与神学的变形进行了持久斗争而做出了贡献,需要补充一句的是,这一神学的变形甚至已经脱离了基督教的土地,而只是作为寄生植物依附于它生长于其上的知识之树。这就是那样一种神学,它就像站在明希豪森的豆子①旁的人,只不过是沿着向天空攀爬的反方向,通过砍断长在地里的那一部分,从而再次与先验的高空联系起来。那一贡献黑格尔派只是通过在一个片面性对面安放了另一个片面性而做到的。神学家们,或者他们中的不少人——这是一群被用逻辑武装起来的堂吉诃德勇敢地驱散了的傻瓜——指引人满足于天堂,而新的哲学家却想让人只满足于尘世。在这场争论之中,两种观点都消耗殆尽;就如依照对立的每一次决定性的破碎一样,在这里从彼此的扬弃和渗透之中也必定成功地产生了更高的观点,既不应为了天堂牺牲尘世,也不应为了尘世牺牲天堂,更确切地说,在其纯粹性和完满性中被把握的基督教废除了这种最终的献祭。在之前的考察中,我们已经认识到了在基督教最初阶段之中的宗教生产合规律性发展接下来的后果,一种天堂和尘世之间的必要的二元论。但是这一在尘世和超越尘世之间的鸿沟已经部分地通过宗教改革消失了;而通过黑格尔派与坚决否定尘世之物的先验之物的坚决否定的反抗,也因此使得后者的片面性变成了更为清晰的意识,但是与此同时,将自身显露在无根据的片面性之中。黑格尔派始终用这种方式在它那一部分上帮助开辟了世界历史的一个阶段,在其中第二部分也最终完全认识了同时包含了一种请求和一种预言的基督教的祷告:让"你的意志发生在天堂和尘世",并且伴随着宗教的意识愈发变成了正在实现的真理。

凭借着全部力量——它将最新的哲学作为反对陈旧的、保守的偏见的否定性批判——它也只能从在基督教之上丛生的杂草中扒掉一些,而没有将人类放在一片新的土地之上;而既然它要将它的形而上学

---

① 典故出自歌特福里德·奥古斯特·毕尔格 18 世纪 80 年代出版的一系列以"吹牛大王明希豪森"为主角的通俗小说。——译者注

放置在基督教的那一位置上，就证明自身是不充分的。在斗争的过程中它越来越明显地表现出它所关系的是什么；既然问题再一次被更确定地提出：是否在知识、爱和意志的人格化的和有生命的神的位置上，可以被安放一个无意识的思维，从这一思维出发还可以不断地产生出人的意识以及最终的人格，从而始终再次消灭在思维之中？问题的答案已经不再遥远。这一假设的不可能性被越来越深刻地认识到，从这一预言出发，人们想要建立世界，人们凭借它在天真的预设——不再预设任何东西之中——为新哲学的追随者脑子里塞进最为惊人的迷信的东西。人们认识到，凭借目前为止被探求的高级意义上的所谓思维与存在的同一——它最终只是把自己变成了不可知的走向神的逻辑的思想之流，沉浸于一种幻想之中；人们通过将正题颠倒为反题，从中可以得出更生动、更具体的综合，通过这一综合，在无止境的逻辑学之中还有一种无止境的、疯癫的、如此敏锐地发展的理论，然而所得出的不是完整的运动的生命，而是这一生命的一个运动着的影子游戏；这一哲学在其更进一步的发展之中，被证明为只是一种内容更为丰富的时代的逻辑的胞衣时，然而一个在法国大革命最初阶段的时代，伴随着纯粹人的理性的，借助于实践探索的偶像崇拜的排除，就已经到达了一个转折点。哲学思想运动缓慢地、经过很多弯路才到达的东西，底层阶级的实践理解力已经直接地把握了。在最近的社会主义和共产主义文献中，越来越明显地表现出为社会的一种新样态奠定一种积极的宗教基础的需要。而后，尽管有无神论和无政府主义的一切理论上的半吊子，人民也越来越清楚地认识到，在现实之中，决定并不依靠存于远离尘世的哲学家和神学家的灵魂之间的空气中的精神战役；而是取决于，那个糟糕的社会要被他们的钩子吊起来；活动着的钓竿只能建立在基督教的地基上和人民的信仰中，这一信仰在一切哲学的分裂主义自己出钱印刷的讣告之后，依然保持着生机和健康。

当最新的哲学成果被更大范围地了解之后，在大众之中发生了针对它的一种更为深刻更为广泛的反应，一种生命的反应，反对任何不承认能够从生命自身获得教益的学说。因为相信生命只和自身同一的信念越来越多地产生;生命只有在被经历的时候才能被把握;生命停留在一种徒劳的冒险之上,同一个生命的完整饱满的河流只能从一个时刻来解释,或者甚至来建构,它现在只能以理性的方式从思维的汤药中,或者神秘地、虔诚地从奇迹和感觉的汤药中发生。这一反应因此首先产自一种在哲学中也发生作用的空白恐惧(horror vacui),它针对的是无拘束的、无意志的思维的专制主义。它以直接的确定性为依据,思维的运动离开了爱或恨的无拘束的运动和意志的运动是不可能的;而且这种创造性的三位一体自身,离开了意识的统一的思想中心点也是不可能的,因而留下的是一个纯粹徒劳的努力,最终人的意识从另外的源泉,以一种永恒的来源被推导出来;更确切地说,那个最终的我预设了一个世俗的东西,一个知识、爱和意志的人格化的神。在最近一段时间,所谓的黑格尔左派的代表也把捉到了对回避生命的无内容的思维的恐惧,但是他们已经开始再次歌颂沉思与行为。如果有谁能够将富有新鲜活力的行为至少在理论上再一次投入到其完整的意义之中,那么相应发生的只会是,当他承认一个在意识之中联系起来是思维、感觉和意志时,行为的永恒来源是一切定在和生命的中心。因此,非常清楚的是,基督徒的神和新哲学的神之间的差异在这种哲学的进步之中越来越微弱了。精神的同一运动也可以在其他国家看到,例如皮埃尔·勒鲁①,大概是法国哲学最新形态的最重要的代表,他所有针对基督教的争论,在本质上只是针对天主教和新教的目前形式。但是他似乎还不想承认,如何在实际上把他的学说认作我们宗教的原则,并尝试进行辩护。此外,基督教在其时代表现的确定形式上,其精神的身体,正如一切肉体性的东西要遵从代谢死亡的原则,从而从腐烂之中,在一个新的形式上产生它的本质——这只是基督教学说自身的必然结果。

---

① 皮埃尔·勒鲁(Pierre Leroux,1797—1871),法国19世纪哲学家,小资产阶级空想社会主义者。代表作有《论平等》(1838)。

在所有这一切之后，对哲学的基督教一神论的辩护就越来越明确地作为接下来的任务出现了，顺便说一下，时代精神自身也在致力于它的答案，以至于难以判断这个或那个哲学家将会为之作出多少贡献。这是一个联合性的、有机的任务；对它的实现同时也是对一般的生产发展规律的实现。正如我们的这一批判的时代总体上还处于一个消解的和破碎的过渡时代，基督教上帝的观念也被打碎和肢解了。哲学家们想要把没有爱的和缺乏意志的思维变成上帝的同时，一种无力、娇弱的虔信主义陷在无思想的阴郁的感觉之中。但并非被理性的傲慢当作虔信主义者而抛弃的所有东西都属于失败者一方。因为除了模糊的灵魂，或者虔诚的伪君子——他们在全人类面前用救世主的血只是漱了漱口，从而不从喉咙中感受到罪孽；在人民中有千百万所谓的虔诚的人，一旦对他们来说一种迫切的尘世的苦难让他们相信基督的天国已经在尘世开始了，他们能够也将艰难地做出决定；它最高的最神圣的命令并非针对幻想的独立性，而是针对前进着的拯救的鲜活的直接行动，以及通过人的解放。最终我们看到了这些自诩行动和实践的人，限制在经验主义和地方主义的传统的一套办法之中，没有富有活力的和快乐的思维，在人之中，在上帝的富有生机的庙宇中，作为热情的牺牲的火焰而燃烧，它或许耗尽了，但始终带来温暖和光明。而这些对生命的片面的理解方式中的每一个，按照实践伦理领域来说都是一种特殊的利己主义。它表现为抽象思维的自大，正如这种自大常见于青年中一样，这些青年没有经历过经验的更大范围，他们将生命的全部财富都放在其抽象性中来理解。因此，这些人很喜欢建立起一个新手的贵族阶层来反对更有经验的人，而不知道社会只有通过按照年龄等级划分而非按照职业种类划分才能构成一个整体。或者他们是作为虔诚的或者分裂的教派精神的高傲而出现的；或者最终作为一个特殊职业的小市民的自大而出现，这种自大以官僚制公务人员的傲慢，将他们的影响扩张到最大的范围，一直抵达最危险的顶峰。

同样是力量的这种肢解和分离——在其中还表现出到处出现的针

对任何理论的片面统治的生命的成功反应——我们在自然科学领域上也遭遇了。自然哲学试图将分散的精神工作聚集起来并编排出序列：当它在生命中的方案恰恰没有被彻底证明时；当由它所构想出的系统的战斗部署，借助于它自然科学试图让自然臣服于概念，在不同的位置上因为新的未被拒绝的经验而被打破时——既然序列消解了并再次按照各种各样的情绪和欲望，从极为多样的点出发开始走向极为多样的方向，成为一种单独的观察和实验构成的小规模游击战争。与之相伴的是如此明显的相互间在学识上的嫉恨，以及一种否定一切的妒忌，个体的利己主义的后果，这种利己主义在更早的共同整体的学派位置上已经出现了。可是这完全没有排除掉自然科学的个别狂热的最为多样的类型，它时而从对金龟子的解剖之中，时而从冰川水之中希望找到对科学的拯救；最大的牺牲者是有能力的，甚至拥有他的殉难者。只要这些东西是那些能够为在这条路上赢得科学的未来的材料，那么个别的努力——它没有整体概念而试图把自己变成一个发挥作用的整体——就要不断地萌发出无政府状态。人们大概已经感受到了对于同一的需要，从这种需要出发产生出自然研究的更新型的集会和协会。但是人们到目前为止仅仅主要将奋斗和努力的地方主义变得更明显了。人们很快懂得了个别的科学冒险，就像对地磁的观察一样，要在更为广阔的范围内进行联合，这样还缺少自然科学工作的全面的组织；也缺少在庞大的联合之中的一种按照计划的共同作用，此外，这些联合还没有扬弃个体的自我活动和独立性，而是更多的要建立在它们上面。

在对国家科学（Staatswissenschaft）的研究中，那种分裂和占据统治的否定性趋势更为明显；完全与观点和利益的无政府状态相应，这些观点和利益在现代警察统治下只能靠外在手段来掌控。我们最新的国家科学的这一特征，或者这一特征的缺陷，在现在一种私有权之中，将各种各样的来自遥远时代的，来自陌生的民族，将陌生语言的权利传统，作为有研究价值的粗糙的东西保留下来；它始终没能成为那种科学的排泄物和对流传下来的材料的加工，为了表达出当代的需要，很快转变为血和生命。这一特征表现在一种国家法之中，这种国家法把国家建立在均等地保护自由的纯粹否定的基础之上，这种自由不会以有害的方式干涉别人的权利空间；因此，这一法律内在于每一个特殊历史法律的仍存在的限制内，确切地讲，一种理性的与合乎自然的发展的法律上的可能性，受到每个个体的抽象承认，但是，对于国家自身来说还免除了这一义务，为在远为广阔的范围内共同携手为这一发展提供手段，而非以迄今为止的可怜的方式。这一特征表现在一种国民经济学之中，它按照一种所谓自由竞争原则的完全片面的观点，在国家周围架上一圈刺刀，在其中，通过一些斗争和外在规矩的考察，富人把穷人，狡猾者把敦厚者打趴在地；只要他们还没有超越劳动的单纯特征，没有将生产和消费当作实现人类天性的两个方面的话，那它就还远远没有完成自己的任务。国家科学的特征还表现在一种国势学（Staatenkunde）和统计学之中，它凭借它的平均数来小心地考察各个领域，而不是以随机的方式仅仅提及人民生活的真理和现实；它以一种外行的方式漂荡在时代潮流的这个或那个波浪之上，而没有从时代潮流的完整的强度上来把握，没有研究它的方向和运动规律，因而也没有能力把国家治理术的实践用作路标。国家科学的特征最后还表现在一种空洞而冗长的反省政治学（Reflexionspolitik）之中，它没有力量将时代的全部意义从它最重要的现象的联系中选取出来，从而预言能够配得上政治学的名字的东西必须始终是什么；反省政治学更没有勇气献身于当代的精神，而阻碍了对未来的展望的无数偶然和无关紧要的东西被推向了一边；这种反省政治学更多的是时而立足于这个时而立足于那个特殊体系的立场上，一个适用于一切情况的完整原则，或者历史的特殊一段的立场上，在河流中的游泳者接近淹死的时候，停留在干燥的地方同时仍然不知疲倦地宣讲游泳技术的抽象学说。伴着对缺少的甚至被严重遗失的东西的认识，对于国家科学来说，同时也指出了首先不得不解决的任务：建立一种奠基在对外在自然的认识和精神自然史之上的国家治理术（Staatskunst），以及据此所做的对文化史和文化统计学的科学结合，作为一种真正富有生命力的政治学的共同承担者和创造者。超越分裂，最终再次达到对社会结构（gesellschaftliche Gestaltung）和病态形态的总体性直观，这种渴望有多么强大，可以由法国和英国最新的社会体系的产生得到证明，可能这些对社会科学的最初探索还很粗糙、不实际，而且充满了谬误。这尤其可以通过出现在德国，建立在民族性和主体语言基础上，也就是一种现实的、在实践上可能的，而非一种纯粹观念的和抽象的民法基础上的最初探索得到证明。

在科学和艺术的不断发展的影响下，以及在一种自由竞争的统治下，精神生产的总体以超出寻常的增长被认识到。作家和艺术家，或者那些凭借这些名字提出要求的人的数量；此后是文学和艺术成果的量，也就是精神的直接的工业，在这一程度上增长了，即对他们来说在其中没有纯粹物质生产的行业（Gewerbfleiß）的其他分支被排除在外。这样的一种增长发生在欧洲所有国家，比较数据的事实还表明，斯拉夫东方的成果的数量与中欧和西欧的相比还差得很远。在特殊的增长之中，我们还看到了新闻业，它的扩张与公共生活自身以及人民权利有着密切的关系；无疑在一种特殊的状况下，例如在处于分裂中的德国和意大利才会产生出相对数量更多的杂志，在这些地方，大众之中还存在着更明显的对政治的冷漠。分工不断被推进，一个为数众多的独立作者阶层出现，只是这种进步运动的一个结果。特别是女性参与到文学中来，但是随之而来的是，通俗小说和女才子们的蹩脚作品的数量无疑也增加了。女性的工作还更多的是对一次性获得的真理和偶然形式中的直观的加工，而非对科学任务的解决。而且女性最多只能参与到知识的生产之中，而不能参与到更繁重的劳动之中；因此精神活动的领域中重复了一个现象，它与女性越来越多地参与到工厂生产是一致的。

读者群体进一步明显扩大，同时是增长的文学作品的影响结果和原因；也显而易见地带来了——从纯粹经济学的视角来看——图书交易和图书生产的联合，以及在此之上的一种文学上的快速生产和快速消费，而这同样再次符合物质工业领域中的状况。出于为更多的大众服务的目的,对精神工作的大众化的努力表现得越来越明显,并且在定期的印刷品的增长之外,还表现在大量的、广泛传播的百科全书作品之中。然而,尽管有这些努力,仍然非常缺乏真正的通俗作品,同样另一方面,这些作品也没有更为频繁地为真理开辟新的道路,真理只可能是一种坚定信念的产物,一种经历风雨仍然继续保持活力的激情,而不仅仅是一种一闪而过的很快再次消散的热情。依照其主要特征,现代出版业生产了一种平庸的中等阶级的文学,并且表现为一种文学探索上的无政府主义的丰富趣味的氛围,伴随着在分散的、无意义的东西上的力量,在平庸的和浮夸的东西上的浪费和分裂。然而这种文学的影响,特别是定期印刷物及其传播,还应被视为非常有意义的。出版业越是使整个精神氛围都充斥着政治,使对国家、社会及其状况的过多的兴趣统治了整个新闻业,或多或少甚至还有文学领域,这种情况就越是明显。考虑到政治出版自然不能忽视的是,个别政党的报纸在数量上已经越来越少了,因为随着观点的分裂,那些大的相互对立的主要党派也分裂为不同的很小的部分和分支。然而还是很容易预见,在任何一件大事件或大的趣闻会一再如电一般产生效果的时代里,参与者的绝大部分起来支持或者反对,那么冷漠者的数量较之从前就会减少。因为总体来看,参与公共状态的需要,以及以这种或那种方式关心公共状态的能力,已经增长并成了一种习惯的力量。而且甚至那些仅仅是为中等阶级规定的学说,至少也偶尔渗透到了人民的一部分之中,并且在一片新鲜的土地上——在这里,精神上的新苗被作为某种新的和富有吸引力的东西被接受——得到加工处理,重新变成生产性的。但是不同的是传统的、自命不凡的、所谓有教养和受过不充分教养的读者群体的大部人那里,对于那些阅读是一种习惯的人,那些平庸的和微不足道的大众不断地要加入他们的队伍,而他们是不想阻止的,况且即便尽最大努力也常常不能阻止。这一阅读群体已经处于这一点上,常常只是为了打消他们本人的思考和自己的生产中的疲惫而阅读;因此过量的、在精神上正起到舒缓作用的读物就出现了。这因而在心理学上是必要的,在当代文学的运动中,相应更大的精神上的好处已经惠及了底层阶级;因此出版业的操作杆,在与所有其他人民生活的事实的联系中,越来越多地弥合了在教养上还存在分裂的差异。而且这一运动既存在于自由国家,也存在于被奴役的国家,在英格兰、法国和瑞士,在全部36个德意志邦国也在加速发展;思想警察是否同时与其充满愚蠢的铅锤联系在一起,尽管轻视的、轻蔑的德国垂死的制度并不疲于推崇检查制度,检查制度对于德国的制度来说是困境中的神圣事物,而对于人民来说则只是那个小丑,它从靶子后面跳了出来,从而告诉人民,他们射出去的子弹打中了正确的地方。

对从最一般的立场出发的课程和人民教育的统计数据的考察①,最终还清楚地认识到,正如伴随着基础课程的不断传播,伴随着新的简化教授方法的发明和应用,以及伴随着自法国大革命以来更加激烈地出现的所谓的人文主义和实在主义之间的对立,在各个地方都努力将对精神生产和精神交换的参与手段向更大范围传播,而与从前相比数量更大的阶级,对于他们特殊的市民的职业也在思想上进行了武装。但是在所有那些课程不再是政府或教会垄断的地方,没有这些垄断这些课程已经——在人民和国家尚存在支配性的分裂的情况下——同时成为人民和国家的事务,因此在所有中欧和西欧国家,我们还会遭遇一种国家、教会、社区和私人所举办的学校之间的盲目竞争。而且在各处对博学的或特殊的专业训练的顾虑,或者按照更高等级的所谓更精致的声音进行调整的肤浅奢侈文化的顾虑,人对于人的教育,市民对于社会和政治的教育的永恒权利,都消隐了。

因此,我们将目光转向精神世界持续的创造的广阔地平之上,就会看到到处都增长了的行动和仓促的活跃。从前昏昏沉沉的各种各样的力量,都已觉醒并在所有道路上进行探索。但是我们还会看到这些道

---

① 对此更进一步的考察,如对政治生产变化的一种特殊的描述,以及对最新的社会体系的一种阐述和批判,还有待进行。

路是如何在众多的方向上相互交织的。在奔跑与追逐之中，力量和力量分散开了，从前的联盟也解散了。出于自私自利与占有欲，虚荣与名利心，狂热与虚伪，羡慕与嫉妒的形态之中的利己主义，从所有能想到的出发点上呐喊："我就是真理！"它是那种最终相信了自己，甚至失去了它只是在追赶着幻想与谬误的意识的说谎者。那种强大的分散和解体，它在法国大革命一开始就在国家之上可以看到了，还在那种精神和观念的无政府主义之中继续，并且或早或晚会带来新的震动。因为在对真理的斗争中，科学的整体方阵被打散为个别的短兵相接，在其中即使是朋友也形同陌路。就是在激流之上，到处都矗立起了个别的依据。但是，我们还是缺少一种富有生机的、创造生命的原则；那些无依无靠的流浪者徒劳地寻找一座处于最高位置的、统治着一切观点的灯塔。

　　盲目的驱动的未被满足的渴望，特别在更年轻的一部分同代人那里，产生了对一种新的宗教的不确定的要求，以及在此之上的一个新的妄想，这一妄想只是助长了混乱。然而这里还有那种考虑，真正的救世主，不论年轻或年迈，都将大量地出现在每一条街巷进行布道。此外这一谬误还承载了它的那一束真理的火光于自身。但它并非一个世界需要的、将会激发起创造性的人类精神的新宗教。它更多的是一种在生活之中的对基督教学说的辩护，它不断揭露妄想和迷信的始终新鲜的内核。只有孩子和傻瓜才会梦想行动，梦想世界历史的一个新的时期，然而与此同时想要从人民那里抢走对于爱和行动的鲜活的神的信仰，对于灵魂不死的信仰，这种信仰使人有能力，为了理念的实现，已经在这个尘世上献上包括肉体与生命的全部。假如他们无力的行动和推动取得了最大的成功的话，他们因此就可以只是在各个地方将人民的一部分激发为一种短暂的狂欢，从它那很快再次消失的足迹上，将会带着厌恶回避开世界历史。因为它曾是，现在也是一种无政府主义的因而也没有胜利者的争论，这一争论只是在自由的名义下冲刷着僵化的偏见、陈旧的不公的磐石，从而不断作为泡沫和尘土向后退。只有必然在我们自身之中，再次使我们神的破碎的部分拼合起来，时代的旗帜之上的神和自由才必然再次发出光芒。而且一定的！在人民对于千年王国的梦想中，在弗里德里希·巴巴罗萨的苏醒这一民间神话之中，与新哲学的梦游中的全部呓语相比，具有对世界及我们德意志民族的未来更多的预言意义。然而科学和哲学的规定性，伴随着意识而前进，而且——它同时还经历着怀疑与否定——将以爱的克制的行动，唤醒在我们之中沉睡着的神，让其回到世上。是否对科学和探寻真理的诚实可靠的研究来说独自就能够成功？很难！有生命的神必须再次被复活，从而被认识。因此很有可能发生的是，只有从天而降的一道闪电，才能照亮我们漂泊于其中的巨大不幸；对于我们来说，被把握的并非我们对绝望的分离的恐惧；那个唯一的神圣的神所给予的困境——它并未纯粹学习祈祷，而是还进行着创造性的活动——再一次让人感受到是多么需要人的人，需要市民的市民。但是只有对于人民的幸福与自由的那种积极奉献者，愉悦地牺牲着的爱，才有可能提前减缓每一个困难，折断它的刺；在实现不了这些的地方，为世界历史提供了最初动力的行动者和革新者最终都将以**宗教的狂热和饥馑**来承担起这项任务。

附录
瓦尔特·格拉布:《生产运动》中的创见及其对马克思的影响①

威廉·舒尔茨在他的代表作《生产运动》中,试图认识不依赖于偶然性和人的主观意志的历史过程的固有规律性。他将自己的工作定义为"在物质和精神生产的领域中发展人民生活的教化法则","而进一步的任务是,将这一法则的特殊运用,证实为对如财产运动、劳动组织一类的重要时代问题的回答。"②舒尔茨通过将他那个时代里市民社会很早就获得的关于社会结构对生产方式和方法的依赖的认识,有效地运用到之前的历史时代,并成功地发展出了一种对于历史唯物主义的形成产生了巨大影响的历史观。

舒尔茨早在他1840年于《德意志季刊》中发表的文章《劳动组织的变化及其对社会状态的影响》中,就已经宣告了他的基本观点:在人和自然之间的辩证法,然而这并非如黑格尔所说的那样在思维中发生,而是存在于活动、劳动,在物质的运动以及建立在物质的运动之上的精神

---

① 本部分节选自以色列籍德国历史学家瓦尔特·格拉布1979年撰写的舒尔茨传记《一个给予马克思灵感的人:威廉·舒尔茨,乔治·毕希纳的同路人、保罗教堂的民主主义者———部政治传记》第五章。Walter Grab: Ein Mann der Mart Ideengab. Wilhelm Schulz. Weggführte Georg Büchners. Demokrat der Paulskirche. Einepolitische Biographie. Düsseldorf 1979. S. 211 - 241. ——译者注

② GI, 4.

的生产之上,而这依赖于"生产力"的状况。随着生产通过"生产力"的提高和分工而发展,产生了私有财产、社会分化、民族、国家和由"社会的内容"而决定的公开的权力。①

"**人如何行动,他就如何生成**"——这篇文章以这句非常响亮的口号开篇——人的本质通过劳动的过程而实现,劳动的过程通过不断创造着的改变和对自然力的利用而满足人不断增长的需要。舒尔茨发现,个体和民族活动的形式和方向,标识并发展着一个人的能力和兴趣。"但是依照一个民族在肉体上、精神上和习俗上构成的不同,及其受外在自然影响的不同——在这一方面首先要考察的是影响的程度——而产生了巨大的差别,"舒尔茨继续说道,"既指同一民族在不同的历史时代中活动的方式和方法上的差别,也指不同民族在同一历史时代中的差别。尽管如此,在这种多样性之中,一种统一性和一种联系,还有合乎规律的发展,被明显地展现出来,对它的认识将成为了解当前和未来社会状况的一个尺度和准绳。"②

从这一观点出发,舒尔茨在他的《生产运动》中证明,社会商品生产的财产关系和劳动决定了当时的政治、社会和文化状态。他指出,国家、政治、管理、司法、学校制度,简单地说,所有的精神生活过程的公共机构,都是通过物质生活的生产方式,通过不断变化的社会经济结构而决定的。人的物质需要以及在此之上起着反作用的精神需要,正是历史发展过程的动力。通过深植于人本质之中的创造和生产的能力,新的需要被持续地创造出来,进而使得一种自由的个性发挥成为可能。人改造、改变自然,自然便通过由人创造的生产运动而服务于人;人创造出建立在不同社会阶级利益——它不是和谐的,而是始终处于矛盾

---

① Vgl. Wolfgang Mönke: Der "wahre Sozialismus", Teil 1. Moses Heß 1812 bis 1844. Diss. Phil. Berlin(Masch.) 1971, 340; ders., Die heilige Familie, Berlin/DDR 1972, 269.

② (W. Schulz): Die Veränderungen im Organismus der Arbeit und ihr Einfluß auf die sozialen Zustände, in: Deutsche Vierteljahresschrift, 2. Heft, 1840, 20.

冲突之中的——之上的人与人之间的关系和机构。因而伴随着经济关系的转变的政治斗争的推动力，不是在理念的领域里，而是在物质的、经济的和社会的力量利益中去寻找。

舒尔茨对于物质生产的过程特征的强调，使其区别于其他资产阶级国民经济学家，他们把现存的经济关系视为某种自然给予和永恒的东西。他所准确认识到的资本主义经济体系中急剧加深的矛盾，更加强了他批判的观点，从而让《生产运动》成为启发卡尔·马克思的重要著作。

舒尔茨在导言中断言，时代的最重要特征是"教育和财产之间的违背自然的分配"，通过这种划分，人民大众"注定承受奴役与贫瘠"。因而随着"在无产阶级大众和更高等级之间的鸿沟"愈发加深，便存在着产生毁灭性内战的危险；大胆、敏锐而富有思想的蒲鲁东，"受到他社会信念的鼓舞和充盈"，已经将财产权解释为战争的原因，并得到了呼应。① 为了避免"一个新的教训只有在人类的血肉中通过血的过程才能被铭记"，必须找到一个对当下社会任务的科学解决方式。② "自由竞争的系统"生产出一种原子化的"活动和利益的分裂"；为了寻求一种补偿，各种各样的社会主义和共产主义学说被提出。"正如这些新的社会学说是源自贫富之间、工人与资本家之间日益尖锐的对立一般，它也加剧了这种紧张关系，因为它使得底层阶级无法意识到这种对立，这一对立自身通过夸张的描绘和控诉而被强调到了极致。"③然而这无助于激怒"共产主义的怪兽"，以及"将它的拥护者的谬误和矛盾逐一列举出来并加以证明，如果人们没有同时承认的真理的神的火焰的话——它如电一般掠过人民。如果它被忽视，不被注意的话，它就愈发明确地变

---

① W. Schulz: Die Bewegung der Produktion. Eine geschichtlich-statistische Abhandlung zur Grundlegung einer neuen Wissenschaft des Staats und der Gesellschaft, Zürich und Winterthur 1843(künftig BPr), 3.
② BPr, 4.
③ BPr, 5.

成毁灭性的火焰"。①

　　这位社会正义的资产阶级传道士因而使他的理论反思符合实践的目的,预防有产阶级和无产阶级之间"充满敌意的对立",并"在可靠的研究之中,在真理的左和右的偏见的所有混乱之中开辟出一条道路"②。因此他将对发达国家社会状况的研究视作必要的,正如洛伦茨·冯·施泰因之前出版的著作《当今法国的社会主义与共产主义》(舒尔茨也曾提及)中所做的尝试一样。施泰因在这本书中批判了此前的学说,并主张在无产阶级革命到来之前,应尽快进行社会和政治改革。舒尔茨采取了一种和施泰因类似的立场。

　　舒尔茨为德国的经济分派了这样的任务,即迫切地去考察社会弊端的原因和结果,"从思辨的梦幻快乐,或者那些合法概念的毫无结果的诡辩,或者历史的所有细枝末节中的猵狭的分解中"③抽离出来。这尤其是在嘲讽陷入"空洞的普遍性的云雾"之中的青年黑格尔派的哲学激进主义。舒尔茨尤为激烈地批判莫泽斯·赫斯,赫斯在他的《行动哲学》(发表于海尔威主编的《来自瑞士的二十一印张》)中,要求通过实践来实现理性,从而终结大地之上的一切精神的和物质的奴役。舒尔茨以嘲讽的语气说,这个新哲学的宝座和漂浮在云空之中的神学一样,这云雾缭绕着人民,人民遮蔽在了云雾之中。"你们想要时髦,并向任何一种方式的压迫挑战,于是你们不仅谈论着你们想要的打击,而且也去践行打击;你们言说行动,于是行动最终被体现为精神的活生生的行动,借此你们救赎般地走进人民中间,走进他们的需要和斗争之中。但是将来,你们正如信仰基督的富人扔掉他那些无用的财宝那样,会将你们那些经院教条的空洞废话扔在你们身后;然而在这样一个撕裂的时代里,一个哲学家能够被人民接受,正如一头骆驼穿过针眼一般

---

① BPr, 6.
② BPr, 4.
③ BPr, 6.

困难。"①

不仅从青年黑格尔派和其他教条的体系批判者的学说中,而且从生活本身之中,人们可以"通过生活现象的多样性"来获悉"发展的简单规律"。迄今为止,人们解决社会问题的尝试仅仅关注生产和消费的物质方面,而没有正确地审视精神的创造及其社会的条件。然而人们不能忽视,每一种生产方式都创造出一种特别的消费方式,二者进而相互决定,而只有通过"生动的个体的全部政治和社会的意义"才变得明显可见。只有在考察了所有这些因素,"一个对新学说的谬误的排除",特别是反驳蒲鲁东反对财产的叙说,才是可能的。为了描述"生产的变化及其组织在今天的划分"合乎规律的联系——这种联系使得进入一个固定的位置得以可能,一种"历史的、统计学的考察"就成为必须的。②

舒尔茨因而将他的任务视作以一种批判的视角来审视物质和精神生产的条件、过程和社会结果。他的书分为三部分:第一部分,关于"物质生产",在这一部分他借助大量的统计学经济数据证明,通过机器而提高的生产率并没有改善工人的境遇,而是让工人生活得更糟。他在生产条件变化的基础上分析了社会构成的发展层次,并指出,经济和社会关系的不断变化是一个合乎规律的过程,并可以归因为不断发展的分工以及由此产生的商品生产的增长。商品的生产不断带来新的需要,为了满足这些需要,越来越复杂的统治和经济体系就变得必要起来。由生产关系而产生的财产的种类和分配,导致了相应的社会组织,决定了时代的观念。

这一思考,舒尔茨早在他三年前发表的论文《劳动组织中的变化》(*Die Veränderung im Organismus der Arbeit*)之中就部分地有所表述。在《生产运动》中,他借助于在这期间发表的洛伦茨·冯·施泰因关于1789年以来法国的社会主义和共产主义运动的书而进一步发展

---

① BPr, 7.
② BPr, 8.

了他的观点。施泰因在其由普鲁士政府委托的调查中写道,贫困化、工业的大众贫困,正是资产阶级工业社会"不可避免的结果"①。"根本的社会事实是,工人阶级已经开始认清自己是一个独立的、受资本统治的阶级,然而与此同时,又是在劳动和个性的本质上同有产阶级一样有资格享有社会平等的社会第二等级。"②自巴贝夫以来的共产主义理论家,已经成为一股无产阶级大众潮流的代言者。这一潮流力图在一种为实现取消私有财产、分配财富的目的而进行的激烈的冲锋之中将平等原则付诸实践。获得了自我意识的工业无产阶级,构成了对建立在个体和私有财产原则之上的社会秩序的致命威胁。

施泰因"共产主义是无产阶级的阶级意识形态"这一观点,后来马克思采纳并带着极大的热情对之表达了赞同,因为他将无产阶级视作哲学的物质武器。但是早在1844年马克思了解施泰因的这部著作,并接纳他的观点之前,舒尔茨就已经将无产阶级视作一个有革命倾向的阶级,武装了共产主义意识的无产阶级,将能够打破现存的社会制度。这一点,他做得如此之早,早在11年前,在他的《通过国民代表的德国统一》(Deutschlands Einheit durch Nationalrepräsentation)之中就曾发出过警告,加在工人身上的那变得几乎无以复加的贫困和奴役已经危及所有制的秩序。③ 现在,在一个社会和工业发展的进步阶段上,舒尔茨在他的《生产运动》中以大量的统计报告证明,技术的过程和工业的机械化导致了无产阶级的贫困,进而,能够毁灭道德伦理价值的社会崩溃的危险也增加了。

舒尔茨在他这本书的第一部分探讨了物质生产,后两部分则在"精神的生产"的题目之下,以历史的和统计学的立场来进行探讨。其中他研讨了自然和人文科学的发展、发现和发明对于拓展世界观和总的"文

---

① Lorenz von Stein: Geschichte der sozialen Bewegung in Frankreich von 1789 bis auf unsere Tage, Neudruck Hildesheim 1969, Bd. 2, 74.
② Ebd. 96.
③ DEN, 59 f.

化生产"的意义。他证明古代和中世纪哲学,天主教和新教"宗教的生产",法学,还有不同的艺术种类,正是借助于在对自然力量的认识、管理和开发之上的社会状况才能产生作用和影响。

1843年4月13日,他将他这部作品的后两部分作为关于"精神生产的劳动组织的变化"的独立论文寄给了斯图加特的出版商柯塔,以便让他将之收录于他的《德意志季刊》之中,舒尔茨曾致歉提及,他在刊印了关于物质生产的部分(1840年初)之后迟迟拖了三年才完成后面两部分。这一耽搁"主要因为,关于劳动组织的问题总是面对着这样的时代问题,它总要面对不断增加的文献,而我有责任去仔细地面对它们,这样才能够促使我从事一些研究,它们的背景是我一开始所没有预料到的"①。——然而这个杂志没有刊发"精神的生产"这一部分,也许是因为舒尔茨在1843年春天已经将这一部分在《生产运动》中刊印发表出来了。

在"物质的生产"这一部分里,舒尔茨从一种历史的视角展开了研究,他指出了商品生产和社会发展过程的合乎规律的顺序。在原始时期,当人还在游牧状态,以渔猎和畜牧养殖为生的时候,既没有阶级差别,也没有公共权力。因为生产还建立在手工劳动之上,而分工还没有充分发展,需要也是低级的。部落首领同时也是摄政王、军队领袖、大祭司、骑士和管理者。在这一文化阶段上,手几乎是"人仅有的、唯一的工具,借助于手,人以最直接的方式从周遭自然中获取满足他需要的东西"②,人可以从自然提供的东西中获得满足,因而还没有产生将智力教育作为其职业的社会阶层。

人类历史的第二个阶段是通过农业决定的。这时的劳动已经是经过精神活动中介的更高程度的劳动,因为人已经开始使用自然力。不断增长的需要使各种各样的分工变得必要,借此不同的劳动和手工劳

---

① Schulz an Cotta, 13. April 1843 (unveröff.), Cotta-Archiv, Marbach.
② BPr,12.

动以不同的等级和阶层、行会和合作社而划分开,而这反过来又发展出等级精神和荣誉概念,通过这个推动了偏见。"为了物质生产的有规律有计划的职业活动,资本——也即积累起来的财富——的逐渐积累成为可能。"①这样,满足个体生理需求的忧虑消失了,人可以致力于精神劳动:物质生产和精神生产的对立第一次显露出来。为了满足需要,生活的源泉和未来明晰起来,精神的贵族——宗教的神职人员——被区分出来,在单纯的血统之外,法律规则也被制定出来,尽管刑法和民法还混淆在一起。

在一个特定的时间点上,要提高生产就需要找到必需的、简单的和可操作的手段,来将生产出来的物质和精神的产品进行交换、传播。而这就是货币和拼音文字的作用,这两者大约同时由腓尼基人——他们当时是高度发展的贸易民族——所创造。同早期的象形文字比较起来,拼音文字开创了"精神创造的一种无穷的有效形式"。因此,舒尔茨尖锐地说,"近代以来一些共产主义者所梦想的"废除货币,和废除写作的意义是一样的,"这就犹如命令世界历史回到子宫中去。"②

舒尔茨继续说道,在生产的规律性运动接下来就进入到生产性的人力,和服务于生产的盲目的自然力之间关系的变化。产品因而同人身体的辛劳不再有关系了,人已经成为自然力的精神驾驭者了。精神和物质生产的不同发展,使不同国家具有了不同特质。由于劳动的日益成熟的分割和划分,农业和手工业分离了,商业、交通和工业发展了。在手工工场经济阶段,工具和手工艺"通过劳动向其最简单的元素的分解和无数双手为了共同的生产目而进行的分工"而变得多样和完善。③商业和手工业推动了城市人口的增加,与此同时,农村人口开始相对地降低;这一发展使得生活的各个领域里扩大了的精神生产,更完善的管理和众多的社会政治改革变得必要。通过交通而提高商品价值的商业

---

① BPr. 15.
② BPr. 79. 废除货币的建议,罗伯特·欧文也提出过。
③ BPr. 40.

和交换，同样遵从工业的规律；道路的修建，纸币的发明，服务于劳动者储蓄的信用和银行制度的拓展，这些都是生产的重要驱动力。

历史发展过程的最新阶段——工业生产——巨大地增加了有产阶级和无产阶级之间的对立。舒尔茨带着道德上的愤慨，谴责了国家生产的增长和与此同时"变得越来越多的贫困阶级，却只造就了一个更加正义的控诉，对财富和享受的由国家控制、不平等和不稳定的分配和运动"①越来越贪婪于自身的自由竞争体系，"这种无体系的体系"，瓦解了土地领主和农民之间的联系，这种联系正如同"有着明确划分的工匠、帮工和徒工的关系的行业组织之中所表现出来的瓦解一样"②。

然而，按照舒尔茨的观点，这种瓦解蕴藏着"一种新生活的萌芽"于自身之中。因而他并不支持如共产主义建议的那样建立一个"没有生机的、普遍的均产共同体"，他对之从不感兴趣，他想要的是一种并不损害私有财产的生产合作社——这他早在十一年前，在《通过国民代表大会的德国统一》一书中就已经提出了。按照他的建议，若干地产所有者"按照共同的经济计划，为了开发更广阔的土地而联合起来"③，工业企业也可以在此基础上建立起来，从而规避自由竞争的危险和缺陷。

早在1838年，舒尔茨在布劳克豪斯的《当代百科全书》中撰写的"协会"(Associationen)词条中就已经提出了建议，"对于所有参与劳动的人来说"，代替"服务的纯粹出租越来越表现为一种本真的社会关系"。对此他忧虑重重地指出，"今天劳动组织的组织精神，尽管可以理解为多种方式的生产力适当的联合，但也绝不是劳动的工人和企业的经济利益"；他在他的《通过国民代表大会的德国统一》中重复了他从前的建议，"总体盈利中每一个相对的部分"都必须被保障。④

---

① BPr,44.
② BPr.58.
③ Ebd.
④ (W. Schulz)：Associationen. In：Lexion der Gegenwart, Bd. 1, Leipzig 1838, 244-249.

舒尔茨是德国历史上第一个提出了工人分红建议的政治评论家，这一理念——它在原则上否定资本主义中潜藏于系统内部的冲突斗争和对抗性矛盾的不可调和性——指向一个和谐的社会模式，并于1844年10月在"劳动阶级福利中央协会"的筹建会议上被考虑。这一协会和舒尔茨持有共同的目标，即"在劳动阶级积极的共同活动之下……将工人阶级的道德和经济状况"逐步改善，从而使一个"工人阶级和社会其他阶级之间在友爱基础上建立起来的联盟"愈加巩固。①

舒尔茨也不无忧虑地认识到，他针对企业主们提出的号召——将工厂工人纳入市民社会之中以作为和平的调和——并没有得到重视。他对"在资本家和工人阶级之间经济利益的分裂"发出了警告；随着竞争体系的快速发展和激烈化，"同社会其他阶级日益敌对的无产阶级"也会不断增加。在大不列颠这样高度发展的工业化国家里，"通过少数的工厂主和资本家造成的工人的贫困化和奴隶般的剥削，已经使其本国的形象变得十分可恶"；这些弊病的原因应该到"所有制违背自然的运动的不平衡中"去寻找。②

舒尔茨形成了后来被马克思所采纳并深入证明的贫困化理论和资本积累学说——失去约束的竞争秩序将会导致越来越多的资本积累在越来越少的资本家手中，在社会领导的另一终端，受剥削的无产阶级大军产生了。由于小农的地产和耕地分割和负债——舒尔茨阐述道——"贫寒与不满的阶级"在不断增加。大地产吞并小地产，"正像大工业吃掉小工业一样；而且因为较大的地产重新形成，大批不再为土地耕作所

---

① Ansprache des Comites des Zentralvereins vom 29. Oktober 1844, abgedruckt bei Adolf Schmidt: Die Zukunft der arbeitenden Klassen und der Vereine für ihr Wohl, Berlin 1845, 90ff. Vgl. Jürgen Reulecke: Organisation der Arbeit. Oder Arbeiterorganisation? -Zur Stellung bürgerlicher Sozialreformer zur Arbeiterkoalitionsfrage vor 1870 (Vortragsmanuskript), in Sozialer Wandel, Konflikt und gewerkschaftliche Organisation, Berlin 1979, 6.

② BPr, 25.

必需的没有财产的工人就又涌向工业"①。此外,贫困的无产阶级还会因为"工厂主之间不断激化的竞争"而增加。因为竞争使得只有通过扩大了的商品生产才能提高的利润降低。结果是,"在工业个别的分支之中会暂时出现生产过剩。"因而"在资本家和工厂主阶级内部会存在一种不确定的财产的摇摆和波动",这些摇摆和波动会导致一些企业的破产,对无产阶级造成"经济的破坏"。而雇佣劳动者阶级则因为企业的倒闭而不得不承受着失业和做钟点工的辛酸。因而资本家对工人所提出的要求——节制个人的需求、更加节俭、竭尽可能地节约,就不再是辛辣的嘲讽了。"只有最庸俗的自私,或者最极端的无知才想拒绝这个要求,认为地产和营业的更大自由给予每个人以获得并享用财产的权利。因为这种要占有和他特性相一致的事物世界的一部分的空洞的、抽象的人格性的权利,对于穷人们来说只是渴望得到他没有能力获得的果实的坦塔罗斯的可怕权利;正因此,生命和科学的任务,就是赋予社会各个阶层悬在空中的权利以根基和内容。"②

在这一语境中,舒尔茨有意但明确地同政治经济学家弗里德里希·李斯特在他的论文《国家生产力的本质和价值》(Wesen und Wert einer nationalen Gewerbsproduktivkraft)(发表于《德意志季刊》1840年)和他后来的代表作《政治经济学的国民体系》中提出的建议保持了距离,李斯特将关税保护政策鼓吹为使德国的工业变得更有竞争力的灵丹妙药。尽管如此,舒尔茨还是承认,因为德国政治上的分裂状态,并非所有地方都缺乏临时的关税保护政策,他也对关税联盟的扩大表达了肯定的态度,但是他强调,关税保护"首先是对**大**工业,即相对于掌握有少量资本甚至没有资本的人的大所有者是有利的"。这样就会使得社会阶级的矛盾更加深化,使无产阶级的队伍愈发扩大。对此,舒尔茨向李斯特表达了断然的拒斥:"正如这种保护体系仅仅是对一种全面

---

① BPr, 59.
② BPr, 61.

自由生产率的否定一般,其最后的目的自身也变得多余了。"①

这位社会贫困和底层阶级的资产阶级代言人,不断以新的观点和大量的数据证明,(作为历史必然和合乎规律的)资本主义竞争秩序是建立在愈加激烈的矛盾对抗之上的阶级社会中的。精神的教养和艺术的享受,对之所有的人都毫无例外地有所需求,然而它们将大众拒于门外。机器劳动的同质性和规律性使得无产阶级自身化作一种机器,使其精神上的兴趣变得麻木。"缓慢进步"的追随者,"渐进的英雄"②用这样的暗示来许以工人更好的时代,所有的社会分层构成了一个有生命力的和成长着的组织;但是无产阶级始终未能参与到这种成长之中,因为"自由竞争的企业之中,进行的还是富人、贵族和狡猾者同穷人、低贱者和愚钝者之间的骑马纵狗打猎"③。产业工人对其他社会阶级的对立因而就成为可以理解的和合理的。

《生产运动》主要的论战对象,因而就是曼彻斯特自由主义所带来的对无产阶级的无穷剥削,曼彻斯特自由主义拒绝一切针对企业的自由决策权的国家干预。舒尔茨激烈地批判自由主义观点——国家仅仅被视为"守夜人的角色",而不允许接到经济过程之中;他强调,自由主义理论家的政治经济学的任务并不合理,"只要他们还没有超越劳动的单纯特征,没有将生产和消费当作实现人类天性的两个方面的话。"④尽管他批判工业资本主义的弊病及不平等的财产与收入分配、无产阶级的贫困、童工和女工的存在,他还是和对私有财产的抨击划清了界限。他担心,为了"在国家周围架上一圈刺刀"⑤而建立的自由竞争的体系,将会把无产阶级带入那些社会主义和共产主义救世说鼓吹者的穷人中去。

① BPr, 56.
② BPr, 65.
③ BPr. 67.
④ BPr. 173.
⑤ Ebd.

舒尔茨既不将过去理想化，也不指望一种对未来乌托邦式的推断，他致力于缓和社会的矛盾，使古典政治经济学不受约束的经济自由走上合乎理性的可行道路，这条道路建立在工业和经济的发展之上，而对自然的开发服务于和平的、富有的人类的福祉。因为他认为矛盾的阶级利益的调和在社会正义的基础上是可能实现的，他极力追求一个资产阶级民主的社会干预国家，在其中无产阶级可以作为享有公平权力的人参与到社会的改革之中。为了预防进步过程产生消极的附属产品，这个国家必须提供有利于无产者和贫穷者的社会补偿，"注意观察社会所有阶层的利益"，片面由"资本家的竞争"决定的，干预物质生产的"完全无政府的运动"，操控经济的过程。国家有义务让"从一种生产方式向另一种过渡，并使其不会对某个特殊阶级造成恶劣的后果"①。

因而舒尔茨的观点就是，资本主义竞争社会中的国家应该是一个排除、超越了个别资本家而存在的特殊、自治的主管机关，并且能够提供其他机构所无法提供的、必要的对社会需要的满足。在这一观点中，黑格尔关于国家是伦理观念的实现，作为总体社会的化身和支持者的崇高观点重新获得了生机。舒尔茨的国家超越于社会矛盾之上，服务于整个国家的利益的观点，在他的如下要求之中表现了出来，国家"通过劳动组织和对财产与继承性关系的改造，来使每个个体的生产率同社会的利益和谐共处"②；国家必须监控"生产和消费的整个过程"并给予它"符合不断变化的内容和发展的不同阶段的"方向；因而国家生活的"全部政治生产"必须遵从"普遍的生产规律"③。

舒尔茨相信，商品生产有可能造成一种社会秩序，在这种秩序之中，国家可以化解社会的紧张，调和相互竞争着的利益群体之间的对抗。为了建立这样的国家，广泛确立起来的社会安全法，国家对于市场经济畸形增长的控制，所有人口阶层对于公共生活的参与，人民的启

---

① BPr, 64.
② BPr, 56.
③ BPr, 9.

蒙,更多的初等教育课程,更加良好的指导和教育,对学校予以更多的资助,废弃检查机构,推动经济和艺术,这些都是不可缺少的。① 这一充满着对未来的乐观态度的纲领在他书中的最后两段,即"精神的生产"中得到了充分的发展。只有在这些条件下,"一种共同的市民的自由和平等的理念——它绝不是任何一种庸俗的平均主义思想——才会越来越多地进入意识之中"②。

舒尔茨将当下的社会秩序向未来的转变归结为摆脱、不依赖于统治者利益的国家权力。如果这种国家权力不能完成它的责任,不能使因增长了的生产而日益尖锐化的资产阶级间的突出的矛盾缓和,那么暴力性的磨合就变得不可避免了。"面对当权者对这一有机的必然进程不合时宜的阻碍,**面对这种对抗世界历史的神圣精神(在其中显示出了上帝的智慧)的罪恶,革命的惩罚就将或早或晚地到来**。"③

舒尔茨以这段预言结束了这本书的第一部分。在"精神的生产"的后两章里,其历史哲学,还有一部分道德的思考,并没有达到第一部分之中的敏锐认识和现实性,舒尔茨关注人与人之间日益增长着的异化,并鼓吹解决的方案就是返回基督教的信仰。

为了摆脱"绝望的分离"的威胁,为了驱除自私自利和占有欲,浮华和名利欲,狂热和虚伪,舒尔茨的建议是唤醒基督教的团结友爱精神。④ 不需要新的宗教,不需要"空洞的世界救世主",不需要"新哲学的呓语"⑤;耶稣基督有意识地将其生命牺牲给了他的教义,因而成为楷模。路德创建了自由、平等和统一的宗教,将稳定和有机的进步,爱——"所有社会化的核心"——作为出发点和目标,目的是通过否定教廷的等级传统来建立"纯粹现实的基督教"。只有"对于人民的幸福

---

① BPr, 175.
② BPr, 74.
③ Ebd, Hervohebung im Original.
④ BPr, 178.
⑤ Ebd.

与自由的那种积极奉献着、愉悦地牺牲着的爱,才有可能提前减缓每一个困难,折断它的刺"①。

但是舒尔茨并不清楚,基督教宗教是否也有能力真正地完成调和阶级矛盾的功能。因而他没有以一种缓和的语调来结束他这本书,而是对资产阶级剥削者提出了警告,此时他回忆起了他同他六年前去世的朋友乔治·毕希纳关于革命的动因和指向的谈话。假如基督教信仰不能承担起他的期望的话,那么,舒尔茨说,"为世界历史提供了最初动力的行动者和革新者最终就将以**宗教的狂热和饥馑**来承担起这项任务。"②

《生产运动》包含了大量冷静、原创和现代的思想,因而成为德语政治理论和德国三月革命之前的经济学里最有影响的成果之一。与此同时,这本书也展现出了作者认识能力上的局限。舒尔茨比他大多数的同代人更加深刻地认识到,资产阶级的工业资本主义——舒尔茨经历了它的蓬勃发展——只是历史地决定的,因而也是暂时的;他经济学的批判视野使得他能够洞察生产条件的稳定性和建立在这之上的政治秩序和社会等级;他准确地发现了物质生产的基础特征和多方面的精神和意识形态现象的上层建筑特征;他揭示了相互承接的生产关系和阶级关系的合规律性。他的困境首先在于,尽管他一方面尖锐地批判在早期资本主义条件之下资产阶级剥削所造成的贫困,另一方面,作为资产阶级思想家的他,却没有认识到贫困的原因是植根于依靠生产资料的私有财产。因为资本主义的生产关系对于他来讲就已经是发展的终点了,而不是一个可以被推翻的客体。和德国其他进步知识分子一样,1848年大革命前夜,舒尔茨对未来表现出了幼稚的乐观主义态度,这种乐观主义态度,在早一代的德国雅各宾派那里就已经表现了出来:他们以为推翻封建专制统治就能带来一个由政治和社会约束着的自由

---

① Ebd.
② Ebd.

的、合乎道德的、人道的和正义的秩序。然而法国和英国的资产阶级统治的经济表现形式,亦即资本主义对工人的剥削,使得资产阶级知识分子的幻想彻底破灭了。

为了避免无产阶级革命的到来,舒尔茨呼吁国家对于经济过程和社会法规的干预,从而缓解无产阶级大众的愤怒;这些措施应当在不打破私有资本主义的生产和所有制关系条件之下进行。这种观点也是出于他当时对于基督教信仰社会功能的强调:宗教应该发挥和谐、调和阶级矛盾的作用,尽管宗教被视作不公正的,但是在舒尔茨看来,资产阶级和无产阶级之间不可消除的阶级关系会固化下来,并将永远持续下去。当他强调过去的社会阶段的物质生产,并强调国家和法规的发展具有一个历史的过程,而这是由生产力的进步所决定的时候,舒尔茨表达了一种唯物主义观点。然而一旦资产阶级社会和市场经济受到无产阶级的威胁(由资本主义生产条件而产生)并作为问题而被提出的时候,这一方法在舒尔茨那里就不见了踪影。正如舒尔茨准确地认识到的,物质的商品生产领域,在保留资本主义交往形式的条件下具有了广阔的未来前景。然而当资本主义的秩序没有受到革命冲击的时候,那么政治发展进程的精神和意识形态的上层建筑领域就一定会走向静止状态:无产阶级不被允许成为统治者。因此对资本主义社会的弊病进行了猛烈抨击的舒尔茨,尽管对于无产阶级给予了极大的同情并希求一个合乎道德的资本主义制度,但在强调当下的任务时,仍然带着和基督教信仰、爱与希望一类的唯心主义的标准。

在这里我们总结一下舒尔茨和马克思观点上的区别:

对于舒尔茨来讲,资本主义的生产关系是发展的终点,因而是无法消除的,这就意味着他将经济政治过程视作一个不可消除的过程。因此,他在分析自己时代的政治情况时,就不能够将唯物主义的方法贯彻到底,而必须逃回到唯心主义范畴的避难所之中。

然而对于马克思来说,资本主义生产关系是可以被消除的,因为他支持无产阶级对资本主义剥削社会的克服;这意味着,他将经济政治过程视作可以被消灭的过程。因此他在对资本主义阶级社会的研究过程之中始终没有离开唯物主义的言说方式。

舒尔茨在他这本代表作中表达的一些观点,早在他之前的一些理论家和社会批判家就已经表达过了。自由主义经济理论的鼻祖亚当·斯密在其《国富论》第二部分中,就将每个国家不同的政治发展和它们不同形式的经济发展联系在一起,并指出,人类共同生活的多种形式依赖于不同的经济条件。此外斯密还研究了在农业生产方式的改良条件之上的城市贸易的发展。舒尔茨所提出历史的进程应以经济的方式来理解,和社会应该将其统一的力量作用于自然的管理,而所有人都必须有能力享用物质和精神的文化的这些观点,源自批判-乌托邦社会主义者圣西门,圣西门早在舒尔茨之前二十五年,就已经警告资产阶级,"最多的和最贫困的阶级"——无产阶级,已经成为最严重的威胁,如果不将他们纳入参与决策的具有相同权利的社会的一部分的话,那社会革命就将到来。在圣西门力争达到的社会里,政治将走向由生产构成的经济。

舒尔茨读过斯密和圣西门的著作,他在他的著作中多次提到了他们;舒尔茨接受了他们哪些思想,拒斥了哪些,这是在我们未来的研究中必须加以证明的。舒尔茨思想的第三个来源,是莫里茨·拉弗日尼-培古轩①的《运动与生产法则》一书,这本书 1838 年发表于哥尼斯堡,而这本书的标题与舒尔茨的《生产运动》惊人的相似。拉弗日尼-培古轩作为保守的历史法学派的追随者,在他的书中表达了与舒尔茨相近的观点,尽管舒尔茨丝毫没有提及这位并不著名的作者:

"也许社会经济本身至今为止只有极小的发展,因为经济形式没有被充分地区分开,因为人们错误地认为,经济形式构成了总的社会和国家组织的基础。人们没有注意到,生产、生产分化、文化、文化传播、国

---

① 莫里茨·拉弗日尼-培古轩(M. de Lavergne-Peguilhen, 1801—1870),普鲁士政治家、农学家。——译者注

家法规和国体的内容及发展完全来自经济形式,那种非常重要的社会环节正是不可避免地产生自经济形式及其相应的活动,同产品来自生产力具有生殖力的共同作用一样。在社会弊病表现出来的地方,这些弊病一般都可以在社会和国家形式之间的矛盾中找到根源。"①

另外一份目前还不清楚是否为舒尔茨所了解,是否对其产生了影响的文献,是安东尼·巴纳夫②的《法国大革命简介》,这本书由作者的遗著整理而成,并在 1843 年《生产运动》发表的同一年发表。1793 年被处死的革命家巴纳夫,在其尖锐的社会理论中提出了这样的判断,资产阶级执政掌权合乎历史发展规律并使得每一个社会阶级都联系在一个特定的生产体系之中。③ 和拉弗日尼-培古轩一样,巴纳夫在舒尔茨的著作中很少被提及,他的著作有可能并非舒尔茨写作《生产运动》的思想来源;尽管如此,将巴纳夫的一些思想同舒尔茨进行一个比较是值得注意的,因为这两位对未来满怀胜利信心的资产阶级理论家都强调了资本主义社会秩序的合规律性。④

对《生产运动》的接受程度是不同的,这取决于读者的世界观立场,这也并不令人感到意外;这部角度多元的著作集为批判者留下了薄弱环节,也为追随现存资本主义并希望一个社会主义秩序的人提供了丰富的材料。

就在这本书出版之后,1843 年 7 月 16 日,著名的奥古斯堡《汇报》(Allgemeinen Zeitung)刊发了一篇匿名的保守主义立场的详细评论,

---

① M. de Lavergne-Peguihen: Die Bewegungs-und Produktionsgesetze, Königsberg 1838, 225. Vgl. Auguste Cornu: Karl Marx und Friedrich Engels, Leben und Werke, Bd. 2, Berlin/DDR 1961, 126Anm.

② 安东尼·巴纳夫(Antoine Barnave, 1762—1798),法国大革命时期的政治家,主张君主立宪,是费洋社创立者之一。——译者注

③ Vgl. Inge Stephan: Antoine Barnaves Revolutionstheorie. In: Jahrbuch des Instituts für deutsche Geschichte, Bd. 3, Tel Aviv 1974, 45-72.

④ 圣西门的历史理论对舒尔茨的影响已经被指明了。关于圣西门如何理解经济因素的意义,参见 Samuel Bernstern: St. Simons Geschichtsphilosophie, in: M. Hahn(Hrsg.): Vormarxistischer Sozialismus, Frankfurt 1974, 109.

这位作者首先赞赏了舒尔茨对于共产主义者的抨击和对基督教的重新思考。这份书评也引起了同一时期在苏黎世的无产阶级宣传者威廉·魏特林的误判,他将《生产运动》看作一份针对"这种新理论的荒谬"的文献,一份"对施泰恩关于社会主义和共产主义富有思想的批判"。他继续这样说道:"这位作者带着一份果断面对这一个体系,即在财产平等和社会平均主义之中寻找拯救,幻想着接近他的目标,通过他那野蛮的手来损害每一个人的最宝贵的东西——所有那些给予生命以价值的东西,婚姻、家庭、科学和艺术——的方式。"他通过"劳动的正确组织"的拯救,通过这种组织国家作为社会每个阶层的利益代表者,"来以调节的方式干涉一种因为纯粹的竞争所片面规定的生产的痉挛的运动"。这位书评人很显然只读了这本书的开头和结尾,要么就是草草翻看了一下这本书而已,以一段他从这本书最后几页摘录的详细引文作了结语,在这几段引文里,舒尔茨谈论的正是"基督教学说的辩护"和"对爱的有生命的神的信仰"。①

这位匿名书评人在当时的温和自由主义的《奥古斯堡汇报》上对舒尔茨著作的亲基督教和阶级调和的观点给予了肯定,因而莫泽斯·赫斯在他的《论货币的本质》一文中同舒尔茨进行了争论,舒尔茨对于精神资本——文字和物质资本——货币的定义成为赫斯批判的核心。赫斯作为马克思科学社会主义思想的重要影响者之一,受到了青年马克思的高度评价②,却在舒尔茨《生产运动》一书中,因为他的《行动的哲学》而遭到了舒尔茨的讥讽,说赫斯"只是将腿稍微抬高了一些,以期再次回到同样的位置之上"③。赫斯最初为《德法年鉴》准备的形成于1843年的论文《论货币的本质》受到了马克思和卢格的肯定;但因为《德法年鉴》不久就被查封,赫斯的这篇文章直到两年后才发表。

---

① Augsburger Allgemeine Zeitung, 16. Juli 1843.
② Vgl. Zvi Rosen: Der Einfluß von Moses Heß auf die Frühschriften von Karl Marx, in: Jahrbuch des Instituts für deutsche Geschichte, Bd. 8, Tel Aviv, 143-174.
③ BPr, 7.

在《论货币的本质》一文中，赫斯试图将费尔巴哈宗教异化的思想归结到经济和社会生活领域。在现存社会里，人同他真正的本质相异化，因为货币成为所有价值的表达方式，并造成了可怕的奴役。舒尔茨在他书中"精神的生产"一章里曾宣称，取消货币和取消文字的意义是相同的，这就犹如"命令世界历史回到子宫中去"一样①，这引起了赫斯的恼怒，因为这同他的构想是完全相反的。赫斯在这里看到了以舒尔茨之道还施舒尔茨之身的方法，因而他反驳道，物质资本（货币）和精神资本（文字）之间的区别，同真资本与假资本之间的区别是一样的。"然而我可以通过写作文章来获得精神财富。但是没有人能够将通过语言和文章而获得的财富，作为私人继承交给下一代。"②一个人尽管可以继承、掌管一个图书馆，但是如果对图书馆的经营愈服务于赢利的目的，愈屈服于赢利和亏损的话，那这份"精神的"财富也就愈发失去价值。"或者舒尔茨先生是否相信，我通过字母和书籍就能够获得精神了？"③

赫斯继续阐述道，资产阶级社会弊病的原因更应该归于人的孤立化和精神的异化之上，而这是私有制统治的结果。同私有的资本占有密切地绑定在一起的资产阶级国家，没有能力通过社会改革来扬弃人的分离与独立化。只有在以一个共产主义的社会来替代资产阶级社会之后，私有制和人的异化才可以被消灭。

当时在曼海姆和科隆供职于几家激进报纸的记者卡尔·格律恩——他同一些法国社会主义者和社会乌托邦主义者结交，并在马克思1848年发表的《共产党宣言》中被嘲讽为"真正的社会主义者"的主

---

① BPr. 79. Siehe oben, Anm. 19.
② M. Heß: Über das Geldwesen(1845) 30f., in: ders., Philosophische und sozialistische Schriften, 1837—1850, Berlin/DDR 1961, 346.
③ Ebd.

要代表①,也批判了《生产运动》。在其 1845 年于达姆施塔特发表的文集《新轶闻集》中——在其中还包含了针对洛伦茨·冯·施泰因、布鲁诺·鲍威尔和卡尔·马克思的文章的批判——格律恩详细地评论了舒尔茨的作品,并指责道,舒尔茨还是停留在现存社会制度的层面,谈论"所采用的关于制度和财产的概念"时态度也"非常敬重",并满足于"改革的建议",而这些建议"无法摆脱一个完全绝对的国家"。② 舒尔茨所列出的数据无法证明人类的贫困是由何种原因导致的;他想要保留资产阶级不公正的社会,并只是希冀"给旧东西以新的典型的名字"而没有认真地理解社会问题。③ 他没有证明,"商业如何也将陷入农业和工业的厄运之中",舒尔茨作为不从事生产的寄生虫将"无序"带到了"生产的组织"和它的"等级和专制"之中。④ 他赋予基督教以自由、平等和统一的学说的尝试,既欺骗了自己也欺骗了别人,因为宗教并不能使这些概念和现世间的社会关系联系起来。"当基督徒宣扬自由的时候,这就是世界的自由;当基督徒宣扬平等的时候,他所讲的是在基督面前的平等;当基督徒宣扬统一的时候,他所讲的是在彼岸王国的统一。"⑤舒尔茨将其"主观上概念的不充分性"归罪于基督教之上;舒尔茨对"人们有平等权利要求的精神财产的不平等分配"不置一词,正如他对物质享受的处理一样;他没有描绘"文明中可怕的野蛮,它制造了极端的对立和骇人的残暴",他让"无比愤怒的人们的怒吼声和呼救声遵守秩序和和谐"而变得不尖锐。⑥ 他的作品因而只是一个胎死腹中的怪

---

① 关于格律恩,参见 James Strassmaier: Karl Grün und die kommunistische Partei 1845—1848, Trier 1973; Herwig Förder: marx und Engels am Vorabend der Revolution, Berlin/DDR 1960; Georg Adler: Die Geschichte der ersten sozialpolitischen Arbeiterbewegung in Deutschland mit besonderer Rücksicht auf die einwirkenden Theorien, Breslau 1885.

② Karl Grün: Neue Anekdota, Darmstadt 1845, 234.

③ Ebd., 237.

④ Ebd., 239.

⑤ Ebd., 240.

⑥ Ebd., 245.

胎而已。

卡尔·马克思从《生产运动》之中得到了完全不同的结论。1844年初,在《德法年鉴》被查封不久,并与卢格决裂的马克思,正处于"黑格尔派"和激进资产阶级民主脱羽的过程中,而(并不为了发表的)巴黎《经济学哲学手稿》的写作主要是为了自己的自我理解,既没有因为舒尔茨针对"共产主义教条主义者"的嘲讽,也没有因为面对即将到来的资产阶级与无产阶级之间的冲突产生的一种调和阶级的、基督教的幻想而产生动摇。马克思对舒尔茨对经济机制、商品生产和工人在资本主义条件下的状况所进行的精确而具体的统计分析以及他——通过他对这本书章节的划分就已经体现出来了——对于物质基础和精神上层建筑的严格区分印象尤为深刻。与赫斯还有格律恩的批判几乎仅仅涉及舒尔茨对"精神的生产"的讨论相比,马克思认识到,作者在远为重要的"物质的生产"的章节中,撕破了那个由资产阶级经济学家披上的,在资本和劳动的利益之间的和谐统一的面纱。《经济学哲学手稿》关于经济问题的反思显示出,马克思既同样感受到了舒尔茨对于施加在工人阶级身上的残酷剥削的深深的道德愤慨,也深受舒尔茨对少数人手中资本的聚集与消散,以及由之而产生的无产阶级的贫困所进行的统计学论证的影响,以至于他将这些观点据为己有。

马克思是1844年在巴黎由激进德国移民创办的报纸《前进!》最终要的创办者之一。这份报纸的另一位编辑者,乔治·韦伯,也和马克思一样接受了舒尔茨在其《生产运动》中对英国纺织女工的残酷剥削所进行的数据统计。韦伯在其1844年7月20日发表在《前进!》上的论文《黑奴与自由的奴隶》中公开谴责了童工的悲惨,并在此处引用了和马克思在《经济学哲学手稿》引用的舒尔茨著作相同的段落。[①] 不能排除正是韦伯使马克思注意到这处来源的可能。

---

① Vgl. Jacques Grandjonc: Vorwärts! 1844. Marx und die deutschen Kommunisten in Paris, Bonn-Bad Godesberg 1974, 73. Der erwähnte Aufsatz von Georg Weber ist ebendort, 179 – 184 abgedruckt.

马克思遗憾地未能完成的1844年巴黎"手稿",为一年后在《德意志意识形态》中构思好的马克思主义社会理论的基础提供了准备。它是马克思为了发掘资本主义社会的核心本质,找到资本主义固有阶级矛盾的原因,从而对不同的哲学、国民经济学和早期社会主义理论进行分析的第一次尝试。① 在第一手稿中,马克思和在他之前的舒尔茨一样强调了最初的商品生产的决定性意义。他驳斥了代表性的国民经济学家亚当·斯密的学说,斯密认为,无产阶级将会随着资本主义的蓬勃发展而获益。在评论工资问题时马克思断言,资本主义的增长只是通过过度劳动和更残酷的剥削获得的,其以资本积累为前提,也造就了资本的积累。② 依靠"片面的、抽象的劳动"而生存,既同其产品也同其生产能力相异化的无产阶级,因而根本不可能更久地去经受贫困。资本的趋势——不考虑无产阶级自身的趋势——不断地造成工人的绝对贫困化。资产阶级社会的"国民经济学的目的"完全就是"对于工人的持续贫困";因为资产阶级经济学的国民经济学认为"工人只是作为劳动的动物,作为一种完全降低到肉体需求的牲畜"。他们不考察"不劳动时的工人,不把工人作为人来考察;它把这种考察交给刑事司法、医生、宗教、统计表、政治和乞丐管理人去做"③。

马克思提出了这样的问题,将绝大多数人的生存降低为"抽象的"——即异化了的——劳动的意义是什么,以及或者是作为改革者来通过提高工资以改善工人阶级的境况,或者(如蒲鲁东那样)将工资的平等视作社会革命的目标,这些观点犯了什么错误。他没有立即回答这些问题,而直到第四巴黎手稿,当他在批判《精神现象学》时发现,黑格尔在这本书中抓住了"现实的因而是真正的人理解为他自己的劳动

---

① Karl Marx/Friedrich Engels, Werke, Ergänzungsband, 1. Teil, Ökonomisch-philosophische Manuskripte aus dem Jahre 1844, Berlin/DDR1977 (künftig ÖPM), 467–588.
② ÖPM, 471 ff.
③ ÖPM, 477.

的结果";因而"人的现实的、能动的关系"按照黑格尔的观点只有在异化的形式中才是可能的。① 黑格尔将劳动只是作为抽象的精神劳动,即作为思想形式;而马克思则正相反,他将这种对象性设定为通过人的本质而设定的。按照马克思的观点,黑格尔在其《精神现象学》中以哲学的方式阐述了主奴关系,他是为现代国民经济学的立场辩护的。②

为了依据最新的数据结果和知识来认清劳动和资本之间,劳动的组织和工业无产阶级生活的条件之间的真实的、经验的关系,马克思摘录了法国国民经济学家康斯坦丁·贝魁尔和安东尼-欧根·毕莱不久之前发表的著作。然而最令他感兴趣的还是威廉·舒尔茨关于工人的贫困化,机器的非人化作用,女工和童工的数量,对无产阶级身体、精神、道德上的忽视,还有绝对贫困的观点。如下引文是《经济学哲学手稿》"工资章"中摘录的《生产运动》③:

可以肯定地说,那些要求特殊才能或较长期预备训练的职业,总的来说已变得较能挣钱;而任何人都可以很容易很快学会的那种机械而单调的活动的相应工资,则随着竞争的加剧而降低并且不得不降低。但正是这类劳动在劳动组织的现状下最为普遍。因此,如果说第一类工人现在所挣得的是五十年前的七倍,而第二类工人所挣得的和五十年前一样,那么二者所挣得的**平均起来**当然是以前的四倍。但是,如果在一个国家里,从事第一类劳动的只有一千人,而从事第二类劳动的有一百万人,那么就有 999 000 人并不比五十年前生活得好,如果同时生活必需品的价格上涨,那么他们会比以前生活得**更坏**。而人们想用这种肤浅的**平均计算**,在关系到居民人数最多的阶级的问题上欺骗自己。此外,工资多少只是**工人收入**的因素之一,因为对衡量收入来说更重要

---

① ÖPM, 574. Vgl. Helmut Richter: Zum Problem der Einheit von Theorie und Praxis bei Karl Marx, Frankfurt 1978, 218-233.
② ÖPM, 577.
③ ÖPM, 574.

的是要把他们获得收入的有效保障的**持续性**估计进去。但是在波动和停滞不断出现的所谓自由竞争的无政府状态下,是根本谈不到这种持续性的。最后,还应注意过去和现在的通常**劳动时间**。最近25年来,也正是从棉纺织业采用节省劳动的机器以来,这个部门的英国工人的劳动时间已由于企业主追逐暴利[IX]而增加到每日12至16小时,而在到处还存在着富人无限地剥削穷人的公认权利的情况下,一国和一个工业部门的劳动时间的延长必然也或多或少地影响到其他地方。(舒尔茨:《生产运动》第65页)

然而,即使所谓社会**一切**阶级的平均收入都增长这种不真实的情况属实,一种收入同另一种收入的区别和**相对的**差距仍然可能扩大,从而贫富间的对立也可能更加尖锐。因为正是**由于**生产总量的增长,需要、欲望和要求也提高了,于是**绝对的**贫困减少,而**相对的**贫困可能增加。靠鲸油和腐鱼为生的萨莫耶特人并不穷,因为在他们那种与世隔绝的社会里一切人都有同样的需要。但是在一个**前进着的国家**,生产总量在大约十年内与人口相比增加了三分之一,而工人挣得的工资仍和十年前一样多,他们不但不能保持过去的福利水平,而且比过去穷三分之一。(同上,第65—66页)

国民要想在精神方面更自由地发展,就不应该再当自己的肉体需要的奴隶,自己的肉体的奴仆。因此,他们首先必须有**能够**进行精神创造和精神享受的时间。劳动组织方面的进步会赢得这种时间。的确,今天由于有了新的动力和完善的机器,棉纺织厂的一个工人往往可以完成早先100甚至250—350个工人的工作。在一切生产部门中都有类似的结果,因为外部自然力日益被用来加入[X]人类劳动。如果说为了满足一定量的物质需要必须耗费的时间和人力现在比过去减少了一半,那么,与此同时,在不损害物质福利的情况下,给精神创造和精神享受提供的余暇也就增加了一倍。但是,在我们甚至从老克伦纳士自己领域中夺得的虏获物的分配方面,仍然取决于像掷骰子那样的盲目的、不公正的偶然性。法国有人计算过,在目前的生产状况下,每个有生产能力的人平均每日劳动 5 小时,就足以满足社会的一切物质利益……尽管因改进而节省了时间,工厂中奴隶劳动的时间对多数居民来说却有增无减。(同上,第 67—68 页)

从复杂的手工劳动过渡,首先要将这种手工劳动分解为简单的操作。但是,最初只有**一部分**单调的重复的操作由机器来承担,而另一部分由人来承担。根据事物的本性和一致的经验,可以说这种连续不断的单调的活动无论对于精神还是对于肉体都同样有害。因此,在机器工作同较大量人手间的简单分工相**结合**的情况下,这种分工的一切弊病也必然要表现出来。工厂工人的死亡率较高尤其表明了这种分工的弊病……[XI]**人们借助于**机器来劳动和人们**作为**机器来劳动,这两者之间的巨大差别……并没有受到人们的注意。(同上,第 69 页)

但是在各国人民未来的生活里,通过机器起作用的盲目的自然力,将成为我们的奴隶和奴仆。(同上,第 74 页)

在英国的纺纱厂中就业的只有 158 818 个男工和 196 818 个女工。兰开斯特郡的棉纺织厂每 100 个男工就有 103 个女工,而在苏格兰甚至达到 209 个。在英国利兹的麻纺厂中每 100 个男工就有 147 个女工;在丹第和苏格兰东海岸甚至达到 280 个。在英国的丝织厂中有很多女工;在需要较强体力的毛纺织厂中主要是男工。1833 年在北美的棉纺织厂就业的,除了 18 593 个男工以外,至少有 38 927 个女工。可见,由于劳动组织的改变,妇女的就业范围已经扩大……妇女在经济上有了比较独立的地位……男性和女性在社会关系上互相接近了。(同上,第 71—72 页)

1935 年,在拥有蒸汽动力和水力动力的英国纺纱厂中劳动的有 8—12 岁的儿童 20 558 人,12—13 岁的儿童 108 208 人……当然,机械的进一步改进使人日益摆脱单调劳动操作,促使这种弊病逐渐[XII]消除。但是,资本家能够最容易最便宜地占有下层阶级以至儿童的劳动力,以便使用和消耗这种劳动力来代替机械手段,正是这种情况妨碍机械的迅速进步。(同上,第 70—71 页)

布劳汉姆勋爵向工人大声疾呼:"做资本家吧!"……不幸的是,千百万人只有通过糟蹋身体、损害道德和智力的紧张劳动,才挣钱勉强养活自己,而且他们甚至不得不把找到这样一种工作的不幸看作一种荣幸。(同上,第60页)

关于大资本的聚集以及集中在少数人手里,关于无产阶级数量不断增加的原因,无产阶级的劳动力以和生产使价值增加同样的程度失去价值,以及商品的生产过剩及其社会结果,马克思在对舒尔茨的摘录中发现了其如下的思考[①]:

同样,在工业领域,每个工厂和工场就已经是相当大一批物质财富为了生产的**共同目的**而同多种多样的智力和技能实行的广泛结合……凡是立法维护大地产的地方,日益增长的人口的过剩部分就会涌向工商业,结果,正如在英国那样,大批无产者主要聚集在工业领域。凡是立法容许土地不断分割的地方,正如在法国那样,负债的小所有者的数目就会增加起来,这些小所有者由于土地进一步分割而沦为穷人和不满者的阶级。最后,当这种分割和过重的负债达到更高程度时,大地产就重新吞掉小地产,正像大工业吃掉小工业一样;而且因为相当大的地产重新形成,大批不再为土地耕作所绝对需要的贫穷的工人又涌回工业。(同上,第[58]—59页)

同一种商品的性质由于生产方法改变,特别是由于采用机器而发生变化。只是由于排除了人力,才有可能使用价值3先令8便士的一磅棉花,纺出350束总长167英里(即36德里)、价值为25基尼的纱。(同上,第62页)

四十五年来,英国的棉纺织品价格平均降低11/12,并且据马歇尔计算,相同数量的制品,在1814年需要付16先令,而现在只值1先令10便士。工业产品的大落价既扩大了国内消费,也扩大了国外市场;因此,英国棉纺织工业的工人人数在采用机器以后不仅没有减少,反而

---

① ÖPM, 491f., 496f.

从4万增加到150万。[IIX]至于工业企业家和工人的收入，由于厂主之间的竞争加剧，厂主的利润同他们供应的商品量相比必然减少了。在1820—1833年这一期间，曼彻斯特的工厂主在每匹印花布上所得的总利润由4先令1.33便士减少到1先令9便士。但是，为了补偿这个损失，生产量更加增大了。结果，在某些工业部门有时出现生产过剩；破产频频发生，在资本家和雇主的阶级内部造成财产的波动不定和动荡，这种波动和动荡把一部分经济破产的人投入到无产阶级队伍；同时常常不得不突然实行停工或缩减生产，而雇佣劳动者阶级总是深受其害。（同上，第63页）

由于在更大规模的企业中实行更大数量和更多种类的人力和自然力的结合，在工业和商业中……生产力更广泛地联合起来。到处……主要的生产部门彼此已经更密切地结合起来。例如，大工厂主也力图购置大地产，以便他们的工业企业所需要的原料至少有一部分不必从他人手中得到；或者他们结合自己的工业企业开办商业，不仅是为了销售他们自己的产品，而且是为了购买其他种类的产品并把这些产品卖给他们的工人。在英国，那里一个工厂主有时拥有1万到1.2万个工人……不同生产部门在一个主管人的领导之下的这种结合，这种所谓国家中的小国家或国家中的属领，已经屡见不鲜。例如，伯明翰的矿主近来已把制铁的全部生产过程掌握起来，而过去制铁的全部生产过程是分散在许多企业家和所有者手里的。（见1838年《德意志季刊》第3期《伯明翰矿区》一文）——最后，我们在目前已如此众多的大股份公司中，还看到许多股东的财力同另一些担任实际工作的人的科技知识和才能的广泛结合。这样一来，资本家就有可能以更多种多样的方式来利用自己的积蓄，甚至还可以把积蓄同时用于农业、工业和商业。因此，他们的利益就更是多方面的了，[XVI]而农业、工业和商业的利益之间的对立也缓和下来并趋于消灭。然而，正是这种增大的按不同方式使用资本的可能性本身，必定会加深有产者阶级和无产者阶级之间的对立。（同上，第40，41页）

《经济学哲学手稿》是一份疾风骤雨般酝酿的文本,其中体现了马克思理论生成的决定性阶段。马克思从多个方面受到了启发,并在手稿的最后将其获得的认识同他第一个老师黑格尔的学说对立起来。十分熟悉国民经济学家斯密和李嘉图著作的黑格尔,已经在其《法哲学》一书中开始形成资本积累以及贫困化的论题,舒尔茨后来在多个方面以众多具体实例(也被马克思所引证)证明了这些论题。黑格尔表达了这样的观点,现代市民社会倾向于造成社会对立的两极化和极端化,因为"广大大众下降"到必要的生存底线之下,带来了"暴民产生了,而暴民的产生又反过来更容易使得财富不相称地聚集在少数人手中"的结果。他还解释道,贫困本身还不能造就暴民:"暴民只有通过与贫困紧密相连的思想,通过仇视富人、社会和政府等的内在的愤怒才能决定。"①

马克思接受了众多他同时代的人的思想这一事实,并没有丝毫减弱其意义,甚至也丝毫没有降低他学说的原创性;马克思并非疯疯癫癫的"某个人",如歌德在其诗中描述的:

一个神秘人说:我不属于任何学派;
没有任何大师值得我拥抱;
我曾在死去的人那里学到的,
我也敬而远之。
当我完全理解了他的时候,
他不过就是我手中的玩物而已。

马克思作为一个在精神上永远乐于接受新鲜知识的人,在其同其他政治思想家的接触中以及对他们著作的阅读中收获颇多。他针对布鲁诺·鲍威尔所做的尖锐的宗教批判,成为政治学和经济学分析的典范;他从费尔巴哈那里接受了激进的人道主义,这种人道主义将黑格尔

---

① G. W. F. Hegel: Grundlinien der Philosophie des Rechts, S. 244 und Zusatz (Hrsg. Hoffmeister), Hamburg 1955.

理念占据统治地位的学说系统地进行了改造;恩格斯使马克思注意到政治经济学的意义,这门他曾称之为"致富的学问",而在其一生中都在政治经济学中探索"资产阶级社会的人体解剖学"[①]。从赫斯那里,马克思既接受了将费尔巴哈的异化概念应用于经济和社会领域,也接受了这样的观点,即哲学只有通过同社会主义的结合来指导政治活动,通过政治活动来消灭对人精神上和物质上的奴役。通过舒尔茨,马克思最终知道,人在生产过程之中被塑造为社会的本质,人通过物质商品的生产来生产和再生产人的生活方式和思想方式。除此之外,马克思还摘引了舒尔茨著作之中关于因竞争和资本积聚于少数人手中而不断增长的无产阶级的贫困的数据统计细节。所有这些繁多的观念和理论(这里列举得绝不完全)对于马克思来说都是一块块砖石,借助于这些砖石,马克思创造了对于现代人的世界观具有决定性作用的唯物主义的历史和社会学说的大厦。

尽管马克思对资产阶级经济学家总体上持批判态度,对其中一些人(比如庸俗经济学家亚当·斯密,法国经济学家巴普蒂斯特·萨伊)表达了轻蔑的态度,他对《生产运动》给予了积极的评价。二十年后,马克思在写作《资本论》第一部分时还曾使用过这本书。在《机器与大工业》一章中,马克思研究了这样一个问题,"劳动材料是如何从工具转变为机器的,或者说机器是如何同手工工具相区别的。"在他拒绝了其他那些缺失了历史要素的解释之后,马克思提及舒尔茨对工具和机器所做的区别,即"在使用工具时人即是驱动力,而使用机器时,驱动力则是与人不同的自然力,如动物、水和风"。关于这一问题马克思还从《生产运动》中摘录了一段:

"根据这个观点,就可以在工具和机器之间划出鲜明的界限:锹、锤、凿等,以及杠杆装置和螺旋装置,这些装置尽管非常精巧,然而它们

---

① Vgl. Das Vorwort von Marx in seiner "Kritik der politischen Ökonomie" (1859), in MEW, Bd. 13, 8.

的动力是人……所有这些都应称为工具;而用畜力拉的犁,风力等推动的磨则应算作机器。"

尽管马克思没有对这一定义表示肯定,因为舒尔茨提到畜力是人类在认识机器生产之前最古老的发明,但马克思评价《生产运动》"是一部在某些方面值得称赞的著作"。

《当代学术棱镜译丛》
已出书目

媒介文化系列

第二媒介时代 [美]马克·波斯特
电视与社会 [英]尼古拉斯·阿伯克龙比
思想无羁 [美]保罗·莱文森
媒介建构：流行文化中的大众媒介 [美]劳伦斯·格罗斯伯格 等
揣测与媒介：媒介现象学 [德]鲍里斯·格罗伊斯
媒介学宣言 [法]雷吉斯·德布雷
媒介研究批评术语集 [美]W. J. T. 米歇尔　马克·B. N. 汉森
解码广告：广告的意识形态与含义 [英]朱迪斯·威廉森

全球文化系列

认同的空间——全球媒介、电子世界景观与文化边界 [英]戴维·莫利
全球化的文化 [美]弗雷德里克·杰姆逊　三好将夫
全球化与文化 [英]约翰·汤姆林森
后现代转向 [美]斯蒂芬·贝斯特　道格拉斯·科尔纳
文化地理学 [英]迈克·克朗
文化的观念 [英]特瑞·伊格尔顿
主体的退隐 [德]彼得·毕尔格
反"日语论" [日]莲实重彦
酷的征服——商业文化、反主流文化与嬉皮消费主义的兴起 [美]托马斯·弗兰克
超越文化转向 [美]理查德·比尔纳其 等
全球现代性：全球资本主义时代的现代性 [美]阿里夫·德里克

文化政策　[澳]托比·米勒　[美]乔治·尤迪思

通俗文化系列

解读大众文化　[美]约翰·菲斯克
文化理论与通俗文化导论(第二版)　[英]约翰· 斯道雷
通俗文化、媒介和日常生活中的叙事　[美]阿瑟·阿萨·伯格
文化民粹主义　[英]吉姆·麦克盖根
詹姆斯·邦德:时代精神的特工　[德]维尔纳·格雷夫

消费文化系列

消费社会　[法]让·鲍德里亚
消费文化——20世纪后期英国男性气质和社会空间　[英]弗兰克·莫特
消费文化　[英]西莉娅·卢瑞

大师精粹系列

麦克卢汉精粹　[加]埃里克·麦克卢汉　弗兰克·秦格龙
卡尔·曼海姆精粹　[德]卡尔·曼海姆
沃勒斯坦精粹　[美]伊曼纽尔·沃勒斯坦
哈贝马斯精粹　[德]尤尔根·哈贝马斯
赫斯精粹　[德]莫泽斯·赫斯
九鬼周造著作精粹　[日]九鬼周造

社会学系列

孤独的人群　[美]大卫·理斯曼
世界风险社会　[德]乌尔里希·贝克
权力精英　[美]查尔斯·赖特·米尔斯
科学的社会用途——写给科学场的临床社会学　[法]皮埃尔·布尔迪厄

文化社会学——浮现中的理论视野 ［美］戴安娜·克兰
白领:美国的中产阶级 ［美］C.莱特·米尔斯
论文明、权力与知识 ［德］诺贝特·埃利亚斯
解析社会:分析社会学原理 ［瑞典］彼得·赫斯特洛姆
局外人:越轨的社会学研究 ［美］霍华德·S.贝克尔
社会的构建 ［美］爱德华·希尔斯

新学科系列

后殖民理论——语境 实践 政治 ［英］巴特·穆尔-吉尔伯特
趣味社会学 ［芬］尤卡·格罗瑙
跨越边界——知识学科 学科互涉 ［美］朱丽·汤普森·克莱恩
人文地理学导论:21世纪的议题 ［英］彼得·丹尼尔斯 等
文化学研究导论:理论基础·方法思路·研究视角 ［德］安斯加·纽宁 ［德］维拉·纽宁主编

世纪学术论争系列

"索卡尔事件"与科学大战 ［美］艾伦·索卡尔 ［法］雅克·德里达 等
沙滩上的房子 ［美］诺里塔·克瑞杰
被困的普罗米修斯 ［美］诺曼·列维特
科学知识:一种社会学的分析 ［英］巴里·巴恩斯 大卫·布鲁尔 约翰·亨利
实践的冲撞——时间、力量与科学 ［美］安德鲁·皮克林
爱因斯坦、历史与其他激情——20世纪末对科学的反叛 ［美］杰拉尔德·霍尔顿
真理的代价:金钱如何影响科学规范 ［美］戴维·雷斯尼克
科学的转型:有关"跨时代断裂论题"的争论 ［德］艾尔弗拉德·诺德曼 ［荷］汉斯·拉德 ［德］格雷戈·希尔曼

广松哲学系列

物象化论的构图 ［日］广松涉

事的世界观的前哨 [日]广松涉
文献学语境中的《德意志意识形态》[日]广松涉
存在与意义（第一卷） [日]广松涉
存在与意义（第二卷） [日]广松涉
唯物史观的原像 [日]广松涉
哲学家广松涉的自白式回忆录 [日]广松涉
资本论的哲学 [日]广松涉
马克思主义的哲学 [日]广松涉
世界交互主体的存在结构 [日]广松涉

国外马克思主义与后马克思思潮系列

图绘意识形态 [斯洛文尼亚]斯拉沃热·齐泽克 等
自然的理由——生态学马克思主义研究 [美]詹姆斯·奥康纳
希望的空间 [美]大卫·哈维
甜蜜的暴力——悲剧的观念 [英]特里·伊格尔顿
晚期马克思主义 [美]弗雷德里克·杰姆逊
符号政治经济学批判 [法]让·鲍德里亚
世纪 [法]阿兰·巴迪欧
列宁、黑格尔和西方马克思主义：一种批判性研究 [美]凯文·安德森
列宁主义 [英]尼尔·哈丁
福柯、马克思主义与历史：生产方式与信息方式 [美]马克·波斯特
战后法国的存在主义马克思主义：从萨特到阿尔都塞 [美]马克·波斯特
反映 [德]汉斯·海因茨·霍尔茨
为什么是阿甘本？ [英]亚历克斯·默里
未来思想导论：关于马克思和海德格尔 [法]科斯塔斯·阿克塞洛斯
无尽的焦虑之梦：梦的记录(1941—1967) 附《一桩两人共谋的凶杀案》(1985) [法]路易·阿尔都塞

经典补遗系列

卢卡奇早期文选 [匈]格奥尔格·卢卡奇
胡塞尔《几何学的起源》引论 [法]雅克·德里达
黑格尔的幽灵——政治哲学论文集[Ⅰ] [法]路易·阿尔都塞
语言与生命 [法]沙尔·巴依
意识的奥秘 [美]约翰·塞尔
论现象学流派 [法]保罗·利科
脑力劳动与体力劳动：西方历史的认识论 [德]阿尔弗雷德·索恩-雷特尔
黑格尔 [德]马丁·海德格尔
黑格尔的精神现象学 [德]马丁·海德格尔
生产运动：从历史统计学方面论国家和社会的一种新科学的基础的建立 [德]弗里德里希·威廉·舒尔茨

先锋派系列

先锋派散论——现代主义、表现主义和后现代性问题 [英]理查德·墨菲
诗歌的先锋派：博尔赫斯、奥登和布列东团体 [美]贝雷泰·E. 斯特朗

情境主义国际系列

日常生活实践 1. 实践的艺术 [法]米歇尔·德·塞托
日常生活实践 2. 居住与烹饪 [法]米歇尔·德·塞托　吕斯·贾尔　皮埃尔·梅约尔
日常生活的革命 [法]鲁尔·瓦纳格姆
居伊·德波——诗歌革命 [法]樊尚·考夫曼
景观社会 [法]居伊·德波

当代文学理论系列

怎样做理论 [德]沃尔夫冈·伊瑟尔

21世纪批评述介 [英]朱利安·沃尔弗雷斯

后现代主义诗学：历史·理论·小说 [加]琳达·哈琴

大分野之后：现代主义、大众文化、后现代主义 [美]安德列亚斯·胡伊森

理论的幽灵：文学与常识 [法]安托万·孔帕尼翁

反抗的文化：拒绝表征 [美]贝尔·胡克斯

戏仿：古代、现代与后现代 [英]玛格丽特·A.罗斯

理论入门 [英]彼得·巴里

现代主义 [英]蒂姆·阿姆斯特朗

叙事的本质 [美]罗伯特·斯科尔斯 詹姆斯·费伦 罗伯特·凯洛格

文学制度 [美]杰弗里·J.威廉斯

新批评之后 [美]弗兰克·伦特里奇亚

文学批评史：从柏拉图到现在 [美]M.A.R.哈比布

德国浪漫主义文学理论 [美]恩斯特·贝勒尔

萌在他乡：米勒中国演讲集 [美]J.希利斯·米勒

文学的类别：文类和模态理论导论 [英]阿拉斯泰尔·福勒

思想絮语：文学批评自选集(1958—2002) [英]弗兰克·克默德

叙事的虚构性：有关历史、文学和理论的论文(1957—2007) [美]海登·怀特

21世纪的文学批评：理论的复兴 [美]文森特·B.里奇

核心概念系列

文化 [英]弗雷德·英格利斯

风险 [澳大利亚]狄波拉·勒普顿

学术研究指南系列

美学指南 [美]彼得·基维

文化研究指南 [美]托比·米勒

文化社会学指南 [美]马克·D.雅各布斯 南希·韦斯·汉拉恩

艺术理论指南　[英]保罗·史密斯　卡罗琳·瓦尔德

《德意志意识形态》与文献学系列

梁赞诺夫版《德意志意识形态·费尔巴哈》　[苏]大卫·鲍里索维奇·梁赞诺夫
《德意志意识形态》与 MEGA 文献研究　[韩]郑文吉
巴加图利亚版《德意志意识形态·费尔巴哈》　[俄]巴加图利亚
MEGA:陶伯特版《德意志意识形态·费尔巴哈》　[德]英格·陶伯特

当代美学理论系列

今日艺术理论　[美]诺埃尔·卡罗尔
艺术与社会理论——美学中的社会学论争　[英]奥斯汀·哈灵顿
艺术哲学:当代分析美学导论　[美]诺埃尔·卡罗尔
美的六种命名　[美]克里斯平·萨特韦尔
文化的政治及其他　[英]罗杰·斯克鲁顿

现代日本学术系列

带你踏上知识之旅　[日]中村雄二郎　山口昌男
反·哲学入门　[日]高桥哲哉
作为事件的阅读　[日]小森阳一
超越民族与历史　[日]小森阳一　高桥哲哉

现代思想史系列

现代主义的先驱:20 世纪思潮里的群英谱　[美]威廉·R.埃弗德尔
现代哲学简史　[英]罗杰·斯克拉顿
美国人对哲学的逃避:实用主义的谱系　[美]康乃尔·韦斯特

视觉文化与艺术史系列

可见的签名　[美]弗雷德里克·詹姆逊

摄影与电影　[英]戴维·卡帕尼

艺术史向导　[意]朱利奥·卡洛·阿尔甘　毛里齐奥·法焦洛

电影的虚拟生命　[美]D. N. 罗德维克

绘画中的世界观　[美]迈耶·夏皮罗

缪斯之艺:泛美学研究　[美]丹尼尔·奥尔布赖特

视觉艺术的现象学　[英]保罗·克劳瑟

总体屏幕:从电影到智能手机　[法]吉尔·利波维茨基
[法]让·塞鲁瓦

艺术史批评术语　[美]罗伯特·S.纳尔逊　[美]理查德·希夫

设计美学　[加拿大]简·福希

工艺理论:功能和美学表达　[美]霍华德·里萨蒂

当代逻辑理论与应用研究系列

重塑实在论:关于因果、目的和心智的精密理论　[美]罗伯特·C.孔斯

情境与态度　[美]乔恩·巴威斯　约翰·佩里

逻辑与社会:矛盾与可能世界　[美]乔恩·埃尔斯特

指称与意向性　[挪威]奥拉夫·阿斯海姆

说谎者悖论:真与循环　[美]乔恩·巴威斯　约翰·埃切曼迪

波兰尼意会哲学系列

认知与存在:迈克尔·波兰尼文集　[英]迈克尔·波兰尼

科学、信仰与社会　[英]迈克尔·波兰尼

现象学系列

伦理与无限:与菲利普·尼莫的对话　[法]伊曼努尔·列维纳斯

新马克思阅读系列

政治经济学批判:马克思《资本论》导论　[德]米夏埃尔·海因里希

图书在版编目(CIP)数据

生产运动：从历史统计学方面论国家和社会的一种新科学的基础的建立／(德)弗里德里希・威廉・舒尔茨著；李乾坤译. — 南京：南京大学出版社，2019.8(2023.2 重印)
(当代学术棱镜译丛／张一兵主编)
ISBN 978-7-305-21168-3

Ⅰ.①生… Ⅱ.①弗… ②李… Ⅲ.①国家－关系－人民－研究②国家－关系－民族－研究 Ⅳ.①D032

中国版本图书馆 CIP 数据核字(2018)第 257909 号

出版发行　南京大学出版社
社　　址　南京市汉口路 22 号　　邮　编　210093
出 版 人　金鑫荣

丛 书 名　当代学术棱镜译丛
书　　名　生产运动：从历史统计学方面论国家和社会的一种新科学的基础的建立
著　　者　[德]弗里德里希・威廉・舒尔茨
译　　者　李乾坤
责任编辑　李霞　张静

照　　排　南京南琳图文制作有限公司
印　　刷　江苏凤凰通达印刷有限公司
开　　本　635 mm×965 mm　1/16　印张 16　字数 218 千
版　　次　2019 年 8 月第 1 版　2023 年 2 月第 2 次印刷
ISBN 978-7-305-21168-3
定　　价　48.00 元

网址：http://www.njupco.com
官方微博：http://weibo.com/njupco
官方微信号：njupress
销售咨询热线：(025) 83594756

＊版权所有，侵权必究
＊凡购买南大版图书，如有印装质量问题，请与所购图书销售部门联系调换